编委会名单

特邀编委： 王君超（清华大学）、支庭荣（暨南大学）、石长顺（华中科技大学）
（按姓氏笔画排序）
刘鹏（《新闻记者》杂志社）、苏宏元（华南理工大学）、李喜根（香港城市大学）
张涛甫（复旦大学）、陆绍阳（北京大学）、陈富清（《中国广播电视学刊》杂志社）
罗以澄（武汉大学）、周勇（中国人民大学）、周树华（密苏里大学）
胡智锋（北京师范大学）、胡翼青（南京大学）、隋岩（中国传媒大学）
董庆文（太平洋大学）

主　　编： 高晓虹
副 主 编： 刘宏、赵淑萍、曾祥敏、秦瑜明
编 委 会： 何苏六、王晓红、吴敏苏、崔林、顾洁、叶明睿、徐培喜、陈欣钢、涂凌波、赵希婧、程素琴
编辑部主任： 赵希婧
本期执行编委： 陈欣钢、赵希婧、王婧雯

中国新闻传播研究

CHINA JOURNALISM AND COMMUNICATION JOURNAL

2025

高晓虹 ⊙ 主编
刘宏 赵淑萍 曾祥敏 秦瑜明 ⊙ 副主编

中国新闻传播学自主知识体系研究

中国传媒大学出版社
·北京·

图书在版编目(CIP)数据

中国新闻传播研究.中国新闻传播学自主知识体系研究 / 高晓虹主编.--北京：中国传媒大学出版社,2025.6.

ISBN 978-7-5657-3987-3

Ⅰ.G219.2

中国国家版本馆 CIP 数据核字第 2025MU9976 号

中国新闻传播研究：中国新闻传播学自主知识体系研究
ZHONGGUO XINWEN CHUANBO YANJIU:ZHONGGUO XINWEN CHUANBOXUE ZIZHU ZHISHI TIXI YANJIU

主　　编	高晓虹
副 主 编	刘　宏　赵淑萍　曾祥敏　奉瑜明
责任编辑	沈　悦
封面设计	拓美设计
责任印制	李志鹏

出版发行	中国传媒大学出版社		
社　　址	北京市朝阳区定福庄东街 1 号	邮　　编	100024
电　　话	86-10-65450528　65450532	传　　真	65779405
网　　址	http://cucp.cuc.edu.cn		
经　　销	全国新华书店		
印　　刷	唐山玺诚印务有限公司		
开　　本	787mm×1092mm　1/16		
印　　张	17		
字　　数	346 千字		
版　　次	2025 年 7 月第 1 版		
印　　次	2025 年 7 月第 1 次印刷		
书　　号	ISBN 978-7-5657-3987-3	定　　价	89.00 元

本社法律顾问：北京嘉润律师事务所　郭建平

目录 >>>>CONTENTS

自主知识体系

中国新闻传播学自主知识体系知识地图与数智时代新路向　　张殿元　经羽伦／3

以人才培养为目标的中国新闻传播学自主知识体系建构

　　　　　　　　　　　　　　　　　彭华新　李海敏　陈显玲／18

中央苏区新闻漫画的视觉修辞及其认同建构

　　——以《青年实话》为考察中心　　　　　　余　玉　张　晨／33

从"中国实践"到"全球视野"：推进新时代国际传播学"三大体系"建设

　　　　　　　　　　　　　　　　　王宇琦　盛　阳　张煜莹／47

中国式现代化进程中视听传播平台化转型的实践路径研究　佟雪娜　郝　珊／62

中华文化

视觉修辞视角下中华节日文化的影像呈现研究

　　——基于河南卫视"中国节日"系列节目的分析

　　　　　　　　　　　　　　　　　赵淑萍　李超鹏　石惟嘉／77

中华美学精神引领的非遗短视频表达创新　周　舟　白欣蔓　雷跃捷／89

中国非物质文化遗产影像的历史考察　　　　　　　　　　　王婧雯／99

视听传播

行业引领　学术标准　文化构建
　　——论"光影纪年"中国纪录片学院奖的产业价值与社会价值
　　　　　　　　　　　　　　　　　　　何苏六　李　宁　王悦阳 / 119

网络流行文化的生成与传播机制研究
　　——基于舞蹈"科目三"走红的思考　　　　田维钢　刘　阳 / 133

党史微纪录片的叙事特质与影像化书写实践
　　——基于微记忆生产的视角　　　　　　　牛慧清　杨剑光 / 144

中国式现代化的媒体叙事："共同富裕"主题作品的视觉表达研究
　　　　　　　　　　　　　　　　　　　　　赵如涵　陈俊旭 / 157

传播与社会

论生成式 AI 的技术越界与人的自主性博弈
　　——以 Sora 为例　　　　　　　　　　　张　铮　王怡欢 / 171

热点、趋势与展望：中外比较视野下智能新闻生产学术场域分析
　　　　　　　　　　　　　　　　　　　　　丁汉青　岳帅祺 / 184

隐形的数字鸿沟：物质接入对流动老人互联网使用的影响　熊慧　郭倩 / 200

新媒体平台在公益项目品牌化过程中的多重角色及其传播路径研究　陈芝 / 213

新闻传播教育

聚合与联动：国际传播人才培养中的"主体协同"　丰瑞　霍逸凡　龚小雯 / 227

青年视点

嵌入、消费、再生产：中国千禧一代对赛博记忆空间的能动建构
　　　　　　　　　　　　　　　　　　　　　桂笑冬　戚　颖 / 239

智能视听新生态下主流价值传播转型与创新研究　　包圆圆　郭海威 / 254

自主知识体系

中国新闻传播学自主知识体系知识地图与数智时代新路向	张殿元 经羽伦
以人才培养为目标的中国新闻传播学自主知识体系建构	彭华新 李海敏 陈显玲
中央苏区新闻漫画的视觉修辞及其认同建构	
——以《青年实话》为考察中心	余 玉 张 晨
从"中国实践"到"全球视野":推进新时代国际传播学"三大体系"建设	
	王宇琦 盛 阳 张煜莹
中国式现代化进程中视听传播平台化转型的实践路径研究	佟雪娜 郝 珊

中国新闻传播学自主知识体系知识地图与数智时代新路向*

The Knowledge Map of China's Independent Journalism and Communication Studies Knowledge System and New Directions in the Digital Intelligence Era

◎ 张殿元　经羽伦

Zhang Dianyuan　Jing Yulun

摘要：当下，随着中国学者研究主体意识不断觉醒、中国学术研究"本土化"日渐深入，以及中国式现代化之路的铺展，在历经几十年"地方性知识"的科学研究实践之后，中国学界无疑已经进入"平视西方理论并发现其局限性"的新阶段。以"地方性知识"为基，建构"中国自主知识体系"由是成为一种历史必然。作为西方舶来学科的中国新闻传播学，历经几十年的"本土化"研究，现已形成中国特色新闻传播学的知识地图，为当下中国新闻传播学自主知识体系建设奠定基础。面向数智时代，本文亦从"本体论""认识论"和"方法论"三个维度出发，为中国新闻传播学自主知识体系建构提出可行的实践进路。

关键词：中国自主知识体系；新闻传播学；知识地图；数智时代

Abstract: At present, with the continuous awakening of the research subject consciousness of Chinese scholars, the deepening of "localization" of Chinese academic research, and the unfolding of the Chinese path to modernization, after decades of scientific research practice of "local knowledge", the Chinese academic community has undoubtedly entered a new stage of "looking at Western theories on an equal footing and discovering their limitations". Based on "local knowledge", the construction of "China's independent knowledge system" has become a historical inevitability. As a discipline introduced from the West, Chinese journalism and communication studies have undergone decades of

---

* 本文系国家社科基金重点项目"新媒体文化对新时代中国创新型发展的理论支援和实践路径"（项目编号：21AXW010）的研究成果之一。

"localization" research and have now formed a knowledge map with Chinese characteristics, laying the foundation for the construction of an independent knowledge system in Chinese journalism and communication studies. Facing the digital intelligence era, the paper also proposes feasible practical approaches for the construction of China's independent knowledge system in journalism and communication studies from the three dimensions of "ontology", "epistemology" and "methodology".

Keywords：China's independent knowledge system, journalism and communication studies, knowledge map, digital intelligence era

2016年5月17日,习近平总书记在哲学社会科学工作座谈会的讲话中特别强调,"要按照立足中国、借鉴国外,挖掘历史、把握当代,关怀人类、面向未来的思路,着力构建中国特色哲学社会科学,在指导思想、学科体系、学术体系、话语体系等方面充分体现中国特色、中国风格、中国气派"[①]。2022年4月25日,习近平总书记于中国人民大学考察时,又进一步指出,"加快构建中国特色哲学社会科学,归根结底是建构中国自主的知识体系"[②]。其后,在2022年9月教育部召开的"哲学社会科学知识体系建构和高校咨政服务能力提升工程推进会"上,建设中国新闻传播学的自主知识体系被提上重要议事日程。[③] 事实上,自主知识体系既是构建中国哲学社会科学"三大体系"(学科体系、学术体系、话语体系)的核心,又是学科独立的重要标志。作为中国特色哲学社会科学的重要组成部分,新闻传播学界同样围绕构建"中国新闻传播学自主知识体系"的命题展开深入探索,包括构建中国新闻传播学自主知识体系的意义、目标、任务和路径等多重面向。这是一场普遍、深度的学术自觉,旨在通过自主的知识生产、理论创新及其系统化,成就中国新闻传播学的自主性。[④]

中国新闻传播学自主知识体系的构建包含着历史逻辑、理论逻辑和实践逻辑的辩证统一。按照唯物史观,知识生产的历史就是人类劳动生产实践的历史,人类社会的

---

① 新华网.习近平:在哲学社会科学工作座谈会上的讲话(全文)[EB/OL].(2016-05-18)[2024-10-10].http://www.xinhuanet.com/politics/2016-05/18/c_1118891128_2.htm.
② 光明网.归根结底是建构中国自主的知识体系[EB/OL].(2024-05-15)[2024-10-10]. http://theory.people.com.cn/n1/2024/0515/c40531-40236051.html.
③ 中华人民共和国教育部.以新时代新担当新作为加快建构中国自主知识体系 教育部召开哲学社会科学知识体系建构和高校咨政服务能力提升工程推进会[EB/OL].(2022-09-29)[2024-10-11].http://www.moe.gov.cn/jyb_zzjg/huodong/202209/t20220929_666016.html.
④ 胡百精.建构新闻传播学自主知识体系[J].新闻与写作,2023(3):1.

物质样态和知识状态的更动,统一在人类的劳动创造和知识探究活动当中。① 因此,历史上的每次重大技术变革都将改变人类知识生产的模式,并推动各领域创造出新的知识体系。进入数智时代,数字化和智能化技术将渗透人类日常,成为人类把握、认知和理解世界的新方式,其为中国新闻传播学自主知识体系的建构带来新契机。有鉴于此,本文首先基于历史逻辑,从中国自主知识体系的缘起出发,以"地方性知识"为理论逻辑,试图厘清当下中国新闻传播学自主知识体系的知识地图,并尝试回答"数智时代中国新闻传播学自主知识体系何以可能、何以可为"的问题,希冀为未来中国新闻传播学自主知识体系的构建提供新路向。

一、"地方性知识"与超越西方中心主义:构建中国自主知识体系的缘起

有关中国新闻传播学自主知识体系的构建,首要问题便是"我们缘何构建中国自主知识体系"。历史地看,这与近代以来中国学术思想和学术地位的变迁不无关联。追溯至19世纪,西方列强用坚船利炮强行打开中国国门,随之而来的是,基于"理性"和"科学"的西方现代性思想,成为构建世界秩序、创造知识和探寻真理的根本尺度与法则,而中国本土思想和学术则遭遇前所未有的质疑和挫折。救亡图存迫使中国主动靠近、模仿和学习西方现代性思想,洋务运动、戊戌变法、辛亥革命、五四运动等影响中国近代史进程的节点性事件,不仅仅是政治改革运动,更是思想解放运动,在中西文化激烈碰撞中,中华传统文化的式微,让彼时中国知识界感受到"西学为用"的重要价值,"中学为体"则变成了口号,西学开始被国人奉为瑰宝。其后,在中华人民共和国成立初期,苏联对中国教育亦有影响。20世纪70年代末中美关系开始缓和,随后的改革开放掀开中国发展的新篇章,新一轮的"西学东渐"亦被重启,可以说,中国深受西方现代性、科学和文化的影响,并延续至今。一方面是西学的进入使得中国学科建制日渐成熟,自中华人民共和国成立以来,中国已构建起以哲学、社会学、文学等为代表的人文社会科学和以"理工农医数"等为代表的自然科学;但另一方面,我们似乎始终无法自我言说,总是参照西方知识和西方理论。而不假思索地照搬西方理论,只会使我们的学术研究陷入相互循环验证的怪圈,因为西方社会与中国社会之间存在巨大的文化、历史差异,西方理论的解释力普遍适用于阐释西方社会的问题和现象,但之于中国社会和中国问题的解释力则是存疑的。于此,在20世纪末和21世纪初,不同学科的

---

① 韩震.知识形态演进的历史逻辑[J].中国社会科学,2021(6):168-185,207-208.

学者开始意识到"西方理论与中国问题的适配性和解释力"的问题,中国学界也开始重拾中国学术思想,召唤立足于"中国本土化"的科学研究。

实际上,知识本身是存在特定情境的,这一点在人文社会科学领域内尤为凸显。针对"知识的使用情境和适用边界"的问题,人类学家吉尔兹提出"地方性知识"的概念,所谓"地方性知识",不是指任何特定的、具有地方特征的知识,而是一种新型的知识观念,而且"地方性"(local)或者说"局域性"也不仅是在特定地域意义上说的,它还涉及在知识的生成与辩护中所形成的特定的情境(Context),包括由特定的历史条件所形成的文化与亚文化群体的价值观,由特定的利益关系所决定的立场和视域等。①由此,不难发现,"地方性知识"概念的第一个颠覆性意义是:相对于近代的科学理念和启蒙思想所强调的"普遍知识"和"唯一真理","地方性知识"主张的是从有限的、局部的经验出发来构造知识。批判性是地方性知识的首要特征,它把矛头直指知识的统一性、客观性和真理的绝对性,它认为任何知识都是在特定的情景中由特定的主体来感受和据以行动的。②

同时,依据吉尔兹在《地方性知识:阐释人类学论文集》一书中的观点:用别人的眼光看我们自己可启悟出许多瞠目的事实,承认他人也具有和我们一样的本性则是一种最起码的态度。但是,在别人的文化中间发现我们自己,作为一种人类生活方式地方化的地方性例子,作为众多个案中的一个个案,作为众多世界中的一个世界来看待,这将是一个十分难能可贵的成就。只有这样,宽阔的胸怀,不带自吹自擂的假冒宽容的那种客观化的胸襟才会出现。③

我们可以解读出"地方性知识"概念的第二个颠覆性意义:"地方性知识"所要打破的是以"西方中心主义"的天然优越性所构建起的知识体系,它更加强调不同小世界间基于各自地方性知识体系的平等对话。换言之,"地方性知识"并非只拘泥于特定的知识情境,而表现出故步自封,这同样给予我们一种探索知识的新视角,即知识本身是流动的、情境的和可对话的。至此,"地方性知识"的双重意义也为寻找中国经验,解决中国问题,通达中国学术研究的"本土化"之路,提供了理论支撑,即中国学界从自身经验出发,阐释、解决中国的实际问题,构建中国"本土化"的知识体系。事实上,从20世纪末对中国研究"本土化"的呼唤至今,我们在各学科领域内对"地方性知识"的构建已收

---

① 盛晓明.地方性知识的构造[J].哲学研究,2000(12):36-44,76-77.
② 欧阳芸,朱红文,廖正涛.全球化时代中国社会科学的本土化:从地方性知识的视角[J].兰州学刊,2005(2):57-59.
③ 吉尔兹.地方性知识:阐释人类学论文集[M].王海龙,张家瑄,译.北京:中央编译出版社,2000:19.

获显著成果,但同样重要的是,以"地方性知识"为基,中国的"本土化研究"并非自说自话,我们需要与西方乃至世界知识体系形成对话,甚至将中国的"地方性知识"推介至世界。比如,我国中医所形成的"地方性知识"便是一个很好的案例,而除却中医以外的其他学科,也同样可以构建起"地方性知识",并实现与西方乃至世界知识体系间的对话。

当下,随着中国学者研究主体意识不断觉醒、中国学术研究"本土化"日渐深入,以及中国式现代化之路的铺展,在历经几十年"地方性知识"的科学研究实践之后,中国学界无疑已经进入"平视西方理论并发现其局限性"的新阶段。以"地方性知识"为基,建构"中国自主知识体系"由是成为一种历史必然:于古今会通、中外互鉴中提出中国问题、概念、范畴、理论、思想和方法。① 对中国自主知识体系的呼唤,也正对应着"地方性知识"的第二重意义:从质疑西方理论走向超越西方中心主义,并实现中国自主知识体系与西方乃至世界的对话。概言之,构建中国自主知识体系也昭示着中国学术界更大的野心,对建构"中国自主知识体系"的召唤,正意味着中国哲学社会科学开始打破百年来的西学桎梏,正式迈向建构中国理论特色的新阶段,这既代表着中国学界开始"超越西方中心主义",又对应着一种学科自信、理论自信和文化自信。

二、概念旅行与本土化:中国新闻传播学自主知识体系的知识地图

作为西方舶来学科,中国新闻传播学亦经历"照搬参照西方理论、质疑西方理论召唤本土'地方性知识'、平视西方理论并实现超越西方中心主义"的过程。首先,就中国新闻学而言,早在清末民初新闻实践就已出现,晚清和民国时期的报人及其活跃的办报活动,于战争中孕育出中国新闻业的雏形,新闻教育和新闻学科建制也相继出现,继而相比于西方新闻学,中国新闻教育、新闻学研究和学科建制的起步并不算晚。进入新中国时期,由于我国的国体是工人阶级领导的、以工农联盟为基础的人民民主专政的社会主义国家,因此,新闻机构遵循党性和人民性原则,而非新闻专业主义,这使其与西方新闻业呈现出本质区别,进而新闻学研究呈现出明显的中国特色,包括马克思主义新闻观、党报新闻研究和群众新闻实践等。

(一)中国特色新闻学:马克思主义新闻观与群众新闻实践

马克思主义新闻观已被深入贯彻至中国新闻实践之中,以"马克思主义新闻观"为

---

① 胡百精.建构新闻传播学自主知识体系[J].新闻与写作,2023(3):1.

核心的研究,也始终作为理论方针指导新闻工作与新闻舆论,形成有别于西方新闻专业主义的中国特色新闻学研究,实际上,西方新闻学所强调的新闻专业主义并不完全适用于中国语境和制度体制,而马克思主义新闻观才能指导中国新闻业的具体实践。对此,有学者指出,当前中国马克思主义新闻观的核心观念主要是:党性原则观念、人民中心观念、新闻规律观念和正确舆论观念。[①]其中,"坚持党性和人民性相统一"是党的新闻舆论的要求[②]。以此,中国新闻学形成丰富的、围绕马克思主义新闻观展开的研究。在此基础上,针对党报新闻机构及其实践,亦有学者展开细致研究。作为一个具体而微的实践惯例,特别是与西方自由主义新闻观念下的新闻采编活动对比,党报新闻机构体现了"党政体制"下"一元化领导"的中国媒体特色,[③]这不失为一个有价值且值得进一步开拓的研究课题。对此,亦有学者研究发现,下级党报对中央党报版面形式的复制为特点的"对表",既是党和国家政治秩序的延伸和表征,也是对以党中央,特别是党的最高领导人为核心的政治权威秩序的象征性建构。[④]

除却聚焦宏观党报体制层面,亦有学者关注到微观群众与中国特色新闻实践。事实上,群众新闻路线是破解当前中国特色新闻事业发展困局的一个可取的、替代性的重要思路,群众新闻路线不仅是对中国共产党领导的百年新闻史的遵循,也对当代的参与式新闻、社区新闻、用户新闻等具有解释力,还能与专业主义的新闻观念、新闻话语构成对话关系。对此,有学者认为,群众新闻路线除了要求新闻工作者按照从群众中来到群众中去的基本工作原则进行新闻生产与传播外,至少还呈现出两个主要特点:一是群众参与新闻实践;二是新闻参与社会治理。[⑤] 诚然,群众路线新闻实践也并非当下的产物,实际早在20世纪,我国就已经出现"群众路线"新闻实践,有学者针对"关广梅报道"生产与刊发展开考论研究发现,《经济日报》"关广梅报道"展现20世纪80年代党报自我革新的过程,通过一系列新闻实践,从混杂的新闻文化走向了真正的群众路线,与人民群众在理性与感性上达成双重联结;利用"静观其变"与"主动出击"的策略,充分调动人民群众积极参与讨论。[⑥] 此外,针对诸如"新闻专业主义""建设性新闻"等诸多西方新闻学概念,中国学者也对其进行本土化考究。总体来看,中国新闻

---

① 陈力丹.党性和人民性的提出、争论和归结:习近平重新并提"党性"和"人民性"的思想溯源与现实意义[J].安徽大学学报(哲学社会科学版),2016,40(6):71-88.
② 杨保军.当前我国马克思主义新闻观的核心观念及其基本关系[J].新闻大学,2017(4):18-25,40,146.
③ 景跃进,陈明明,肖滨.当代中国政府与政治[M].北京:中国人民大学出版社,2016:6,18.
④ 刘鹏,沈荟.作为党报新闻常规的"对表":仪式的视角[J].国际新闻界,2024,46(6):34-51.
⑤ 沙垚.群众新闻路线:基于中国特色社会主义新闻实践的启示[J].编辑之友,2022(1):5-10.
⑥ 史承杰.1980年代"群众路线"新闻实践:"关广梅报道"生产与刊发考论[J].国际新闻界,2024,46(6):52-69.

学研究具有显著的中国理论特色,体现出中国情境中基于新闻理论和新闻实践的"地方性知识"。

(二)中国传播学"本土化":以历史为经,以当下为纬

与中国新闻学相对成熟的理论体系和鲜明的"中国特色"不同,相对年轻的传播学在被引入国内之初,就有部分学者意识到中国传播学研究对象、研究语境与西方不同的问题,并力主进行传播学本土化研究,此种呼唤已历经四十多年。当下,从中国具体国情和传播实际出发所进行的具有中国特色的传播学研究,其成果亦较为可观。[①] 这些著作不是照搬西方传播学的理论体系和研究模式,而是以中国文化为背景,以中国国情为坐标,整合了许多学科的知识,采用了科学合理的研究方法,紧密联系实际,努力服务于实践。[②] 从传播学本土化的研究现状来看,学界主要沿着两种路径对传播学进行"本土化"的努力。一种路径是以历史为"经",回溯中国传统文化,从历时层面探寻中国本土的传播思想,注重中文传播的独特现象和独特规律,强调其与其他社会或文化的差异、区别。[③] 只有强调中国特色,才能有别于西方传播学,建立自己的传播理论体系。[④] 这条路径的目的是打破西方既有的传播理论框架,分化出一条中国传播研究的特色道路,试图从传播学学理层面回应西方的传播学研究,进而与西方进行有效对话。

沿着这一路径来看,传播学本土化研究聚焦于"从中国传统文化中提炼出中国独特的传播结构与交往模式"。早在1988年,传播学本土化提出之初,吴予敏就提出传播形态和文化形态具有直接同一性的观点。[⑤] 他从古代传播媒介的进步、社会组织及其传播方式、政治领域的传播和传播理论观念出发,[⑥]勾画出一幅完整的中国古代社会传播的立体图式。[⑦] 依据中国哲学流派划分的儒、道、墨、法,先秦诸子的传播活动和传播思想也被纳入传播学本土化研究的范畴之中。陈力丹指出,孔子的传播思想以人伦为基础,"仁"是其传播思想的核心,孔子的传播思想使强硬的权力关系转化成伦

---

① 邵培仁.传播学本土化研究的回顾与前瞻[J].杭州师范学院学报,1999(4):3-5.
② 裴人.论中国的当代传播学研究[J].杭州师范学院学报,1996(2):48-52.
③ 祝建华.中文传播研究之理论化与本土化:以受众及媒介效果的整合理论为例[J].新闻学研究,2001(68).
④ 潇湘.传播学本土化的选择、现状及未来发展[J].新闻与传播研究,1995(4):34-39.
⑤ 吴予敏.无形的网络:从传播学的角度看中国的传统文化[M].北京:国际文化出版公司,1988:205-206.
⑥ 王琛.20年来中国传播史研究回顾[J].当代传播,2006(6):44-47.
⑦ 陈力丹.论孔子的传播思想:读吴予敏《无形的网络——从传播学角度看中国传统文化》[J].新闻与传播研究,1995(1):2-9.

理顺从,使中国封建社会老百姓形成道德自觉,"身—家—国—天下"的传播结构得以建立。① 黄星明则通过对比墨翟与韩非的传播思想,提炼出两种不同的传播效果论,即墨翟方法论"兼",强调了矛盾的同一性,认为传播可以取得强力效果;韩非方法论"矛盾",强调了矛盾的斗争性,认为传播要取得效果非常困难。② 邵培仁和姚锦云回溯中国思想史上分属道、释、儒的庄子、慧能和王阳明,指出三者的共同之处就是认为传播的成败不在于"传",而在于"受",提出"接受主体性"的现代价值,反思"传者为中心"传统范式的弊端,重新思考传播中的人如何建构一个丰富的精神世界,而不只是作为传递信息的导管。③

中国传统文化表征的传播思想形成不同的传播结构,传播结构的变化也使人际交往呈现出有别于西方的传播模式,因此,对不同历史时期的人际交往模式和关系的考察,也成为传播学本土化研究的路径之一。赵云泽和董翊宸对中国上古时期甲骨文向金文转变的现象进行探讨,认为金文转向并不是简单的文字介质转变,而是伴随着"巫史理性化"过程的一次媒介革命,意味着文字从"人与神"的媒介转变为"人与人"的媒介,完成了社会理性交往战胜原始宗教的第一步。④ 潘祥辉认为,"对天发誓"是与西方不同的中国本土的一种特有的沟通方式⑤,作为一种有关人们恰当行为的"志向性陈述"⑥,这种文化具有建构社会信任、促进社会沟通、整合社会秩序的功能。⑦ 翟学伟认为,中国人际关系的本土概念是人缘、人情和人伦,这三者便构成了中国人为人处世的基本模式。⑧ 中国人际传播中的关系视角既包容个体,但更突出"关系",在这层意义上发展出来的理论不同于西方二元对立的建构方式。⑨

另一种路径,则以当下为"纬",立足中国现实议题,从共时层面对西方传播学理论进行本土化的验证与反思。相比于第一条路径,此路径主要以用西方传播学理论回应

---

① 陈力丹.论孔子的传播思想:读吴予敏《无形的网络——从传播学角度看中国传统文化》[J].新闻与传播研究,1995(1):2-9.
② 黄星民."染论"与"难论":从哲学方法论的角度探讨墨翟与韩非的传播效果论[J].新闻与传播研究,2005(1):62-67,96.
③ 邵培仁,姚锦云.传播受体论:庄子、慧能与王阳明的"接受主体性"[J].新闻与传播研究,2014(10):5-23,126.
④ 赵云泽,董翊宸.中国上古时期的媒介革命:"巫史理性化"与文字功能的转变及其影响[J].新闻与传播研究,2019(7):92-106,128.
⑤ 潘祥辉."对天发誓":一种中国本土沟通行为的传播社会学阐释[J].新闻与传播研究,2016(5):30-46,126-127.
⑥ 埃里克森.无需法律的秩序:邻人如何解决纠纷[M].苏力,译.北京:中国政法大学出版社,2003:129.
⑦ 潘祥辉."对天发誓":一种中国本土沟通行为的传播社会学阐释[J].新闻与传播研究,2016(5):30-46,126-127.
⑧ 翟学伟.中国人际关系的特质:本土的概念及其模式[J].社会学研究,1993(4):74-83.
⑨ 翟学伟.本土的人际传播研究:"关系"的视角与理论方向[J].新闻与传播研究,2008(3):40-43,95.

本土问题为目标,①试图在方法上弥补无法被西方传播学理论解释的中国传播"问题",为中国传播议题找寻现实出口。立足于中国本土情境的乡村传播、政治传播和具身传播等多重研究面向,尝试提出一套"超越西方"的阐释框架。② 首先,就乡村传播而言,既有的研究表明,中国乡村图景是我国现存特有的社会形态,针对中国的乡村传播研究也是传播学本土化的一种探索。李红艳等人认为,传播的社会化过程在中国乡村社会变迁的痕迹中时时处处呈现着,从这些断裂带、连贯和非连贯的痕迹中,引导出传播学本土化的一种很重要的契机。③ 在大众传媒与乡村社会的发展和变迁领域中,吴飞指出社会传播网络可以作为乡村传播的新进路④,赵月枝将乡村文化置于世界体系中加以研究⑤,认为城乡关系是理解中国卷入全球资本主义的历史轨迹以及传播与文化在这一历史轨迹中重要作用的关键⑥,乡村传播的研究推动传播学本土化向纵深发展⑦。

在传播学本土化的议题下,我国的政治传播研究仍然处于对西方政治传播理论的消化和"本土化"的交织阶段,政治传播研究和实践都体现出有别于西方的学术路径和现实维度。⑧ 围绕中国国情展开的政治传播研究,在政治核心话语、宣传话语、对外传播、政治动员和社会抗争等议题上,呈现出不同于西方的话语逻辑与理论体系。赵云泽提出,将"传播即政治"的命题置于中国大众传播史中进行考查,或将形成具有中国本土特色的"政治传播"。中国大众传播媒介的生态始终融合在政治生态中,中国大众传播史在各个历史时期不同程度地诠释着"民主""专制""新知""启蒙""解放"和"革命"等政治核心话语。⑨ 中国政治传播是一个系统运作的过程,这一系统又被称为"宣传文化系统"⑩,中国的以政治宣传为主轴的政治传播模式短时期内不会改变⑪,但方式发生转变,对内强调传统媒体语态下放,并将媒介融合上升至政治层面,对外强调智

---

① 潇湘.传播学本土化的选择、现状及未来发展[J].新闻与传播研究,1995(4):34-39.
② 刘涛.理论谱系与本土探索:新中国传播学理论研究 70 年(1949-2019)[J].新闻与传播研究,2019(10):5-20,126.
③ 李红艳,谢咏才,谭英.构建中国乡村传播学的基本思路:传播学本土化的一种探索[J].中国农业大学学报(社会科学版),2005(2):86-89,95.
④ 冯广圣.中国乡村传播研究(1982~2012)[J].玉溪师范学院学报,2013(2):39-42.
⑤ 赵月枝,林安芹.乡村、文化与传播:一种研究范式的转移(上)[J].教育传媒研究,2017(4):11-17.
⑥ 赵月枝.从全球到村庄:传播研究如何根植乡土中国[J].江西师范大学学报(哲学社会科学版),2020(1):3-17.
⑦ 冯广圣.中国乡村传播研究(1982~2012)[J].玉溪师范学院学报,2013(2):39-42.
⑧ 荆学民,苏颖.中国政治传播研究的学术路径与现实维度[J].中国社会科学,2014(2):79-95.
⑨ 赵云泽."传播"即"政治":"政治传播"视角下的中国传播史研究框架[J].兰州大学学报(社会科学版),2017(4):134-141.
⑩ 苏颖.守土与调适:中国政治传播的制度结构及其变迁[J].甘肃行政学院学报,2018(1):71-82,99,127.
⑪ 荆学民.论中国政治传播研究向纵深拓展的三大进路[J].现代传播(中国传媒大学学报),2018(1):87-91.

库建设①、文化自信②、"新概念新范畴新表述"的修辞再造③,在政治运动和社会抗争中,基于差序格局理论,有学者发现中国文化土壤的行动者往往会从"家/己"的核心诉求出发,通过话语建构将小部分人的个体抗争发展成社会大众的共同使命,完成共识动员、行动动员和社会动员,在一个动态平衡的过程中,使中国的抗争性话语异常丰富多样。④

对西方传播学研究溯源不难发现,早期西方传播学研究是基于"刺激—反应"的离身性视角展开的。在笛卡儿"身心二元论"的影响之下,如何让思维脱离身体的牢笼,自由地进行传播,成为传播学研究的主要路径。贝雷尔森曾断言"传播学研究如今正走向凋零",他认为二战前和战时服务孕育出的四条主要研究路径在战后日渐式微,⑤贝氏强调传播学效果研究已进入穷途末路,这也折射出离身性视角在传播学研究中存在的局限性。与离身性强调的"身心分离"不同,具身性的立场是心智、身体以及环境三者的一体化,⑥而这与中国哲学思想中的"天人合一"或"主客相融"不谋而合。随着以互联网为背景的智能手机、可穿戴媒介设备的出现和普及,媒介技术与人的身体的关系越来越紧密,⑦传播学研究视角也随之转向身体研究。近年来,具身传播成为学界关注的焦点,基于离身视角的传播学研究面临学理困境,而传播学研究中身体观念的引入,有望突破传播学研究的瓶颈,并弥补其不足。⑧对于作为西方舶来品的传播学,我国一直沿袭西方传播学的研究传统,但对西方离身性视角的理论研究的直接借鉴,无法充分解释中国语境中的传播问题,而传播学研究中对身体重要性的强调与中国"天人合一"哲学观念的意外耦合,或将成为中国传播学的本土化研究的新契机。

基于以上对中国新闻传播学既有本土化研究的回溯,我们可以清晰地发现,虽然最初的中国新闻传播学是借鉴西方知识和理论构建而成的,但是在经历近乎几十年的质疑、批判西方理论以后,西方概念旅行走向"本土化"的调适,在此基础上,中国新闻

---

① 王眉.智库国际传播与对外话语体系构建[J].新疆师范大学学报(哲学社会科学版),2015(6):94-100,2.
② 刘卫东,林靖.构建中国特色战略文化传播体系[J].现代传播(中国传媒大学学报),2018(2):17-21.
③ 刘涛.新概念 新范畴 新表述:对外话语体系创新的修辞学观念与路径[J].新闻与传播研究,2017(2):6-19,126.
④ 周裕琼.从标语管窥中国社会抗争的话语体系与话语逻辑:基于环保和征地事件的综合分析[J].国际新闻界,2016(5):52-68.
⑤ 吴畅畅.施拉姆的学术遗产与美国传播学四大奠基人的神话[J].国际新闻界,2019(8):52-80.
⑥ 刘海龙,束开荣.具身性与传播研究的身体观念:知觉现象学与认知科学的视角[J].兰州大学学报(社会科学版),2019(2):80-89.
⑦ 芮必峰,孙爽.从离身到具身:媒介技术的生存论转向[J].国际新闻界,2020(5):7-17.
⑧ 刘海龙,束开荣.具身性与传播研究的身体观念:知觉现象学与认知科学的视角[J].兰州大学学报(社会科学版),2019(2):80-89.

传播学已经构建起大规模的"地方性知识",形成以中国社会和中国问题为核心的新闻传播学知识地图。这足以说明,中国新闻传播学已经走向"本土化"和"地方性知识"构建的下一个阶段,即通过构建中国自主知识体系,超越西方中心主义并实现同世界知识体系的对话。

三、本体论、认识论和方法论重构:数智时代中国新闻传播学自主知识体系构建新路向

关于"如何构建中国新闻传播学自主知识体系"的问题,诸多学者给出了自己的方案。就本文的观点而言,立足于数智时代,新的问题域正在蓬勃涌现,中国新闻传播学自主知识体系构建或将迎来新契机。当下,伴随大数据、人工智能、物联网、虚拟现实、云计算等新型信息技术的快速发展,我们已经迈向数智时代。所谓"数智时代",是指数字化与智能化深度融合发展的时代。其中,以DeepSeek、Sora为代表的生成式人工智能等新一代数智技术,正改变人类认知过程、重新定义人类知识,随之而来的是,知识的范围、性质及生产与传播方式都将有所改变,这是数百年来人类社会从未经历过的震动。聚焦于中国新闻传播学知识生产领域内,有学者认为,深度媒介化社会呈现出密集、复杂、流动的新传播景观,媒介技术的持续蝶变,必将激发更深层次的社会生态和新闻传播生态变革,这构成我国新闻传播学知识生产丰富的问题场域,为生成本土性、创新性、有影响力的新闻传播理论话语提供了无限可能,同时也带来了对知识生产更高的要求。① 对此,本文尝试从本体论、认识论和方法论等三个基本向度出发,回答"数智时代中国新闻传播学自主知识体系何以可能、何以可为"的问题。

(一)本体论进路:重思媒介本体与信息本体

数智时代的中国新闻传播学界正面临着研究范式的重构,而最先引发重思的便是本体论的问题。本体论是形成认识论的前提与基础。所谓"大道至简",对学科中最为一般和本原的问题的探讨,反而最能反映该学科发展的研究水平,换言之,对新闻传播学的本体论进行返璞归真的探讨,是反映中国新闻传播学自主知识体系研究水平的重要维度。数智技术正在改变新闻和传播的生产、流通和消费模式,因而中国新闻传播学自主知识体系的构建需要一个全新的本体论,即对新闻传播学的本质与存在进行重新定义。那么,在数智时代,相较于既往时期,新闻传播学的自主知识体系出现了哪些新本体?最初,新闻传播学研究中的本体论主要包含新闻本体、传播主体和客体的本

---

① 赵静,张涛甫.中国式现代化与新闻传播学自主知识体系的建构[J].现代出版,2024(5):21-31.

体、媒介的本体、信息的本体和新闻伦理、价值的本体,其中衍生出新闻的真实性与公共性、传播者与信息源、受众与信息反馈、信息传递的载体与渠道、新闻内容与符号表达以及社会责任与道德规范等问题。这些本体论无疑为新闻传播学研究提供基础性框架和研究方向,但总体来看,既往研究更多地聚焦于新闻本体、传播主体和客体的本体、新闻伦理和价值的本体这三个维度。然而,进入数智时代,以 ChatGPT、Sora 为代表的生成式 AI 预示着机器主体性的生成,对此,当下新闻传播学应当给予媒介本体和信息本体更多关注。

事实上,自 2017 年新闻传播学界重思媒介本体之日起,仅用七年时间,以媒介本体和信息本体为核心的新闻传播学学术研究领域已经蔚为大观。随着媒介与技术哲学、媒介地理学、媒介考古学、媒介社会学等新兴学科视角的闯入,由"何为媒介"引发的媒介本体论思考,那些既往被遮蔽的媒介,重新打开新闻传播学学术研究的褶皱。长久以来,由于视野的局限性,新闻传播学的研究对象和研究本体,主要被框定在传统新闻业和大众传播学之中。近年来,互联网、新媒体和人工智能等新兴数智技术的勃兴,去中心化的传播模式,使得大众传播系统面临解构和失灵的挑战,传统的、经典的新闻传播学研究范式和具体的学术研究理论,开始出现解释力式微的情形。在此背景下,新闻传播学界迫切呼唤自主知识体系的范式重构,新闻传播学研究开始出现"身体转向""情感转向""空间转向"和"物质转向"等新范式。概言之,数智时代给新闻传播学自主知识体系建构带来挑战,但其也正是重构新闻传播学自主知识体系的绝佳时期。

(二)认识论进路:打开被折叠的媒介形式研究

从认识论的层面看,在数智技术背景下,新闻传播学者如何认识和把握新闻传播活动的本质和规律,以及如何通过跨学科的知识融合和创新,推动新闻传播学知识体系的更新和发展,成为当下的时代命题。既往中国的新闻传播学研究更多关注新闻文本、传播内容和传播效果等,而忽视新闻、传播、信息和媒介的形式层面的研究,这是由我们对新闻传播学的认识论所决定的,即新闻传播学研究首要关注的应当是内容而非形式,相比于形式而言,内容才是新闻传播的核心,但事实上,此种认识论存在一定的认知偏差,并且将新闻传播研究始终框定在狭小的内容研究领域,一叶障目,而忽视新闻、传播和媒介形式层面在人类社会中更潜在的、广泛的影响。在传统媒体时代,由于新闻和信息的传播方式是中心化模式的,基于刺激—反应理论,学者们普遍关注"新闻和信息内容、传播策略如何左右受众的认知、态度和行为",此类研究为新闻传播学奠定基础,但是长期拘泥于此种认识论的研究视角,无疑会窄化新闻传播学的研究视野,尤其是进入数智时代,以人工智能为代表的媒介或信息装置已经实现自主生产,具有主体性和能动性,如若仍然只研究人工智能生产的内容,而不考虑人工智能形式带给世界和人类社会的变革,势必会损失很多问题域。因此,面向数智时代,中国新闻传播学在构建自主知识体系的过程中,既要保留内容层面的认识论,也要观照媒介形式层面的认识论。

(三)方法论进路:跨学科、数据驱动与技术融合

方法论作为研究的基本逻辑向度,对于确保研究过程的严谨性和结果的准确性具有重要意义。从方法论的层面来看,构建中国新闻传播学自主知识体系的一个重要面向是跨学科融合,跨学科融合不仅体现在与不同学科之间理论向度的对话、交叉上,还包含具体研究的方法选择。在数智时代,传统的研究方法已经难以完全适应新时代的需求,新闻传播学自主知识体系的构建需要依托科学的方法论作为指导。因此,我们需要重新审视和构建新闻传播学的研究方法论,以适应数智时代的特点和要求。

数智时代的新闻传播学研究方法论具有跨学科性、数据驱动性和技术融合性等特点。其一,跨学科性意味着我们需要借鉴和融合其他学科的理论和方法,形成综合性的研究视角,新闻传播学的研究不再局限于单一学科领域,跨学科整合研究方法强调新闻传播学与其他学科(如社会学、心理学、计算机科学等)进行深度交融,以多重视角理解新闻传播现象,揭示新闻传播背后的深层次社会、文化和心理机制。其二,在大数据和人工智能技术的推动下,新闻传播学研究越来越依赖于数据驱动和量化分析,数据驱动性要求以数据为基础,运用数据挖掘、机器学习等技术手段,通过收集、整理和分析大量新闻传播数据,揭示新闻传播规律,预测传播效果。同时,机器学习算法也可以被应用于文本挖掘、情感分析等领域,提高研究的精确性和效率。其三,数智时代,新闻传播学研究需要不断吸收和融合新技术,如自然语言处理、虚拟现实、增强现实等。对此,技术融合性强调将新技术与传统研究方法相结合。这些技术不仅为新闻传播提供了新的表现形式和传播渠道,也为研究提供了新的工具和手段,提升研究的效率和准确性。技术融合与创新应用方法强调将新技术与传统研究方法相结合,推动新闻传播学研究的创新与发展。其四,实证与阐释相结合的方法,在数智时代,新闻传播学研究既需要实证研究的精确性,也需要阐释研究的深度。实证研究方法通过收集和分析数据来验证假设和理论,而阐释研究方法则更注重对新闻传播现象的理解和解释。两种方法相结合,既能保证研究的科学性,又能保证研究的深度和广度。

总体来看,数智时代为中国新闻传播学自主知识体系构建提供了新契机和新路向。通过本体论、认识论和方法论的重构,中国新闻传播学既可以顺应新时代的挑战,拓展自身的理论和实践边界,又可以为构建具有本土性、创新性和影响力的自主知识体系提供有力支持。事实上,构建中国新闻传播学自主知识体系不仅是一个理论问题,更是一个实践问题。知识本质上不是一系列既成的、被证明为真的命题的集合,而是活动与实践过程的集合。① 如今,我们所提倡的知识创新和素质教育都必须诉诸实践来理解知识,即要求我们提升解决实际问题的能力,而不是去空泛地恪守某种普遍有效的原则。② 至此,面向数智时代,构建具有中国性、自主性特征的新闻传播学知识体系亦具有强烈的"实践自觉"和"实践取向"。比如以大数据、人工智能为代表的数字化、智能化技术,不仅可以运用在具体的新闻传播学研究之中,还可以丰富新闻传播的实践。再如,新闻传播活动的受众群体和传播渠道日益多样化,中国新闻传播学自主知识体系所构建的理论,可以为受众和渠道制定不同的传播策略。最终,本体论、认识论和方法论的厘定,将为中国新闻传播学自主知识体系构建的实践奠基。

四、结语

构建中国新闻传播学自主知识体系是建设社会主义现代化强国伟大目标对整个中国新闻传播学界提出的一个战略需求,也是整个新闻传播学界需要担当的重大学科建设使命。对此,本文通过对中国的学术思想和学术地位的历史脉络进行系统梳理后发现,中国的科学研究、知识创造经历"照搬参照西方理论、质疑西方理论、召唤本土'地方性知识'"的过程。当下,随着中国本土化科学研究的深入,中国学界无疑已经进入"平视西方理论并发现其局限性"的新阶段。以"地方性知识"为基,构建"中国自主知识体系"由是成为一种历史必然。此时,习近平总书记提出"中国自主知识体系",正是为中国学界"超越西方中心主义"提供国家战略层面的指导和支持,以此希冀中国学界能够实现与西方乃至世界知识体系的多元对话。

作为哲学社会科学的新闻传播学,在历经几十年的"本土化"研究后,已形成中国特色新闻传播学丰富、庞大的知识地图,这无疑为构建中国新闻传播学自主知识体系奠定坚实基础。面向数智时代,通过本体论、认识论和方法论三重维度的更新迭代,打

---

① 欧阳芸,朱红文,廖正涛.全球化时代中国社会科学的本土化:从地方性知识的视角[J].兰州学刊,2005(2):57-59.
② 盛晓明.地方性知识的构造[J].哲学研究,2000(12):36-44,76-77.

破传统新闻传播学研究路径,结合数字化、智能化技术,在理论层面探索媒介本体和信息本体,在方法层面实现跨学科的高度融合,拓宽中国新闻传播学研究的路径。最后,中国新闻传播学自主知识体系的建设和发展,还需要海纳百川、兼收并蓄的精神,新闻传播学应当树立"成为联通诸多学科的元学科"的野心,坚持多元对话、与先进学科对话、与世界对话,在价值、知识和能力三个方面重建新闻传播专业的确定性和学理化,加强学科内的共识建设,进而遵循从问题到知识,再到知识体系的演变路径,最终构建起中国新闻传播学的自主知识体系。

〔张殿元,复旦大学新闻学院教授、博士生导师,复旦大学义乌研究院全球传播全媒体中心主任,《共产党宣言》首译精神研究中心主任;经羽伦,复旦大学新闻学院博士研究生〕

〔特约编辑:陈欣钢〕

以人才培养为目标的中国新闻传播学自主知识体系建构*

The Construction of an Autonomous Knowledge System in Journalism and Communication Studies in China: A Talent-Centric Approach

◎ 彭华新　李海敏　陈显玲

Peng Huaxin　Li Haimin　Chen Xianling

摘要：建构中国新闻传播学自主知识体系既是学科发展的历史必然，也是国家发展的时代之需。目前来看，中国新闻传播学存在着不同程度的问题：对外盲从西方理论，依附其他学科知识，学科自主性弱；对内学科内生性不足，体现为研究视野有待拓宽、研究知识不成体系、基础研究需要深化。由此洞察人才培养目标，在思维层面需要强化人才主体性的自主意识、概念化的范畴意识、本土化的问题意识和融通化的全球意识，在实践能力层面应注重提升人才自主创新能力、提炼概念能力、应用实践能力和服务国家能力。根据人才培养目标，在人才培养过程中应重视人文与技术的平衡、学科与专业的融合、理论与实践的结合、本土与国际的对话，提升人才综合素质，推动中国新闻传播学自主知识体系建立，为中国式现代化建设提供学理支撑。

关键词：中国特色；新闻传播学；自主知识体系建构；困境；人才培养

Abstract: Constructing an autonomous knowledge system in Chinese journalism and communication is both a historical necessity for the discipline's development and a pressing demand of national progress. Current challenges include over-reliance on Western theories, dependence on knowledge from other disciplines, and a lack of academic independence. Internally, the discipline exhibits insufficient endogenous development, reflected in narrow research perspectives, fragmented knowledge frameworks, and underdeveloped

---

* 本文系深圳大学教学改革研究项目"'解困式新闻'教学的探索性研究"（项目编号：JG2023061）的阶段性成果。

foundational studies. To address these issues, talent cultivation must prioritize enhancing awareness of subjectivity, conceptual understanding, localization of issues, and global integration at the cognitive level. At the practical level, emphasis should be placed on fostering independent innovation, conceptual refinement, practical application, and societal service capabilities. Talent cultivation processes should balance humanities and technology, integrate disciplines and professional practice, bridge theory and practice, and facilitate dialogue between local and international perspectives. These efforts aim to improve the comprehensive quality of talent, advance the establishment of an autonomous knowledge system for Chinese journalism and communication, and provide theoretical support for China's modernization.

Keywords：Chinese characteristics, journalism and communication, autonomous knowledge system construction, dilemma, talent cultivation

随着中国式现代化的发展，国家对自主知识体系建设愈发重视，并将其提升至国家战略发展的高度。建构中国自主知识体系，将学术研究与国家治理相结合，能够为中国发展提供理论支撑，促进中国式现代化的全局和长远发展。新闻传播在政策宣传、舆论引导、社会监督、国际交流等方面发挥着重要功能，对现代化建设及社会发展至关重要。知识是人类认识世界的产物，也是改造世界的前提，人类社会借助知识的积累不断向前发展。① 随着现代化的不断发展，媒介技术迅速迭代，基于工业化背景产出的知识体系，对现代化建设和发展出现的新问题阐释力较弱，原有的知识体系需要更新和完善以适应社会发展的时代需求。

近年来，关于如何建构新闻传播学自主知识体系，学界展开了多维研究。事实上，在中国新闻学发展的一百多年里，新闻传播学界一直自发地致力于探索自主知识体系建构，但"自主性"的成果并不明显，至今仍囿于西方理论主导的学术话语中。② 对西方知识体系的长期依赖，致使我国新闻传播学自主知识体系建构的主体性被弱化，在服务现代化建设的过程中出现了一定程度的失调。目前，中国正处于百年未有之大变局时代，社会的变革广泛且深刻，新闻传播学亟须建立适合本土场域的自主知识体系，

---

① 张涛甫,姜华.依附与重构:试论中国自主新闻传播学知识体系建设[J].新闻与传播研究,2023,30(9):5-20.
② 胡正荣,叶俊.从主体意识到普遍意义:中国新闻传播学自主知识体系的概念化路径[J].中国编辑,2024(7):4-10.

以观照中国现代化进程中的社会实践,为国家战略发展提供智力支持和学理支撑。人才是知识的生产主体,知识体系的建立与人才培养密切相关。只有厘清当下中国新闻传播学自主知识体系的建构困境,根据问题明晰人才培养目标,完善人才培养路径,才能为学科建设和国家发展提供适配的人才。因此,本文通过梳理中国新闻传播学自主知识体系的建构困境,提炼和总结适配的人才培养目标,并提出相应的人才培养路径,为中国新闻传播学自主知识体系建构提供借鉴。

一、中国新闻传播学自主知识体系的困境发现

中国新闻传播学自主知识体系是立足于中国实践所形成的具有中国特色、符合中国实际、能解决中国问题的知识体系。① 自主知识体系的建构,是学科自主性和民族自主性的相互统一,前者基于学科建设,本质是建构一个高度自主性与一定包容性兼备的学科体系,后者是基于中华民族伟大复兴的时代大局,再次确认"民族国家"作为学科建设的重要单位。② 可以看出,自主知识体系的建构可从内外两个层面来分析。我们既要从本学科与外部要素的互动关系中,也要从学科内部自身发展中寻找答案。整体来看,中国新闻传播学自主知识体系建构困境,从外部来看,存在对其他国家、其他学科的知识路径依赖;从内部来看,学科的内生性发展不足。

(一)对外:学科依赖他者理论

1.盲从西方理论致使学术路径偏颇

发展中国家的一些学者因为受到西方学术训练,认为西方知识比本国知识更优越,进而在心理上对西方知识产生"学术依赖"。③ 除了在马克思主义理论基础上发展出的中国特色社会主义新闻理论外,当下现行的新闻传播学科、学术和话语体系几乎不分语境全部照搬西方。④ 这种不分语境的过度依赖限制了中国学者的研究视野,致使学术路径出现偏颇。西方理论中国经验的学术路径,忽略西方理论产生的政治、历史及社会背景,将其直接套用到中国经验之上,不能产生中国的新闻传播理论,强化了

---

① 周庆安,许涌斌.建构中国新闻传播学自主知识体系的十个基本问题[J].编辑之友,2024(1):21-29.
② 周庆安,卢明江.学科与民族:媒介融合环境下新闻传播自主知识体系的重构[J].国际新闻界,2022,44(12):6-13.
③ 邓绍国."求似析异,文明互鉴":建构中国新闻传播学自主知识体系的路径探析[J].南京社会科学,2024(1):110-121.
④ 胡正荣,王天瑞.学术性、思想性与开放性:中国新闻传播学自主知识体系建构中的三重关系[J].新闻与写作,2023(3):14-23.

西方理论的话语霸权。本应由理论框架引导提出经验问题,现在变成了用现成的理论套用现成的事实,后者只是一个理论应用问题,当然不可能产生理论创新。[①] 西方理论对西方来说是一种本土化理论,只能有效解释特定的历史、社会和现象,并不是一种普遍原理。解读西方理论,除了解读理论本身,更重要的是解读理论诞生的历史背景和社会地位,以及理论背后的意识形态。充分认识西方理论的适用语境及局限性,取其精华、批判吸收,是建立自主知识体系不可或缺的基础阶段。

2.依附其他学科知识导致学科自主性减弱

中国的新闻传播学因其整体属于西方"舶来品",且作为交叉学科,受其他跨学科理论影响较大,在理论建构时,不仅面临地域自主性的挑战,还同时面临学科自主性的问题。[②] 新闻传播学极易受到人文科学、社会科学、自然科学话语的影响,将其他学科的理论和范式与新闻传播学进行组合应用。在跨学科研究中,不少学者直接套用其他学科理论对新闻传播学的问题进行阐释,学科间的融合不够深入,借用他者理论丰富了其他学科理论的应用,并未对新闻传播学科的理论创新作出实质性贡献。还有一些学者倾向于借助其他学科实证主义的研究范式,通过建立模型、设计实验、验证假设的方式对新闻传播学的相关议题进行研究。新闻传播学是一个人文意识较强的学科,而过于强调科学化、实证化,遮蔽了数据背后的人文关怀,忽视了对人的洞察与理解。[③] 人生活在具体的社会之中,这种实证主义取向虽然在一定程度上丰富了研究范式,但与新闻传播学对人与社会的整体性观照存在差异。一个学科的发展需要建构清晰的研究范式。如果学科讨论的问题都是开放的,视角过于多样化而缺乏范式,在提出问题和解决问题的路径中没有闭环,学科本身的自主性就容易遭到否定,从而被肢解、替代。[④]

(二)对内:学科内生性不足

1.研究视野有待拓宽

随着媒介技术的进步,诞生于大众传播时代的知识体系已无法有效解释数字时代

[①] 胡翼青.传播研究本土化路径的迷失:对"西方理论,中国经验"二元框架的历史反思[J].现代传播(中国传媒大学学报),2011(4):34-39.
[②] 秦林瑜,吴赟.学术期刊在自主知识体系建构中的定位、功能与优化路径:以新闻传播学期刊为例[J].科技与出版,2024(6):5-17.
[③] 张涛甫,姜华.依附与重构:试论中国自主新闻传播学知识体系建设[J].新闻与传播研究,2023,30(9):5-20.
[④] 周庆安,卢明江.学科与民族:媒介融合环境下新闻传播自主知识体系的重构[J].国际新闻界,2022,44(12):6-13.

丰富且复杂的新闻传播现象。工业化时期的新闻生产和传播流程,建立在职业化的语境之上,长期以来以新闻从业者的新闻实践活动为研究重点。技术的发展使人人都能成为传播者,职业新闻人降维为众多参与新闻传播的主体之一。新闻的生产方式和传播方式也因媒介技术的变化,呈现出融合化和智能化趋势。以往新闻传播学向内研究的面向,有其历史的必然性,但在一定程度上限制了学科的发展,研究被限制在狭窄的理论空间和话语之内,无法在数字时代更为深广的话语平台和理论层面进行知识的拓展与创新。① 因此新闻传播学应拓宽自身的研究视野,从侧重工业化时期职业新闻人从事的大众传播实践,转向多元化传播主体丰富多样的信息传播活动。学者们应对新的行动者和新的技术客体予以关注,并将研究客体拓展至新闻实践的整个过程。

2.研究知识不成体系

知识体系是按照知识的内部逻辑和秩序组成的整体,体系性和系统性是知识体系的重要特征。一个学科的知识体系是关于该学科核心理论范式的内部共识,共识的缺乏会阻碍学科理论体系和知识体系的建构。新闻传播学的研究现状是,大量知识以平面化的知识群落存在,看似花团锦簇,但实质上硬核知识供给不足,粗放型、浅表化的知识产能过剩,知识间关联性不强,这在很大程度上削弱了学科内部的对话性和通约性,阻碍了学科通识性、统领性知识的生成,不利于学科的纵深发展。② "当学科内部缺少对核心理论范式的普遍共识,过度专注在现有理论碎片上推进理论发展、进行实证研究,导致学科知识看似百花齐放,实际却缺少将这些研究串联在一起的核心理论概念,从而阻碍学科理论体系的形成和完善。"③ 在新闻传播学科内部层面,首先要解决的就是知识的碎片化、浅表化、体系化问题。将碎片化知识整合成有明确逻辑的知识体系,形成学科核心理论范式的共识,是当下新闻传播学自主知识体系建设的重点。

3.基础研究需要深化

基础理论是学科发展的关键。基础性的理论创新事关新闻传播学的合法性,媒介技术的革新重构了舆论生态,诞生于工业时期的新闻传播理论诠释力逐渐式微,引发了学界的自觉追问和反思。④ 每逢新技术出现,学者们便蜂拥而上地对新技术展开研

---

① 周勇,李昊凯.重返基点:中国特色新闻传播学历史源流与创新动力[J].中国出版,2022(20):11-16.
② 赵静,张涛甫.中国式现代化与新闻传播学自主知识体系的建构[J].现代出版,2024(5):21-31.
③ 秦林瑜,吴赟.学术期刊在自主知识体系建构中的定位、功能与优化路径:以新闻传播学期刊为例[J].科技与出版,2024(6):5-17.
④ 王润泽,王汉威.自主体系与创新变革:中国新闻传播学学术期刊的新时代十年[J].科技与出版,2023(11):94-103.

究。研究新技术无可厚非，但对新技术的讨论通常是喜新忘旧，看似热闹非凡，实则研究结果大同小异，多数研究只是浮在时代与技术的表面，提出一堆新概念、新话术，并未对技术背后蕴含的人类困惑给予有效解答。① 尽管热点议题反映了学科研究的前沿动态，容易引起读者的兴趣，但基础性的理论研究才是学科发展的重要基石，它涉及对一个学科的核心问题以及基本原理的探索，是学科核心概念形成共识的重要途径。② 目前，新闻传播学科面临着核心概念定义缺失，对概念内涵外延及概念间的关系界定不清的问题。③ 基础理论是理论创新的关键，它为理论创新提供了必要的理论支持和思想指导。只有对基础理论展开深入细致的研究，将学术基础打牢，才能在此基础上结合本土实践和时代特点，提出有价值的研究问题，创造属于本土的新理论。

二、中国新闻传播学自主知识体系建构的人才培养目标

新闻传播学自主知识体系的学科建构，以及服务中国式现代化发展的任务，为新闻传播学人才培养提供了明确方向。新技术的发展对新闻传播行业形成的颠覆性影响，也促使人才培养目标要满足时代的需求。新闻传播学人才培养目标要坚持"思""术"并举的逻辑理路，"思"是实践技能在意识层面的培养，是对新闻传播人才思维能力等综合性人文社科素养的提升；"术"是新闻传播人才所需要的实践技能。④ "术"与"思"的结合构成了新闻传播学人才所应具备的思维意识和实践能力。因此，新闻传播学自主知识体系建构的人才培养目标也应从思维意识和实践能力入手。

(一)思维意识层面

1.主体性的自主意识

从"自主知识体系"这一表述可以看出，自主涉及"自我"与"他者"的对照。提出建构中国新闻传播学自主知识体系，是因为本学科对西方国家及其他学科理论及范式过于依赖，弱化了本身的自主性。自主性是观照的自主性，是世界观和方法论的自主性，

---

① 朱春阳.你好，ChatGPT！[J].新闻大学，2023(1):2.
② 秦林瑜，吴赟.学术期刊在自主知识体系建构中的定位、功能与优化路径:以新闻传播学期刊为例[J].科技与出版，2024(6):5-17.
③ 景嘉伊，胡正荣，钱莲生.科学、问题、价值:走出中国新闻传播学知识生产困局的核心要义:基于全国新闻传播学优秀论文遴选的数据(2021-2022)[J].新闻与传播研究，2023,30(12):35-51.
④ 刘冰，樊丽.新闻人才培养"思""术"并举的逻辑理路[J].中国出版，2024(2):42-47.

是主体自由选择的自主性,是关键知识供给的自主性,是体现民族性的自主性。① 自主意味着独立与特色。自主的前提是了解自我和他者。什么是中国特色,是中国新闻传播学人才首先要理解的问题,新闻传播理论研究的当代中国特色,是深植于中国文化传统、迎合时代发展需要、立足本国基本国情的现实特性。② 因此,中国学者应主动反思和纠正"西方理论中国经验"的学术路径,从中国的语境和理论框架出发引导中国经验问题的提出,进而提炼本土概念,提升民族自主性。在进行跨学科交叉研究时,研究者应充分了解其他学科理论的适用语境,明晰学科的核心知识以及交叉的边界,避免在融合中迷失自我,提升学科的自主性。二者的统一,才是建构中国新闻传播学自主知识体系的必由之路。

2.概念化的范畴意识

在自主知识体系建构中,范畴是对概念的抽象和升华。"一个概念的提出之始是针对具体的研究对象,其内涵和外延有一定局限性,而要使概念更具有解释力,就需要对概念进行范畴化的提升。概念的范畴化就是将原有的概念进一步抽象,使其能够辐射更多领域、解释同类现象,概念的范畴化程度越高、概括性越强,范畴化功能也就越大。"③当前,我国的新闻传播学研究,存在概念抽象化程度较低、范畴化薄弱的问题,一定程度上束缚了自主知识体系的建构,但范畴化在建构中国新闻传播学自主知识体系中发挥着至关重要的作用,新闻传播学的范畴化之所以难,关键在于对研究对象的认知不足,抽象化程度不够。④ 提升范畴化意识,首先,应对中国式现代化发展有深刻的认知,知晓当下中国面临的现实问题,从宏观角度分析与新闻传播相关的议题;其次,要深入具体的新闻传播实践,把握事物的传播规律;最后,要接受一些逻辑思维训练,提升对事物进行分析、归纳、总结、概括和抽象的能力。从宏观视角思考学科问题、了解具体社会实践、把握相关传播规律,辅以抽象的逻辑思维能力,将多角度发力提升研究者概念化的范畴意识。

3.本土化的问题意识

问题意识是新闻传播学自主知识体系建构的创新源泉。当前,在新闻传播学界,

---

① 杨开峰.全面理解、深入领会,加快构建中国自主的哲学社会科学知识体系[J].公共管理与政策评论,2022,11(4):11-14.
② 杨保军,李泓江.新闻理论研究的当代中国特征[J].新闻界,2018(2):23-39,46.
③ 胡正荣,叶俊.从主体意识到普遍意义:中国新闻传播学自主知识体系的概念化路径[J].中国编辑,2024(7):4-10.
④ 胡正荣,叶俊.从主体意识到普遍意义:中国新闻传播学自主知识体系的概念化路径[J].中国编辑,2024(7):4-10.

存在较多理论搬运的研究,以及一些并无太多意义的量化研究,一些研究者看似使用了复杂的技术模型,但得出的研究结果往往是常识性的知识。归根结底,这是缺乏问题意识的表现。一旦研究对象常识化,便很难推进学科的创新。我们应拥有本土化的问题意识,扎根中国实践去发现问题,进而确定研究的视角、概念以及方法。掌握学科的问题意识,首先要了解学科的元问题是什么,在元问题的指导下结合具体的社会现象,才能提出有价值的研究问题。学科的元问题是基于本学科独特的研究对象而产生的问题,是可以清晰、鲜明地界定研究对象的本源性问题。① 有学者概括了新闻传播学的元问题,认为:"新闻传播作为一种以体系化的信息传播为取向的实践活动,通过影响人的个体发展以及人与社会关系的建构,促进人与社会的良性发展以及信息传播体系自身的进化。"② 从元问题的定义可以看出,新闻传播学自主知识体系建构主要包括两个维度,一是学科内部自身信息传播体系的建设,二是具体信息传播实践活动的外部影响。因此,研究者应以本土化的问题意识为导向,聚焦学科发展基础问题与前沿问题,关注国家发展的重大战略问题与实践问题,深究问题背后的知识逻辑,为新闻传播学自主知识体系建构以及中国式现代化发展作出学术贡献。

4.融通化的全球意识

建构中国新闻传播学自主知识体系,是为了纠正中国学者对西方知识体系的过度依赖,打破照搬西方理论解释中国经验的学术桎梏。但知识体系的建构并非自我封闭,而是要以融通开放的全球意识,在与世界对话、交流、合作的过程中相互促进、共同提升。建构自主知识体系的全球意识可体现为对人类面临的共同问题的关注,通过对问题的解决产出中国知识,为世界学术界贡献中国智慧,提升中国新闻传播学的学术话语权。我们可采取"求似析异、文明互鉴"路径,从人类命运共同体的"相似性"出发,立足中国经验分析相似之中的相异之处,与西方学者一起为人类新闻传播学知识体系的增益作出贡献,将"西方普适主义"转化为"全球普适主义"。③ 在与西方的交流互鉴中,我们也应拥有一定的文化自觉,在中西古今的面向中,深入挖掘中华民族的新闻传播文化,在与全球性新闻传播文化对照中定位自身,防止自我迷失,进而从中汲取宝贵

---

① 李泓江.新闻学元问题的依据、方位及回应方式[J].编辑之友,2020(8):57-62.
② 周勇.从元问题出发:中国特色新闻传播学知识体系的建构逻辑与实践进路[J].新闻与传播研究,2022,29(10):5-16,126.
③ 邓建国."求似析异,文明互鉴":建构中国新闻传播学自主知识体系的路径探析[J].南京社会科学,2024(1):110-121.

的思想资源。① 换言之,研究者要拥有开放融通的全球意识,广泛汲取世界优秀文化中的知识和思想,建构既拥有中国特色又具备世界意义的知识体系。

(二)实践能力层面

1.自主创新能力

创新是建构中国新闻传播学自主知识体系的关键。一个国家如果缺少创新的思想和理论,将很难在国际学术领域获得话语权。提升自主创新能力是人才培养的重点。我们可从知识创新、理论创新和方法创新三个方面着手。实践创新是知识创新的动力和源泉,知识创新总是从亟待解决的实践问题中产生。② 当下中国社会正处于战略发展的转型期,社会环境和媒介技术实践日新月异,呈现出西方社会较少见到的社会现象,出现了一些新事物、新现象、新实践。我们应以现实问题为导向,在回答新时代面临的新问题的基础上实现知识创新。基础性理论是理论创新的基石,研究者应具备大历史观,对近百年中国共产党事业史、中国古代传播思想史进行深入研究,以大历史观审视中国式现代化进程中,新闻传播与人、技术、社会发展、国家治理的内在规律,推动理论的创新发展。方法层面,可采用混合式的研究方法,既避免陷入技术至上的唯科学主义,又能观照人在研究中的主体地位。借助对知识创新、理论创新、方法创新的思路拓展,提升人才的创新能力,创造性的建构具有中国特色的新闻传播学自主知识体系。创新能力的提升不是一蹴而就的,它是一个逐步推进的过程,因此,研究者要拥有实事求是的探索精神和科研态度。

2.提炼概念能力

概念是建构理论体系、知识体系的"基石"或"细胞",只有通过概念的阐明和概念体系的建构,才能构造和建设知识大厦。③ 目前,中国新闻传播学科的核心概念和标识性概念较少,致使概念体系的建设不完善,影响自主知识体系和理论体系的建构。因此,提升人才的概念化能力变得尤为重要。概念化是意义建构的认知过程,广义的概念化关注人类行为系统的概念表征,包括言语行为;狭义的概念化聚焦于与语言行为相关的概念系统。④ 概念化是一种思维过程,是对表层社会现象内部本质与规律的

---

① 张小平,蔡惠福.全程在场:建构中国特色新闻传播学自主知识体系的"三个自觉"[J].新闻春秋,2024(1):21-30.
② 王润泽,赵泽瑄.中国式现代化视域下新闻学自主知识体系构建的思考[J].新闻与写作,2023(3):5-13.
③ 杨保军.当代中国新闻学"自主概念"的来源[J].当代传播,2024(1):22-29.
④ 文旭.语言、意义与概念化[J].深圳大学学报(人文社会科学版),2022,39(1):32-39.

符号化概括。如何提升新闻传播学人才的概念化能力？其一，提升人才的问题意识，聚焦学科发展的基础问题和前沿问题，关注国家发展的重大战略问题和实践问题，从核心问题中探索核心概念，学理层面的概念是区分学术研究与生活常识的重要标志。其二，提升人才的逻辑思维能力和语言表达能力，在深入分析社会现象的基础上，运用严密的逻辑和清晰的语言概括出现象背后的本质与普遍规律。在提出概念后，站在更广阔的视角将概念进一步抽象和升华，使其范畴化，增强概念的解释力，借助核心概念群，使理论框架化，逐步建立新闻传播学的自主知识体系和理论体系。

3. 应用实践能力

知识本质上来源于实践，不同的实践产生不同的知识。理论和实践是相互促进的，理论是对实践的反映和抽象化概括。新闻传播学是一门应用实践性较强的学科。目前，我国新闻传播学科存在人才素质与市场要求不匹配、科研脱离实践、学生实践能力不足的问题。伴随着技术的进步，市场对人才能力的要求也从传统的采写编评，拓展到数字技术使用、音视频制作、数据分析和展示、广告营销乃至网络直播等各个方面。[①] 当下新闻传播学界存在过度依赖文献的科研风气，学术研究成为从理论到理论、从概念到概念的纯粹知识生产，实践在学术话语中被抽象为意识中不可缺的一个理论要素。[②] 无论是人才素养与市场需求的不匹配，还是科研与实践的脱离，追本溯源，还是新闻传播学的实践教育不够完善。新闻传播学的教育应注重学生实践能力的提升，根据市场需要有针对性地培养学生的相关技能，为社会输送高素质的实践型人才。同时，对于学术型人才，要注重对理论知识、学术素养、学术规范、实践意识等能力的培育。理论和实践相互影响、相互建构，不断提升人才的应用实践能力，充分发挥实践在服务社会、催生研究、育人育才过程中的连接作用。

4. 服务国家能力

中国自主知识体系是基于中国发展与治理经验、观照人类社会运行规律的学理性、整体性叙事，建构中国自主知识体系是中国式现代化伟大实践的学术回应，也是影响、引领数字时代中国式现代化进程的必然要求。[③] 中华人民共和国在成立之初，便确立了科学要为国家建设服务、为人民服务的发展方针。[④] 新闻传播学作为研究新闻

---

① 白净.新闻专业教育如何应对融媒科技的挑战?:新闻传播实务教学论坛综述[J].新闻记者,2017(4):91-94.
② 胡正荣,王天瑞.实践:中国自主新闻传播学知识体系的源头与出路[J].国际新闻界,2022,44(11):6-24.
③ 郁建兴,黄飚.建构中国自主知识体系及其世界意义[J].政治学研究,2023(3):14-24,167-168.
④ 谢伏瞻.加快构建中国特色哲学社会科学学科体系、学术体系、话语体系[J].中国社会科学,2019(5):4-22,204.

舆论规律、指导新闻舆论工作和培养新闻舆论工作人才的学科,必须承担起更多的社会责任,[①]为国家发展和现代化建设提供智力支持。提升新闻传播学人才为国家智库的服务能力,可通过有组织的科研路径,为现代化建设建言献策。有组织的科研是推动研究成果建制化,成体系地为中国式现代化服务的重要形式。有组织的科研可发挥集中力量办大事的优势,充分调动各方资源,联合政府、大学和企业的人才,聚焦国家面临的重大战略问题、实践问题,以国家需求为导向展开学术研究,为国家发展和治理提供学理支持和政策应对。建构中国新闻传播学自主知识体系,应对人才资源进行合理配置,探索多样化的人才培养与服务机制,以适应时代发展和国家需求。

三、中国新闻传播学自主知识体系下的人才培养路径

中国自主知识体系建构,归根结底在于对人才的培养,只有培养出优秀的人才,才能更好地推进自主知识体系的建构,作为一种回馈,又能更好地培养人才。当了解清楚"为谁培养人、培养什么人、怎样培养人"这三个根本问题时,我们才能更好地为国家、社会、学科提供适配的人才。根据前文提到的人才培养目标,在人才培养过程中,可通过人文与技术的平衡、学科与专业的融合、理论与实践的结合、本土与国际的对话,提升人才的综合素质,推动中国新闻传播学自主知识体系的建构,为中国式现代化建设提供学理支撑。

(一)人文与技术的平衡

技术的变革改变了人们的生活方式和社会交往方式,并对社会结构、经济发展、文化传播等方面产生了深远的影响。也正是媒介技术的快速迭代,使诞生于西方工业化时期的新闻传播知识体系在解释当下数字媒介时代的新现象、新问题时愈发疲弱。毫无疑问,媒介技术的迅速迭代,为理论创新提供了广阔的空间。在通信技术、智能技术深刻影响人类社会结构及运行方式的当下,新闻传播学应担当起"灵魂雕刻师"的角色,肩负起为人类解释现象、帮助人类认知世界、帮助人类解决问题的重任。[②] 前文提到研究者热衷于对新技术的研究却忽视了对问题本质的探索,忽视了对人的主体性探索。研究者将技术的目的转变为技术的手段,看似是技术所致,实则本质上是思想与

[①] 胡正荣,叶俊.中国特色新闻学"三大体系"创新路径与自主知识体系建构[J].中国出版,2022(20):3-10.
[②] 胡正荣,樊子塽.新闻传播学历史使命与自主知识体系特征[J].青年记者,2023(8):9-13,18.

价值的问题,①是工具理性与价值理性的偏颇。马克思运用唯物史观对科学技术的异化问题进行了深入剖析,主张用伦理的导向作用协调科学技术与人的关系,规约和引领科学技术的发展,这对我们科学地处理科学技术与人之间的关系具有重要的理论意义和实践意义。② 因此,在人才培养过程中,应注重人文素养与技术素养的平衡。高校可采用人文素养通识课与技术伦理课并行的方式,培养学生的人文素养和科学素养。人文素养课程应根据对人才政治意识、思想道德、职业品质、人文关怀的提升进行设计。此外,在人文素养的通识课中,还应增设一些逻辑学的基础课程,对学生的逻辑思维能力和分析论证能力进行训练,提升学生对事物的分析能力、抽象的概念化能力和逻辑论证能力。

(二)学科与专业的融合

新闻传播学是一门交叉性较强的学科,在数字媒体时代,单一向度的知识结构和技能人才已无法满足实践和科研的需求。新文科建设下的人才培养,应摆脱学科对学生思维边界的束缚,促进各学科之间的交叉融合,拓宽学生的思维边界和学术视野,在学科知识的交叉碰撞中催生新知、激发创意。从传统文科到新文科,一个重要的思维方式转变是打破现有学科壁垒,推动人文学科与社会学科、自然科学与社会科学的融合,破除固有条块分割、隔行如隔山、碎片化的弊端。③ 在传媒、经济、体育、娱乐全面社会化、全球化、智能化背景下,新闻传播学一方面要对文科领域延伸到本领域的哲学、经济、管理、法律等问题予以回应、辅佐、支撑;另一方面也要面对理工科的介入问题,为不同学科提供协同、交叉、融合。④ 前文提到,新闻传播学在与其他学科融合的过程中,只是将不同学科的知识进行简单的组合,在思维和理念上并未实现深入融通。学科与专业的融合,并非物理层面的简单叠加,而应是思维层面的互通互融。推进学科与专业的深度融合,高校可从课程设置、师资力量、科研项目、学术论坛几个方面着手。首先,课程设置层面,可采用文科与文科互鉴、文科与工科融合、文科与理科交叉的方式改造传统课程结构,培养学生的跨学科思维。其次,师资力量层面,招聘具有多学科背景的教师,并对现有教师开展跨学科培训,推动教师队伍专业结构、知识背景的

---

① 胡正荣,王天瑞.学术性、思想性与开放性:中国新闻传播学自主知识体系建构中的三重关系[J].新闻与写作,2023(3):14-23.
② 闫立光.马克思科学技术思想的伦理向度[J].道德与文明,2022(2):89-96.
③ 赵允芳."新文科背景下,新闻传播学应回归'人'的本质维度!":访著名传播学家邵培仁教授[J].传媒观察,2021(9):17-22,2.
④ 白贵,杨强.新文科与新闻传播教育生态的调整[J].中国编辑,2021(2):12-15,50.

多元融合。再次,科研项目层面,推动不同学科之间建立科研合作项目,通过科研项目促进学科之间的交流融合。最后,学术论坛层面,可开展跨学科的学术论坛,针对某一议题邀请不同学科的研究者一起互动探讨,拓宽研究者的学术视野和思维边界。借助学科之间的互动融合,培养具备跨学科思维、多能多专的复合型人才。

(三)理论与实践的结合

新闻传播学是基于具体新闻传播实践而形成的一门应用性较强的学科。新闻传播学的知识不是纯粹的概念范畴问题,学科知识内容与社会结构、国家制度和具体国情息息相关,它源于人类的传播实践,也要用于改造传播实践。① 正是由于媒介技术迅速发展,已有的理论体系滞后于中国式现代化发展的媒介实践,我们才提出要建构中国新闻传播学自主知识体系。前文提到新闻传播学科在人才培养方面,存在人才素质与市场需求不匹配、学术研究依赖文献而缺乏实践的问题。究其根本,是高校的人才培养出现了理论与实践的脱节。提升学生理论与实践的结合能力,可从理论教学、基础设备、导师制度、毕业设计几个方面入手。首先,理论教学层面,不能仅限于对理论本身的教学,更重要的是对理论产生的时代、政治、经济、技术等背景的讲解,让学生理解理论的产生语境及适用范围。其次,基础设备层面,高校应根据学科需要和社会市场需求更新及完善基础设备,建立新媒体融合实验室供学生进行实践训练。再次,导师制度层面,实行双导师制,除学校的学术导师外,可聘请校外优秀业界人士为学生的实践导师。实践型人才跟随业界导师进企业实习可以综合提升学生对理论的实践应用能力,而学术型人才通过参与学术型导师的科研项目,并深入企业实习或参观学习,可从实践中发现研究问题,展开对问题的学理性探索。最后,毕业设计层面,高校应注重在"做中学",重视对毕业作品和毕业论文的过程指导,严格把关质量,形成对学生实践能力和学术规范的过程训练和成果检验。理论源于实践,理论同时指导实践。提升新闻传播学人才理论与实践的结合能力,为学科建设和国家发展提供适合的人才。

(四)本土与国际的对话

建构中国新闻传播学自主知识体系并非自我封闭,而是要立足中国实践,摆脱对西方知识体系的惯性依赖,同时寻找中西方文化的相似之处,推动本土与国际的对话,

---

① 胡正荣,王天瑞.实践:中国自主新闻传播学知识体系的源头与出路[J].国际新闻界,2022,44(11):6-24.

提升中国在国际学术界的话语权。在建构中国新闻传播学自主知识体系的过程中，我们应积极与国际社会形成开放共享的对话关系，一方面汲取他者先进的知识成果，另一方面回应世界之问，为世界新闻传播学的知识生产贡献中国智慧。[①] 前文提到，我国自主知识建构存在对西方知识体系的过度依赖和盲从问题。因此，在对话交流中，我们应在立足本土的基础上，合理借鉴、批判吸收，坚持以我为主、为我所用的原则，确立知识体系的民族性和主体性。建立本土与国际的对话，可从人才培养、学术交流、期刊创办三个方面着手。人才培养层面，一方面，逐步提高教师队伍的国际化水平，引进具有海外教育背景的高水平人才，同时让现有教师参与国际化研修，组建国际化的教师队伍；另一方面，建立与国际知名高校的合作关系，实现对学生的联合培养，为学生赴外国学习交流提供有利的政策环境，打通国际化的人才培养路径。学术交流层面，通过举办各类国际学术会议，针对学科研究前沿，与国际同行进行交流，提升学术成果的国际影响力。期刊创办层面，学术期刊是学术知识公开传播的重要载体，创办国际化的学术期刊，可为本土学术成果提供国际化的对话和交流平台，推动中国新闻传播学融入国际学术场域，增强自主知识体系的国际影响力。通过国际化的人才培养、学术交流、期刊创办，推动本土与国际的对话，实现研究者从学术盲从到学术自主的转变，提升中国新闻传播学的国际学术话语权。

四、结语

中国新闻传播学自主知识体系建构过程中存在一定问题，对外盲从西方理论，依附其他学科知识，学术路径偏颇，导致学术自主性减弱，对内学科内生性不足，知识不成体系，基础研究需要深化。以问题为导向可以发现，人才培养目标，在思维层面应强化人才主体性的自主意识、概念化的范畴意识、本土化的问题意识和融通化的全球意识，在实践能力层面应注重提升人才自主创新能力、提炼概念能力、应用实践能力和服务国家能力。根据人才培养目标，在人才培养过程中应重视人文与技术的平衡、学科与专业的融合、理论与实践的结合、本土与国际的对话，提升人才的综合素质，推动中国新闻传播学自主知识体系的建立，为中国式现代化建设提供学理支撑。

建构中国新闻传播学自主知识体系既是学科发展的历史必然，也是国家发展的时代之需。当下的中国，媒介技术环境日新月异，媒介技术实践丰富多元，充满了在西方国家较为少见的社会现象，这给中国新闻传播学自主知识体系建构为国际社会贡献中

---

① 赵静,张涛甫.中国式现代化与新闻传播学自主知识体系的建构[J].现代出版,2024(5):21-31.

国方案提供了难得的机遇。我们应立足中国实践、提出中国问题、发展中国理论,创建属于中国的新闻传播学自主知识体系,提升国际学术话语权,同时应关注人类面临的共同问题,积极与西方国家展开学术对话及合作,为世界新闻传播学知识体系贡献中国智慧,扩大中国新闻传播学自主知识体系的国际影响力。

〔彭华新,深圳大学传播学院教授、博士生导师,深圳大学传媒与社会发展研究中心研究员;李海敏,深圳大学传播学院博士研究生;陈显玲,深圳大学传播学院讲师〕

〔特约编辑:陈欣钢〕

中央苏区新闻漫画的视觉修辞及其认同建构*
——以《青年实话》为考察中心

The Visual Rhetoric and Identification Construction of News Cartoons in the Central Soviet Area: A Focus on *Youth Truth*

◎余 玉 张 晨

Yu Yu　Zhang Chen

摘要：中央苏区时期，《青年实话》的新闻漫画对唤起苏区青年参加革命的热情起到举足轻重的作用。新闻漫画作者通过采用互文手法、打造深层隐喻、塑造对立角色、构建视觉意象等视觉修辞策略彰显其功能，并在视觉修辞视域下通过多重情感推动苏区军民认同意识的建构，苏区漫画从振奋与痛苦、愉悦与厌恶的反向情感中对应建构苏区军民的政治认同、民族认同、文化认同和身份认同，最终为推动苏区革命发挥了情感动员作用，在苏区军民中构建了新的社会想象。

关键词：《青年实话》；新闻漫画；视觉修辞；认同

Abstract: In the Central Soviet Area, the news cartoons of *Youth Truth* played a decisive role in arousing the enthusiasm of the youth to participate in the revolution. The authors of the news cartoons highlighted their functions by adopting visual rhetorical strategies such as intertextuality, deep metaphor, opposite roles, and visual imagery, and promoted the construction of identity consciousness of the military and people in the Soviet Area through multiple emotions under the visual rhetorical perspective. The Soviet cartoons constructed the political identity, ethnic identity, cultural identity and identity identity of the military and people in the Soviet Area from the opposite emotions of excitement and pain, pleasure and disgust. Finally, they played an emotional mobilization

---

* 本文系江西省高校人文社会科学研究规划项目"中央苏区红色文化传播特殊载体与当代启示研究"（项目编号：XW22101）、国家社科基金重点项目"中国共产党红色新闻漫画资料搜集、整理与研究（1921—1949）"（项目编号：24AXW002）的阶段性成果。

role in promoting the revolution in the Soviet Area, and built a new social imagination among the military and people in the Soviet Area.

Keywords: *Youth Truth*, News Cartoons, Visual Rhetoric, Identification

中央苏区是土地革命战争时期以江西瑞金为中心的赣南、闽西两块苏维埃区域连成一片的广大区域。中央苏区时期,中国共产党将阵地转向处于争夺边缘地带的农村,在赣南和闽西开辟农村革命根据地,为此,共产党通过报刊、标语、墙报、漫画、歌谣、戏剧等宣传形式进行战争动员。1931年7月创刊的《青年实话》,是中国共产党青年团苏区中央局的机关报,该报与苏区其他报刊一起,在特殊战争环境下贯彻党的宣传策略,"达到组织群众、武装群众、建立政权、消灭反动势力、促进革命高潮等红军的总任务"①,以此不断扩大中国共产党领导下中央苏区的全国影响,赢得人心和最终胜利。《青年实话》以广大青年为受众群体,战时宣传贴合青年特点,生动的新闻漫画成为其突出特色,具有鲜明的个性与时代特征。新闻漫画具有快速了解事实、传递正确观念、方便二次传播、降低认知门槛等特点,深受广大青年的青睐。以往针对苏区传媒媒介的研究多集中在史料的收集,或单纯从历史的视角考察它们的背景、发展、传播内容和形式、传播效果和功能等,极少有理论观照。本文以1931年7月1日至1934年9月30日共416幅新闻漫画(除图标外)作为考察对象,从视觉传播的视角进行考察,以史论结合的方式探寻其视觉修辞及其认同建构,从而揭示新闻漫画的舆论动员作用。

一、中央苏区新闻漫画中的视觉修辞

漫画是视觉的艺术。视觉研究领域的代表性学术范式主要可分为:视觉修辞学、视觉符号学、视觉语用学、视觉语义学等,其中,视觉修辞是考察漫画的角度之一。视觉修辞是"以视觉化的文本形态为主要修辞对象,通过对视觉文本的策略性使用和对视觉话语的策略性建构,达到劝服、对话与沟通功能的一种实践与方法"②。"劝服"是修辞的核心目的,图像所拥有的"视觉劝服"功能,经由构建互文、善用隐喻、塑造形象、架构意象等视觉策略才能够抵达,《青年实话》的新闻漫画不经意间所运用的视觉修辞策略很好地发挥了视觉劝服功能,有效实现了战争动员。

---

① 中共中央文献研究室.毛泽东文集:第1卷[M].北京:人民出版社,1993:96.
② 刘涛.视觉修辞学[M].北京:北京大学出版社,2021:2.

(一)锚固意义:图文互构的语境

关于图像与文字的关系,乔治·罗克指出,"图像是表征的躯体,而文字才是表征的灵魂"①。在新闻漫画中,文字与图像都占据着极其重要的地位。由于纯粹的图像符号本身具有相似性特征,导致其释意过程存在不稳定性与不确定性。而文字作为"规约符",在图像解码过程中起到了"锚固"意义的作用,保证图像的内涵因子能够沿着特定的认知管道行进。

《青年实话》中的新闻漫画大部分是以图文形式存在。以1932年为纪念国际青年节所发行的《青年实话》的国际青年画刊为例,其均以图文共存的形式展现苏区现实。在该期画刊所刊载的漫画《反对战争》中,一位青年高举右手喊着"反对战争",他的前方遍布尸骸和象征坟墓的"十字架"。漫画中同时配文:"大战刺激了劳苦青年的斗争情绪,反对战争的运动逐渐发展起来。"变幻莫测的国际局势和日益紧张的战争形势是当时的时代背景,借助青年这一具有代表性的新生力量和简明扼要的文字,二者制造了文本系统内部的互文语境,映射出相互印证的互文特点,同时还透露出反对战争、力争和平的态度,发出时代青年的心声。无论是选择从文至图,还是从图至文,最终都能够提升新闻漫画的可读性和叙事的完整性。

除了描述事实,在文字与图像的互文语境中,事件评论、宣传鼓动也是其作用之一。在1932年第17期所发布的组合画中,每一个场景中都出现了关键词"反对帝国主义"。漫画将帝国主义的猛烈进攻和狼子野心具象化,而文字"反对帝国主义"则建构了依附于图像的外延空间。一方面,文字在图像事实之上进行评论,传达坚定的情感价值和正确的认知观念;另一方面,图像完成了文字的视知觉再现,二者相得益彰,互参成文,强调帝国主义作恶多端的行径与反对帝国主义入侵的强烈情绪,在图文互构的语境中"锚定"了漫画的意义。

(二)暗藏他意:潜匿深层的隐喻

乔治·莱考夫等在《我们赖以生存的隐喻》中指明:"我们思想和行动所依据的概念系统本身是以隐喻为基础的。"②而"我们的'隐喻'整个概念中的四个基本因素似乎是类比、双重视野、揭示无法理解却可诉诸感官的意象、泛灵观的投射"③。《青年实

---

① ROQUE G.Boundaries of visual images[J].Word & Image,2005,21(2):116.
② 莱考夫,约翰逊.我们赖以生存的隐喻[M].何文忠,译.杭州:浙江大学出版社,2015:4.
③ 韦勒克,沃伦.文学理论[M].刘象愚,邢培明,陈圣生,等译.新修订版.杭州:浙江人民出版社,2017:188.

话》中的新闻漫画巧妙地设计本体与喻体之间的转换,保证目标域与始源域之间的勾连,积极调动人的感官,从而塑造群众对宣传内容正确的共同认知与价值判断。

图1 《青年实话》,第2卷第23号,1933年7月23日

《青年实话》1933年第2卷第23号刊登尚智创作的漫画(见图1),一只大手用筷子夹住正在碗里偷吃的老鼠,漫画上方配文"我们要巩固苏维埃政府,首先要肃清这些鼠类",笔法简洁、寓意深刻。一方面,这幅新闻漫画选取了常带贬义内涵的"老鼠"这一动物符号指代"反动派""阶级异己份子",完成二者的具象化登场。其中,处于始源域的"老鼠"所携带的元语言,即"贪婪、肮脏、偷窃、狡猾、令人厌弃"等关键词,激活人们所持的既定认知框架,塑造"反动派"和"阶级异己份子"正在破坏苏区发展这一共同认知。形成鲜明对比的是,拿着筷子的大手代表苏区的工农群众,用人最具有创造力和强大力量的部位,映射千千万万的苏区群众,完成二者之间的触碰与融合。

另一方面,作为静态图像的新闻漫画,元素之间的拼接组合,能够将静态的符码转换为动态的存在。基于经验领域的相似性原则,用筷子夹住正在偷吃的老鼠这一始源域,向剔除影响中央苏区发展的破坏者,保证苏区未来发展这一目标域映射,二者之间完成了联想认知。以小见大,以局部见整体,其最终目标是让群众认同"反动派"和"阶级异己份子"是破坏苏维埃政府建立与发展的阻碍这一"非编码讯息",并能够与现实衔接,完成"肃清鼠类"的要求,深层意蕴表露无遗。

(三)凝练瞬间:塑造对立的形象

《青年实话》充分挖掘漫画传播的潜能,以20世纪30年代的苏区错综复杂的社会现实为素材创作的新闻漫画,以事实为基础,一些漫画征用一系列具有代表性的、具有现实原型的视觉符码,提炼现实世界中事件的决定性瞬间,使用对比的手法,塑造新闻聚像。如资本家与工人阶级是相互对立的关系,二者分别从属于压迫者和被压迫者。在二者的形象塑造上,《青年实话》摘取礼帽、西装、衬衫、领结、皮鞋等符码用作塑造资本家外在形象的基础,同时撷取短衫、赤脚、布鞋、擦汗布等符号刻画劳工群体的外在形象。鲜明对立的人物形象塑造是新闻漫画图像文本深入展现的初始阶段,在对图像符号进行提取、把握、归类的基础之上,运用夸张、对比、白描的手法体现其内核精神。

《青年实话》1932年第16期的新闻组合漫画,围绕"五一""工人""工作制度"这几个关键词,选取了四个具有代表性的"决定性瞬间",把资本家和劳工群体的矛盾,以及劳工群体争取自身利益所进行的斗争以最生动的方式展现,形象跃然纸上。在漫画所展现的第一个场景中,三名工人手持长矛奔向大腹便便的资本家,资本家被吓飞的礼帽为静态的图像增添动态之感。同时,图像右方配文"四十八年前的'五一'美国工人开始起来为八小时工作制而斗争"。漫画通过回溯1884年,美国与加拿大的八个国际性和全国性工人团体为反抗不公正待遇和不合理规定的集会,打造具有代表性的对立形象,在制造视觉冲突的同时,也以此凸显漫画中工人所代表的无产阶级勇往直前、敢于反抗的精神内核。

在组画的第二个场景中,身着军装的国民党代表,手持大砍刀,脚踩尸骨,胁迫并监督工人们工作。该漫画场景与第一场景的基调大相径庭,处于弱势地位的劳工群体"更受屠杀和剥削,工作时间十二小时至十六小时",凄苦、穷困、被欺凌、被压迫是他们的现实。与之相对应的是,处于强势地位的资本家的残暴、冷血与凶恶。将如此令人悲愤的情景赤裸地展现,其中蕴含着层层递进的三个目的。一是提供事实,用鲜血淋漓的现实控诉帝国主义、资本家对待工人的残忍手段;二是揭穿谎言,让群众认清国民党倡导的"吾人之所痛心疾首者,唯外国帝国主义之压迫与外国资本主义之剥削,至于本国,则尚无何种强大之资本家足以压迫我工人"①的虚伪言论;三是转换情绪,将悲伤、苦涩、愤怒转换为抗争帝国主义、资产阶级压迫工人阶级的无穷力量,转换为积极投身于争取八小时工作制、维护工人合法权利的无限热情。

组画第三场景所配文字鲜明指出,"只有苏联的工人得到解放,实现工作七小时制,青工工作六小时,工人得到解放"。场景四同样指出,"苏区青年工人要纪念'五一'保障六小时四小时的胜利,要与资本家继续斗争,同时起来参加革命战争,争取革命战争胜利"。从整体上看,在这一新闻组合漫画之中,场景二与场景一、三、四所展现的敢于反抗、幸福工作的情景形成对比。国统区与中央苏区的工人境况之间存在一道分界

---

① 中国国民党对于全国工会及工人之告诫书[N].中央党务月刊,1928-11-01.

线,一面是无穷无尽的高负荷工作,一面是六小时工作的合理分配。当理想与现实出现对比与碰撞,二者的区隔感更能激起群众对中华苏维埃政权领导下的生活的向往,更能增强群众参加苏区革命的信心。

(四)勾连情感:构架视觉的意象

"意象"常被用于文学创作之中,其中蕴含着两大支撑物。一是物象,即现实世界中实际的、具体的客观存在。在"意象"之中,它是"意"呈现的基础,是"意"依附的形式。二是象征,即物象所承载的抽象观念,"是事物的影射,是事物间的借喻,是真理的暗示和譬比"①。新闻漫画在组建"意象"之时,为表达所需的观念,提升群众的认同感,增强漫画的动员作用,往往会倾入情感,使"意象"成为"在瞬息间呈现出的一个理性和感性的复合体"②。

"意象"的诞生,"意"与"象"缺一不可。在1932年第16期《青年实话》的封面漫画中,一位青年努力将紧紧攥住红布条的手,伸向铁窗之外(如图2)。虽然漫画本身是黑白两色的,但仍然能够通过光影的分布对具体的组成符码进行分辨。符号无法单独完成完整的、较为稳定的意象构架,但当其进入意义系统,再经由时代赋予其想象,历史赋予其沉淀,图像中的意象便翩然浮现。结合当时的历史背景与漫画信息,漫画中单个的象征符号,即青年高举的手臂、铁窗、红布条和曙光,组合汇聚形成集合性的符码意象,并被赋予抗争压迫、争取自由、寻求解放的概念意象。不难发现,漫画中的"青年"代表的是中国千千万万心怀热血的工农人民,"铁窗"代表的是资产阶级和帝国主义的威胁和迫害,"红布条"作为图像刺点,继承了原有现实革命活动的象征意义,即反抗压迫,奋起革命,"曙光"代表的是光明和灿烂的未来。虽然该封面漫画没有《青年实话》中其他漫画所具有的强烈的现场感,但它借助群众所熟知的物象,将情感具象化。图像刺点"红布条"不仅具有抗争的象征之意,同时如同一条纽带将工农群众连接在一起,通过情感勾连凸显广大群众与中央苏区之间的鱼水关系,在物象和象征间的"意象"架构中实现视觉传播效果。

进而言之,为了使群众更好地理解漫画的内涵,其构架意象多属于勒内·韦勒克和奥斯汀·沃伦所定义的第一层次意象和第二层次意象,即想象程度较低与中等的意象。虽然图像符码所选择的物象是直接明了的,所表达的观念也是直截了当的,但是漫画中的意义生成并不仅仅浮于表面,最终都能够完成从工具性价值观到终极性价值

---

① 艾青.艾青全集:第3卷[M].石家庄:花山文艺出版社,1991:34.
② 黄晋凯,张秉真,杨恒达.象征主义·意象派[M].北京:中国人民大学出版社,1989:135.

图2 《青年实话》,第16期封面,1932年4月25日

观的飞跃,完成视觉图像与现实实践的联结,以此推进中央苏区事业的发展。1933年第2卷第21号中的连环漫画通过对不同场景下"公债票"的聚焦,体现其团结一致发展苏区经济的蓬勃劲头,完成了从"自我控制""雄心勃勃""智慧"的工具性价值观到"睿智""舒适的生活""国家的安全"的终极性价值观的飞跃,同时能够最大限度地进行群众经济动员,借助群众力量扭转苏区经济落后、发展迟滞的局面,沃伦所言的第二层次意象内涵得以体现。

二、视觉修辞视域下多重情感中的认同建构

肯尼斯·伯克在《修辞学:旧与新》中明确指出:"新修辞学的关键术语是认同(identification)。"[1]中央苏区新闻漫画视觉修辞运用有利于推动军民认同意识建构,通过情感传递达到建构认同的目的。情感作为漫画创作过程中的基本元素,常被认为是一种"社会性高级感情",是"感情性反应方面的觉知,它集中表达了感情的体验和感受方面"[2]。静态的漫画若通过多重情感转变为显性的群众动员力量,需要完成角色、场景、文本、道具、行为等要素的排列组合,以此达到修辞的目的——劝服。查理斯·

---

① BURKE K.Rhetoric:old and new[J].The journal of general education,1951,5(3):203.
② 孟昭兰.情绪心理学[M].北京:北京大学出版社,2005:8.

A.希尔(Charles A.Hill)曾将图像符号瞬间产生的情感认同反应称为视觉修辞的"劝服权力",《青年实话》的新闻漫画正是通过调动读者情感发挥"视觉劝服"功能,唤起受众逐步对政治、民族、文化和身份认同的建构,最终达到推动苏区革命动员的目的。

目前,学者们对于情感的分类没有统一的标准。在中国古代,人的情感在《礼记》中被分为七类,即喜、怒、哀、惧、爱、恶、欲。进入近现代,西方学者阿诺德(M.B. Arnold)将人的情感分为愉悦、不愉悦;保罗·艾克曼(Paul Ekman)将人的情感分为愤怒、厌恶、高兴、悲伤、惊讶、恐惧;阿诺德·拉扎勒斯(Arnold Lazarus)将人的情感分为高兴、自豪、希望、爱、同情、愤怒、内疚、愧疚、悲伤、恶心、焦虑、惊吓、嫉妒。依据学者们的情感分类以及本文所研究的漫画内容进行图像情感提取,本文主要从振奋与痛苦、愉悦与厌恶两组反向情绪分析其认同建构,探讨在此对应情感取向下群众的政治认同、民族认同、文化认同和身份认同。

(一)振奋情感取向下的政治认同

政治认同是"社会成员对所属政治系统的心理归属、情感依附和行为支持"[①]。20世纪30年代中国境内的政治势力错综复杂,占据主要地位的是三股不同的势力,一为中国共产党领导下的中华苏维埃,二是中国国民党领导的国民政府,三为帝国主义势力。在三者的交锋之下,中国共产党要获得社会成员的政治认同,要广大工农群众认识到共产党与国民党、帝国主义在维护群众利益上的本质不同,就需使其政治认同的主体坚定地相信,"过去的一切运动都是少数人的,或者为少数人谋利益的运动。无产阶级的运动是绝大多数人的,为绝大多数人谋利益的独立运动"[②]。为此,《青年实话》的新闻漫画通过群体共同经历过的历史构建视觉仪式,唤醒集体成员的共同记忆,产生内部独有的情感交接,将"我们"与代表国民党政权、帝国主义势力的"他者"区分开来,完成共产党与工农群众之间更加紧密的联合。在情感认同的基础之上,进一步实现制度认同、价值认同、政策认同、利益认同。

为挽救民族危亡、建设苏维埃政权、争取反"围剿"战争的胜利,加强群众对中国共产党执政理念、政策方针的认同,《青年实话》常用振奋情感与"革命"相连接。振奋是高激活度的情感,它能够激活人们的行动动机,形成强大的驱动力量。但振奋本身并不属于基础情感,它的被激活往往需要其他情感共同的复合作用。人们精神得以鼓

---

① 王淑芹,李静.中国共产党百年政治认同建设的基本经验[J].求实,2022(6):4.
② 马克思,恩格斯.共产党宣言[M].中共中央马克思恩格斯列宁斯大林著作编译局,编译.北京:人民出版社,2018:39.

舞、振作的基础是建立在对美好目标的希望、期待或对不良事件的厌弃、愤怒之上的。《青年实话》的新闻漫画为激起振奋情感,擅于通过控诉国民党的残忍行径、谴责帝国主义的狼子野心、展现苏维埃政权的强大力量的视觉策略。用"英勇斗争""追求胜利""积极革命"等形象打造"我们",用"残酷剥削""大发横财"等内容来打造与"我们"具有明显区别的"他者",以激发群众保卫、发展苏区的炽热之心。

在苏区大量的漫画中常呈现双重传递的方式,一面通过勾勒国民党、帝国分子、资本家的暴虐无道唤醒读者心中的悲愤,一面通过漫画中的文字呼喊所要传达的真正主题。在1932年所刊《青年实话》的国际青年节画刊中,数幅漫画展演了自第一次世界大战以来青年群体所遭受的迫害,以及苏维埃政权所遭遇的打压,斗争矛头直指破坏和平、压榨人民的共同敌人——帝国主义与国民党。同时,漫画中"反对战争""反对帝国主义""加入共产青年团"等标语的出现成为帮助读者进行情感归因的关键,在此通过暗示或明示来告知读者谁是破坏和平、出卖国家的罪魁祸首,促使人们在愤怒、不甘、悲痛的情感基础之上完成思想的觉醒,激发更深层次的振奋情感,进而认同中国共产党提倡的"工农阶级要推翻统治阶级的权力和依于这个权力的剥削,便要发动自己阶级的广大群众的力量,才能取得斗争的胜利"的理念。[①]

制度认同是政治认同的具体表征,相较于具有变动性的利益认同、情感认同,是更牢固、更稳定、更高层次的存在。在国家陷入内外危机之际,制度认同能够使得政权理念得以更为可靠地延续。在1932年第30期《青年实话》的封面漫画中,一位青年昂首挺胸高举着象征苏维埃政权的党旗,漫画没有直接以呼告式的文字唤起振奋情感,而是拼接具有特殊意义的道具,以此传递。镰刀与锤子旗为中国共产党党旗,它本身不仅蕴含着无产阶级联合起来的深意,而且意味着工农联盟共同发展苏维埃政权的期盼。封面上的青年以昂扬的姿态举起党旗,将其置于漫画视觉的中心点,无疑鼓舞了读者对苏维埃政权的信心,传达只有苏维埃政权才能救中国的呼号,使苏区民众在振奋情感主导下达到对苏维埃政府各项制度的认可,政治认同意识被唤起,苏维埃政府政权合法性在广大民众中得以确立。

(二)痛苦情感取向下的民族认同

五千年的宏伟历史孕育了生生不息的中华民族。当资本主义列强的步步紧逼使得中华民族感受到生死存亡的威胁之际,中国人无惧无畏、英勇抗争的民族意识在危

[①] 中共中央文献研究室.毛泽东文集:第1卷[M].北京:人民出版社,1993:109.

机之中猛然觉醒,民族认同在资本主义列强的压迫之下得以空前强化。与个人身份、国家、民族、情感具有强烈关联性的民族认同,成为工农群众在无尽苦痛之下得以生存的精神力量。痛苦并非一时的结果,而是刺激持续存在并且神经激活达到较高水平的结果[1],沮丧、无助、孤立无援等都是痛苦的内在体验。但沉浸于痛苦将无所作为,经受痛苦情绪的人们在此刻急需外在力量的适时引导,将痛苦转换为动力。《青年实话》在诉诸感情之际,打破现实与漫画之间的壁垒,将现实生活中长期存在的、有形的压迫与无形的痛苦相结合,以漫画的形式向读者展现工人、国家的艰难处境,令有志青年猛地察觉中华民族已到达危急存亡之秋,以达使群众觉悟、惊醒,并行动之意图。

自第一次鸦片战争以来,美国、日本等西方列强企图瓜分中国的野心从未消亡。在新闻漫画中,西方列强或以独立主体出现,或通过组合资本家、国民党的角色,以关联形象出现。无论如何组合呈现,其总会将群众置于痛苦的情感规制之下。1932年第28、29期合刊的组合漫画用对比的手法展现十月革命前后的群众生活(如图3)。在"十月革命前的生活"漫画中,工人深夜十点依旧在工厂做工,深受资本家无情剥削,同时还要忍受资本家的抽打。漫画中的痛苦情感来源于现实中肉体与精神上的双重持续压迫,漫画无须写实,仅通过工厂墙上指向十点的时钟、长亮的电灯、资本家手中的棍子等一类视觉符号,便能激活读者的心理反应。在1933年《青年实话·八一增刊》的一幅漫画中,"各帝国主义强盗都在拼命扩张军备",进军的坦克、炮弹的身后是延绵不绝的墓碑。军备的扩张将人们置于对战争的恐惧与痛苦之中,令人们再次回想起九·一八事变、上海事变等创伤性的记忆,浮现血与泪的事实。

当然,痛苦情感并非漫画所要表达的最终内容,对残酷现实的再现,一是为了揭穿资本家、国民党、帝国势力的真实面目,二是为了将痛苦转换为正向力量。痛苦虽被归类为负面情感,但在此状态之下却能推进群体的联结。"为避免痛苦和对痛苦的预料",人们总是会"倾向于保持相互之间的接近",当人们因共同的痛苦境遇与目标而相遇,便能将散落的星火合为燎原之势,在痛苦的压迫中奋发图强,"为大中华民族的独立解放奋斗到最后一滴血"[2],完成实质性的觉醒行动。因此,鼓励群众的团结抗争、反抗压迫,拯救民族于危亡、血洗前耻才是《青年实话》相关漫画的最终目的,漫画中痛苦情感的调动唤起了苏区军民的民族认同感。

---

[1] 孟昭兰.情绪心理学[M].北京:北京大学出版社,2005:156.
[2] 中共中央文献研究室.毛泽东文集:第1卷[M].北京:人民出版社,1993:433.

图 3 《青年实话》,第 28、29 期合刊,1932 年 10 月 30 日

(三)愉悦情感取向下的文化认同

文化随社会实践而降生,文化认同也必然通过实践而推进。回溯 20 世纪 30 年代中央苏区时期,共产党形塑的红色文化与国民党倡导的文化在这一时期展开了激烈的交锋。而广大工农群众在长时间战争环境的压抑之下,失落、悲伤、焦虑的负面情感此时急需得到调节。红色文化在获取社会成员的认同实践之中,秉持外看时局变动、宣传苏区事业、内寻增效添益、求索文化共鸣的策略,借漫画的视觉传播形式调动观者视知觉,运用文化内核中的正面情感抚平群众战争伤痕,寻觅精神慰藉,并以此提高人的积极性和活动能力,使无形的文化在经过情感的渗透、实践的整合后进入个人的自我意识。群众在实践、认同、再实践、再认同的过程中,也不断加强个人对群体的文化确

认。正因如此,愉悦作为正向的积极情感,常常被注入《青年实话》的新闻漫画之中,充当动荡年代群众不安心境的"调节器"。

　　国泰民安、政通人和是中华民族从古至今所期盼的美好愿景,《青年实话》的新闻漫画以此为圆心,刻画孩童嬉戏玩闹、群众谈天说地的情景,以此投射人们内心愉悦希冀的现实具象。在1932年第28、29期合刊的《披爱尼儿童报》栏目中,漫画图像的排布选择了日常生活之中人们所熟知的、所紧密关联的场景,孩子们在草地上正围坐一团共"谈革命故事"。此时没有战火轰鸣,没有资本家压迫,漫画用看似平淡的日常完成人们所期待的心理空间与现实的物理空间的重合,呼应追求和平的文化认同。一方面,从日常情景中提取出的愉悦素材能够帮助读者调节战争下的紧绷心态;另一方面,展现愉悦情感的漫画在响应苏区政策方面也发挥着突出的作用。

　　中华传统文化强调"修身、齐家、治国、平天下",显示其强烈的责任意识。《青年实话》的新闻漫画在宣传红色文化的过程之中继承仍闪耀智慧光芒的优秀传统文化,并将其与革命事业相结合,以此唤醒含有热血的民族精神。如在响应政策方面,漫画并未强硬、死板地将政策内容搬运,而是通过营造轻松愉快的氛围,用群众之身份、借群众之口讲述政策内容与益处,增强"天下兴亡,匹夫有责"的强烈文化认同。在1932年第28、29期合刊的一幅漫画中,小孩戴着爸爸的帽子想要当红军。宽大的八角帽戴在孩子小小的脑袋上虽然显得有些滑稽,但此童心未泯的举动却能让读者驻足停留,在轻松愉悦的漫画氛围中潜移默化地接受扩红政策的宣传内容,并达到传递至现实生活中鼓励青年加入红军队伍的目的。在1934年第3卷第16号《关于红五月的工作决定》的配图中,有着共通的理想信念的白区工农与苏区工农携手前进,满怀热烈的情绪诉说着所期盼的胜利图景,归向"同德则同心,同心则同志"的文化认同,建立双方牢不可破的团结,树立工农群众必将胜利的雄心与信心。愉悦的积极情感使得新闻漫画在总体上呈现出欣欣向荣之态,展现出中央苏区民众的乐观心态、融洽氛围和军民同心共济、互助前行的情形,赢得苏区乃至白区群众对中央苏区所形塑的红色文化理念的向往与认同。

(四)厌恶情感取向下的身份认同

　　身份认同包括两个部分,一是自我认同,即个体对于自我身份的认识与确定,"中国人""共产党""红军""无产阶级""苏区人士""工农群众""国民党""白军士兵""帝国主义"等不同的身份在这一时期交叉共存,群众需要认可属于自我的身份;二是群体认同,即个体知晓其自身归属于某一社会群体,而且他所获得的群体资格会赋予他某种情感、意义和价值。《青年实话》擅于运用讽刺漫画传递厌恶情感,通过塑造"他者"以明示"我不是谁""我不属于这一群体",用戏谑的漫画划清身份的分界线,以此明确苏维埃政权阵营的成员身份。进言之,中央苏区漫画通过塑造"看"与"被看"双重对应角度传递厌恶之情,在情感表达中通过讽刺漫画技法提炼出真正的归属身份,从而达到身份认同建构之目的。

在"看"的角度之下,读者是以"他者"视角观看漫画中的主体角色与行为。在1932年第26期的四幅漫画中,均出现了"狗"这一形象。狗,是一种具有双重含义的象征符号,既可以用以体现忠诚、可爱的形象,又可以代指汉奸、走狗。在该组合漫画中,以"狗"这一形象登场的国民党接受帝国的资助以残害同胞,画面文字直陈"帝国主义的指使和帮助"(如图4),颇具讽刺意味,斥责国民党甘当帝国侵略中国的鹰犬爪牙,苏区军民对此厌恶至极。漫画的戏谑手法并非捏造,国民党虚伪式的卫国行动以及其与帝国之间的肮脏交易,正是漫画构建讽刺图景的现实来源。国民党所谓"保家卫国"不过是蒙蔽群众而创造的光鲜亮丽的谎言,真正的意涵是"攘外必先安内"的基本国策,甚至为此不惜牺牲国家主权。漫画在给读者展现国民党真正面目的同时,也使其在内心深处与"走狗""叛徒"这一身份划清界限。

在另一层"被看"的角度之下,读者不再以旁观者的身份注视漫画,而是以参与者的身份直接进入漫画。在1933年第3卷第3号的《轻骑队》专栏漫画中,针对周以栗和陈正人"浪费苏维埃的经费,每人修造三个房子"的事件,漫画直接以"这难道是大兴土木为苏维埃的建设而斗争吗?"的配文,讽刺苏区部分干部对工作已生懈怠之心,并有贪腐之迹象,只顾贪玩享乐,全然不顾苏区群众。《青年实话》以讽刺漫画的形式展现了苏区破坏分子的晦暗一面,点明苏区"腐败分子"与"优秀干部""劳苦群众"的身份之间的本质区别,凸显出苏区军民对"蛀虫"的厌恶,并借轻骑队评论呼喊出群众"赶跑苏维埃的害虫"的心声,以讽刺笔

图4 《青年实话》,第26期,1932年9月20日

法区隔各自的身份,在厌恶情感反衬中进一步加深身份认同,从而使群众普遍认同共产党的政策理念,助力苏区革命向前发展。

三、结语

中央苏区时期的新闻传播媒介对推动中国革命从"星星之火"呈现"燎原之势"起到了举足轻重的作用。其中,颇受苏区青年欢迎的《青年实话》所刊登的大量新闻漫画,笔法简洁、形象生动、内涵丰富,具有鲜明的时代印记和独特的传播魅力,对唤起苏区青年参加革命的热情起到不可磨灭的作用。苏区漫画利用图像隐喻、互文、意象等视觉修辞策略,突破漫画表面意涵,直达深层内蕴。尤其通过情感灌注、认同唤醒、行动响应三者共同组成中央苏区新闻漫画视觉传播的效益链条,将漫画从图像符号的孤立中剥离,在所处社会团体与社会氛围的孕育下,完成其与作为被启蒙者的广大工农群众相联通的目的。在苏区漫画中,多重情感在图像中游走,进一步巩固了视觉文化符号所组建的意象,使个人观看者在漫画阅读过程中达成对群体与观念的心理认同,以此完成现实社会中的行动激起与实践建构。因此,苏区漫画通过不同角色、场景、道具、标语、主题与感情的组合,运用视觉修辞策略彰显"视觉劝服"功能,在苏区革命中发挥了无与伦比的战争动员作用。

此外,《青年实话》的新闻漫画作为还原特殊历史时期的重要史料之一,不仅在当时的历史时期发挥着重要作用,以图像的形式帮助中央苏区的群众认清国民党和帝国主义的真实面目,鼓励青年群体加入英勇的红军队伍,鼓舞后方群众支援前线,还搭建起当代与先人沟通的桥梁,使其在新闻漫画中窥见时代缩影,感悟时代精神。

〔余玉,南昌大学新闻与传播学院教授、博士生导师,南昌大学视听传播研究中心研究员;张晨,南昌大学新闻与传播学院硕士研究生〕

〔特约编辑:陈欣钢〕

从"中国实践"到"全球视野":推进新时代国际传播学"三大体系"建设*

From "the Chinese Practice" to "the Global Perspective": Innovating International Communication Studies' "Three Systems Construction" in the New Era

◎ 王宇琦　盛　阳　张煜莹

Wang Yuqi　Sheng Yang　Zhang Yuying

摘要:作为新闻传播学的重要学术分支,国际传播学如何围绕哲学社会科学的总体规划和战略任务、结合国际传播学科自身的发展现状和国际语境,进行学科创新和发展,是当下学科建设面临的重要议题。本文从国际传播研究全球演进史的视角出发,基于在中国实践中诞生的"包容性全球化"理论,探讨国际传播学科"三大体系"建设和创新的必要性,并提出从学科体系、学术体系和话语体系三个层面,打通从"中国实践"到"全球视野"的国际传播实践路径和理论视野,以此探讨基于新时代发展语境的国际传播创新可能。

关键词:国际传播;三大体系;中国实践;全球视野;包容性全球化

Abstract: As an important branch in journalism and communication studies in China, the international communication studies are confronting a pivotal question on how to update the studies' innovative paradigm and core scholarly concerns based on the discipline integration trend echoing the philosophy and social sciences education policy-making upgrading at home and abroad. Based on an attentive overview on the development of international communication studies worldwide and the theory of "inclusive globalization" summarized in Chinese practice, it argues that the "three system construction", namely

---

* 本文系国家社会科学基金项目"全球气候治理变局下的气候传播跨国比较研究"(项目编号:23CXW011)阶段性成果;北京外国语大学二十国集团研究中心资助项目"G20国家主流媒体的社交平台传播力研究"(项目编号:G20ZX20221001)阶段性成果。

discipline system, academic system and discourse system, could pave way for international communication studies' innovation in China, where the scholarly logic from "the Chinese practice" to "the global perspective" serves as a core concern accordingly.

Keywords: international communication, three systems, the Chinese practice, the global perspective, inclusive globalization

如何建构并完善适应时代语境、现实路径和全球环境的哲学社会科学理论学说,是当代哲学社会科学知识体系建设的重要课题。2016年5月17日,习近平总书记在哲学社会科学工作座谈会上指出,中国特色哲学社会科学应当"体现系统性、专业性……不断推进学科体系、学术体系、话语体系建设和创新,努力构建一个全方位、全领域、全要素的哲学社会科学体系"[①]。以学科体系、学术体系、话语体系为内核的"三大体系"建设,成为哲学社会科学创新和发展的有效途径。

进入新时代以来,随着政治经济、社会文化的发展和媒介技术全球化的不断深入,国际传播日益成为我国战略安全与发展布局的重要组成部分。2021年5月31日,习近平总书记在中共中央政治局就加强我国国际传播能力建设举行的第三十次集体学习时强调,"要深刻认识新形势下加强和改进国际传播工作的重要性和必要性,下大气力加强国际传播能力建设,形成同我国综合国力和国际地位相匹配的国际话语权"[②]。习近平总书记对国际传播工作的讲话,在全球政治经济和媒介文化不断发展和重组的当代具有格外重要的理论启发和实践意义,为我国国际传播在新历史阶段的战略布局、学科发展和人才培养规划提出了更高的目标和要求,也凸显了国际传播在新的历史阶段进行理论创新和发展的必要性。

作为新闻传播学的重要学术分支,国际传播学如何围绕哲学社会科学的总体规划和战略任务、结合国际传播学科自身的发展现状和国际语境,进行学科创新和发展,是当下学科建设面临的重要议题。本文从国际传播研究全球演进史的视角出发,基于中国实践中诞生的"包容性全球化"理论,探讨国际传播学科"三大体系"建设和创新的必要性,并提出从学科体系、学术体系和话语体系三个层面,打通从"中国实践"到"全球

---

① 央广网.习近平在哲学社会科学工作座谈会上的讲话全文发表[EB/OL].(2016-05-19)[2025-01-02]. https://news.cnr.cn/native/gd/20160519/t20160519_522178374.shtml.
② 中国政府网.习近平主持中共中央政治局第三十次集体学习并讲话[EB/OL].(2021-06-01)[2025-01-02]. http://www.gov.cn/xinwen/2021-06/01/content_5614684.htm.

视野"的国际传播实践路径和理论视野,以此探讨基于新时代发展语境的国际传播创新可能。

一、国际传播"三大体系"建设的学术背景与国际语境

从学科发展史角度看,国际传播学(International Communication Studies)作为一门具有特定知识结构、行动议程和实践规划的学科,主要诞生于冷战时期的美国,主要依托的知识背景包括新闻学、传播学、区域研究(例如东亚研究)、媒介研究、政治社会学,等等。从世界范围来看,北美主导的国际传播学理论与实践至今仍是重要的冷战社会科学阵地,学科的建立有着明确的政策导向和社会建构目标。

随着学科体系、社会与传播技术环境的不断发展,西方国际传播研究也正在朝向一种更为批判、动态、多元的方向发展。作为这一批判性的国际传播学发展的里程碑事件,联合国教科文组织于1957年设立国际媒介与传播研究学会(IAMCR)、20世纪70年代第三世界国家提出"国际信息传播新秩序"、英美国家以马克思主义为理论基点发展出国际传播政治经济学和文化研究等学派的兴起,等等,标志着国际传播学在知识生产的本土化与全球化尝试[①]。在当代,国际传播研究也日益关注传播技术变革与跨体系、跨文化和跨组群人类发展的关系问题。这些知识运动主要回应的问题是,如何应对西方资本主义在国际范围内统摄性的支配关系,建构更为公正平等的全球传播秩序[②]。

在不同区域,国际传播教学研究的基本范式和政治诉求也不尽相同:

在北美,国际传播主要包括实证主义和批判主义两种路径,基于实证主义的国际传播研究主要关注政治观念、文化模式、政治经济制度、公共政策等在不同国家间的传播策略、方式与效果;基于批判传播的国际传播研究主要聚焦资本主义全球化过程中媒体和文化如何影响和塑造权力结构,有着较为明确的反资本主义理论色彩。

在欧洲,国际传播教学研究的核心议题主要包括,如何应对美国信息文化霸权、中国数字化发展、伊斯兰国家民族宗教等对传统欧洲民族国家工业文明观念和资本主义

---

① WASKO J. The study of the political economy of the media in the twenty-first century[J]. International journal of media & cultural politics, 2014, 10(3): 259-271.
② DOWNING J D H. Radical media: rebellious communication and social movements[M]. London: SAGE Publications, 2001; THOMAS P N, NAIN Z. Who owns the media? Global trends and local resistances[M]. London: Zed Books, 2004; BOYD-BARRETT O. Communications media globalization and empire[M]. Eastleigh: John Libbey, 2006.

秩序的挑战,与北美相比带有更为强烈的现实批判色彩和文明中心论立场①。

在拉美,国际传播研究主要从"全球南方"视角出发,关注西方文化霸权主导下的拉美主体性问题,在国际传播和跨文化传播教育方面,强调建构后殖民主义、去西方化的文化多元主义对话范式。例如,R'boul、Hulualani与Nakayama等学者强调在当代跨文化传播教育"南北失衡"条件下,建构"批判跨文化传播教学法"的现实意义,关注权力结构(包括殖民主义)如何影响跨文化互动以及如何建立批判理论和后殖民路径,培养学生关于全球和地方正义的道义责任②。

总体而言,当前全球的国际传播研究主要呈现出知识体系前沿化、研究议题区域化、理论建构历史化等三点趋势,具体如下:

第一,知识体系前沿化。当前国际传播教育主要围绕着社交媒体和数字平台等新兴媒介形态展开,聚焦于四个方面展开理论讨论和实践教育:(1)社交媒体在全球文化观念流动中扮演了何种角色;(2)数字平台与互联网治理如何挑战/重构原有的社会伦理体系(例如数据隐私和数据本地化);(3)信息基础设施如何改变了本土的社会化生产与劳动关系;(4)数字治理模式与规则制定。③

第二,研究议题区域化。国际传播从经典的"西方 VS 非西方"对话/冲突简单模式,转向"一带一路"、金砖国家、"全球南方"、第三世界等多元主体的复杂传播模式,更加注重传播政策、文化逻辑、政治方案与跨区域社会语境之间的深入探讨。

第三,理论建构历史化。国际传播研究者更加重视从历史语境建构当代媒介文化传播的逻辑线索,从思想史语境重新挖掘国际传播理论的批判性潜力(例如重新解读冷战国际传播实践等),近年来国际传播史领域出现了诸多力作,值得被全面深入分析并展开批判性的知识对话④。

---

① THUSSU D. International communication:continuity and change[M]. 3rd ed. New York:Bloomsbury,2019.
② R'BOUL H. North/south imbalances in intercultural communication[J]. Language and intercultural communication,2021,21(2):144-157;HALUALANI R,NAKAYAMA T. Critical intercultural communication studies[C]//NAKAYAMA T,HALUALANI R. The handbook of critical intercultural communication. London:Wiley-Blackwell,2010:1-16.
③ BIRKINBINE B J,GOMEZ R,WASKO J. Global media giants[M]. New York:Routledge,2016.
④ WASSERMAN H. Media,geopolitics,and power:a view from the global south[M].Urbana:University of Illinois Press,2018;THUSSU D. International communication:continuity and change[M]. 3rd ed. New York:Bloomsbury,2019.

二、"包容性全球化"框架下推进国际传播"三大体系"创新的必要性

(一)"包容性全球化":"中国实践"的创新思路

"包容性全球化"这一概念是作为理解我国"一带一路"倡议的重要理论视角而被学者们正式提出并阐释的[①],体现了对当前日益显露弊端的全球化格局的反思和对新型全球化道路的期待。作为一种新型的全球化理念,其核心内容是强调全球化进程中应关注并解决国际社会不平等、不平衡以及边缘化等普遍性问题,同时秉持开放包容、平等互利的理念和"共商、共建、共享"的原则推进全球化。

最早提出这一概念的刘卫东等学者通过分析经济全球扩张的历程及其机制,揭示出近30年来新自由主义思潮引领下的经济全球化的局限性,认为该模式的全球化是一套以满足资本空间扩张需要为主要目标的机制,导致了越来越严重的发展不均衡以及社会极化问题[②]。在这套由欧美发达国家主导的全球治理机制下,很多发展中国家未能深入参与全球化过程并从中获益,全球社会矛盾日益突出,甚至出现逆全球化思潮,引发了全球治理危机,不利于全球可持续发展目标的实现。

针对以上种种问题,世界呼吁对新自由主义全球化的反思和对新型全球化道路的探寻,而中国提出的"一带一路"倡议为引领新的全球化道路提供了平台和方向。"一带一路"倡议拥有强大的包容性,致力于让全球化的益处为更多国家和地区所共享。而以"一带一路"实践为基础所倡导的包容性全球化,超越了过去的全球化模式,是一种"以发展为导向、基于工具理性、强调包容与多元、兼顾效率与公平的新型全球化"[③]。因此,推动包容性全球化也成为多国领导人达成的重要共识之一[④]。

包容性全球化首先反对全球化开倒车和"逆全球化",在现代生产方式、全球生产网络和现代通信技术的发展作用下,世界各国已形成你中有我、我中有你的紧密联系,解决当前问题的办法,不是重回保护主义的高墙之下,而是积极开展合作对话,在改革

---

① LIU W D, DUNFORD M. Inclusive globalization: unpacking China's Belt and Road Initiative[J]. Area development and policy, 2016, 1(3): 323-340.
② 刘卫东, DUNFORD M, 高菠阳. "一带一路"倡议的理论建构:从新自由主义全球化到包容性全球化[J]. 地理科学进展, 2017, 36(11): 1321-1331.
③ 盛斌. 构建基于包容性全球化的全球治理体制[J]. 世界知识, 2022(12): 24-26.
④ 刘卫东, DUNFORD M, 高菠阳. "一带一路"倡议的理论建构:从新自由主义全球化到包容性全球化[J]. 地理科学进展, 2017, 36(11): 1321-1331.

和发展中建立新共识①。具体而言,包容性全球化的核心内涵包括五个层面。第一,发挥好政府在包容性全球化中的引导作用,更加重视社会公平和促进均衡发展,各国政府需要提高治理能力,并加强合作,以应对全球挑战;第二,解决资本市场"期限错配"的问题,将可靠且可负担的基础设施延伸到欠发达地区,帮助其加快接入现代化基础设施网络的进程,从而获得发展机会,真正实现全球"互联互通";第三,放弃推广统一发展模式或最佳实践,尊重各国根据发展条件和自身基础选择适合自己的发展道路,不干涉别国的意识形态,着眼于互利共赢,共同做大"蛋糕"、共同分享;第四,全球化作为世界各国和人民共同的事业,需保障各方平等地参与全球化,坚持发展利益共享,让"开放包容""平等互利"和"共商、共建、共享"成为各国共同遵守的原则;第五,在全球化过程中注重保护文化多元性,尊崇"和而不同"的文化价值观,西方中心论和文化优势论所带来的后果不利于全球可持续发展,人类文明只有在平等交流和互学互鉴中才能愈显活力②。

中国是全球化的受益者,更是全球化的贡献者和参与者。源自中国文化传统和思想根基的"包容性",是在复杂的国际局势与困境下继续推动世界走向可持续发展与繁荣的中国智慧;基于这种"包容性"提出的人类命运共同体理念以及"一带一路"倡议等中国方案,正是汲取实践经验后为世界提供的创新性的全球化思路。中国不断在国际舞台上展现出大国责任与担当,日益成为当前全球化转型的重要力量,积极倡导包容性全球化理念,这一理念已发展为应对当前全球性挑战的有效手段和推进全球治理改革的必然要求。

历史表明,国际传播深受全球化进程的影响。全球化使得西方发达国家建立并主导了世界市场,传播了价值文化,推动信息全球流动,至今仍在国际传播秩序中占据绝对优势。以包容性全球化为视角来看,我国的国际传播也面临着新的挑战和要求,既要对抗西方的压制,避免"威胁论、担忧论、不负责任论"的误读;又要承担起重构新的国际传播格局的任务,在全球化转型时期争取国际传播场域的主动权,创新传播策略,不断提高自身国际传播能力③。从中国的国际传播实践出发,推动全球范围内经济、社会、文化等各方面的交流发展与互联互通,既是对包容性全球化理念的践行,也有助于更好地向世界传递、让国际社会接受这一理念。同时,不断推进包容性全球化也能

---

① 童昕.包容性全球化视角下的"一路一带"倡议[J].中国文化研究,2018(4):11-14.
② 刘卫东,DUNFORD M,高菠阳."一带一路"倡议的理论建构:从新自由主义全球化到包容性全球化[J].地理科学进展,2017,36(11):1321-1331.
③ 严功军.全球化转型:国际传播与能力建设再思考[J].新闻界,2018(8):84-92.

够为中国的国际传播能力建设创造良好的条件,这一理念也将成为国际传播研究与实践的重要内容和素材,为国际传播领域注入新鲜"血液"。

(二)推进国际传播"三大体系"创新

在我国,随着改革开放、国家发展转型和国际交往等历史进程的不断发展,以及新闻传播学教育培养体系的不断完善,国际传播在新闻传播学科发展中日益成为重要的分支方向。从国家政策层面看,我国自2000年开启中国文化"走出去"战略,2009年中共中央《2009-2020年我国重点媒体国际传播能力建设总体规划》出台,明确提出把我国重点媒体国际传播能力建设纳入国家经济社会发展总体规划。习近平总书记在2021年5月31日中共中央政治局就"加强和改进国际传播工作、展示真实立体全面的中国"重要议题的讲话中,进一步把加强国际传播能力建设置于国家战略高度。

当前,不论是基于日趋复杂的国际舆论环境,推进包容性全球化的战略要求,还是出于学科自身的创新发展需要,国际传播"三大体系"创新均势在必行。具体而言,国际传播"三大体系"创新的必要性体现在以下三个层面:

我国国际传播"三大体系"创新,是我国参与全球传播治理实践的必要路径。一方面,国际社会正面临越发尖锐的媒体战、舆论战和传播战的话语交锋与意见对垒,国际新闻传播工作日益关键、任务异常艰巨;另一方面,数字媒体、虚拟现实、人工智能等网络传播和移动通信技术使得人类文明交流互鉴获得空前的历史机遇。通过国际传播"三大体系"创新,中国在国际传播实践中更好地阐释与传达中国声音,与世界各国建立起平等沟通、相互理解的对话关系,也是实现包容性全球化的重要手段。

我国国际传播"三大体系"创新,是从国家战略高度整合现有国际传播理论资源的客观要求。习近平总书记在"5·31"讲话中指出,"必须加强顶层设计和研究布局,构建具有鲜明中国特色的战略传播体系,着力提高国际传播影响力、中华文化感召力、中国形象亲和力、中国话语说服力、国际舆论引导力"[①]。这一论述不仅深刻指出当前国际舆论斗争形势下,我国国际传播理论创新的现实意义,而且从战略传播的高度为国际传播明确了系统完整的战略目标和实践方向。国际传播"三大体系"的创新,可以从理论体系建设方面创新性地响应总书记的总体要求,即推动国际传播学科的专业化发展,从物质实践切入理论建构,建立理论与社会相关联、传播与生产生活实践相关联、国内与国际传播相协调的国际传播理论体系。中国自主的国际传播知识体系的构建,

---

① 中国政府网. 习近平主持中共中央政治局第三十次集体学习并讲话[EB/OL].(2021-06-01)[2025-01-02]. http://www.gov.cn/xinwen/2021/06/01/content_5614684.htm.

是打破长期以来西方发达国家主导的学术格局的关键,是促进学术领域的包容开放与共建共享的重要路径,有助于推动全球国际传播研究的多元化和包容性发展。

我国国际传播"三大体系"创新,是进行我国新闻教育创新,特别是国际传播教育创新的必然选择。从学科建制层面看,我国自1997年以来设立新闻传播学一级学科,至今全国共有29个新闻传播学一级学科博士点。其中对国际传播的强调和重视呈现出以一线城市为主、以沿海地区为主、以区域中心城市为主的格局,基本符合我国改革开放和21世纪以技术转型升级、城镇化发展为核心的对外交往与国家发展历史要求。然而,随着全球政治经济格局与媒介文化生态的不断发展,以及我国参与"一带一路"、倡导"包容性全球化"等全球治理进程的不断发展,国际形势的发展变革呼唤我国国际新闻传播研究和人才培养模式的转型升级。

三、我国国际传播"三大体系"建设的创新路径

如前所述,随着我国在参与全球化和全球治理进程中作用的不断凸显,国际传播学科的建设与发展也需要更符合时代发展趋势和要求。基于中国实践的"包容性全球化"框架下,国际传播的发展应以实现全球传播体系的共建、共赢、共享、共荣为目标,积极推动各国在国际传播领域互相尊重、信任与包容,从而促进国际传播格局多元化,推动数字时代全球治理和可持续发展①。

从根本上看,"包容性"意味着国际传播的一种新思路,即不再试图以单一文化替代多元文化,而是追求双向互鉴的国际传播愿景②。这与我国创新国际传播"三大体系"建设的宗旨不谋而合,而包容性全球化的深刻内涵可以为此提供一些变革视角。

(一)学科体系建设与创新:基于全球化视角的学科共融

作为包容性全球化理念的核心特征,"开放与包容"也适用于国际传播学科体系的发展路径:国际传播学需要充分融合、借鉴不同学科的知识和理论,引导学科体系变得更加全面和多元。包容性全球化强调对全球化与本土化相结合的重视,主张立足本国实践探索适合自身的发展模式,这启示着国际传播学科建设需要同时把握"中国实践"和"全球视野",照应国家的现实实践与战略决策。随着包容性全球化对平等参与和对

---

① 严功军.全球化转型:国际传播与能力建设再思考[J].新闻界,2018(8):84-92.
② 史安斌,俞雅芸.构建新时代国际传播的叙事体系:基于中华民族现代文明特性的创新路径[J].对外传播,2023(11):4-8.

话的不断推进,不同国家和地区之间的交流更加频繁且深入,在交流中互学互鉴、利益共享,也为我国国际传播学科提升国际化水平提供了新的契机。

1. 推进学科交叉与学科融合

第一,推进国际传播与国别区域研究的学科融合。习近平总书记在2021年5月31日中央政治局第三十次集体学习时强调:"要采用贴近不同区域、不同国家、不同群体受众的精准传播方式,推进中国故事和中国声音的全球化表达、区域化表达、分众化表达。"[①]国际传播学科体系建设,需要与国别区域研究的相关学科紧密结合,培养熟悉对象国政治制度、社会语境、文化传统的国际传播人才,以帮助制定契合对象国受众媒介使用习惯和传播环境的国际传播策略。

第二,推进国际传播与语言学的学科融合。"一国一策"的精准传播策略,除了需要对于对象国国情的全面理解,也离不开对于对象国语言的熟练掌握。为此,需要实施以"语言+国际传播""翻译+国际传播"为代表的复合型人才培养模式,培养既熟练掌握一到两门外语,又熟悉国际传播理论、媒体实践和国际传播规律的国际传播人才。

第三,推进国际传播学科的文理融合。一方面,在国际传播业务教学中加入人工智能、传感器等技术工具的教学,帮助学生在进行国际传播时熟练使用多种技术工具,生产包括VR新闻、数据新闻、传感器新闻等多种形态在内的融合新闻,丰富国际新闻的呈现样态和表现力,增强感染力。另一方面,在国际传播研究的教学中,加强国际传播学科与计算传播等学科分支,甚至计算机科学、算法编程等理工学科的融合,以提升国际传播研究能力。

2. 基于国际格局和国家战略,动态调整学科布局和人才培养模式

当前,全球政治格局和经济博弈错综复杂,国际格局中的全球化进程呈现出新的表现形式。其中,以新兴国家为主要推动者、以"发达国家—新兴国家—外围国家"为主要结构的"再全球化"趋势逐渐显现[②]。这在为各国提供更为开放和普惠的国际环境、助益区域合作和经济发展的同时,也加剧了地缘政治为各国带来的不确定性。对中国而言,如何应对日渐复杂的国际环境,特别是"再全球化"语境下亚太地区的潜在地缘冲突,掌握国际舆论中的话语权,就显得尤为重要。

习近平总书记在中共中央政治局第三十次集体学习时指出,"必须加强顶层设计

---

① 中国政府网. 习近平主持中共中央政治局第三十次集体学习并讲话[EB/OL].(2021-06-01)[2025-01-02]. http://www.gov.cn/xinwen/2021/06/01/content_5614684.htm.
② 王栋,李安迪. 论百年变局下全球化与区域化的新发展趋势[J]. 当代世界与社会主义,2022(4):21-29.

和研究布局,构建具有鲜明中国特色的战略传播体系,着力提高国际传播影响力、中华文化感召力、中国形象亲和力、中国话语说服力、国际舆论引导力"①。这将国际传播上升到了国家战略的高度,并要求实现从"国际传播"到"战略传播"的路径转型②。

在这样的语境下,中国国际传播学科建设需要呼应国家政策的顶层设计,将战略传播的理论内涵和学科内核贯穿于国际传播学科建设中,建构以国家战略为导向的学科体系和人才培养方案。首先,在学科体系中融入中国国情、中国社会的相关课程,帮助学生充分了解中国社会和中国政治的运作机制,了解中国国际传播需要实现什么样的战略目标和政策目标;其次,适当融入国际政治、国际关系、国际经贸等学科的理论,这一方面有助于厘清各国在国际互动和国际合作中的博弈和互动机制,洞悉其深层利益诉求,另一方面也有助于理解特定国家为何对中国存在误解和打压,其深层原因为何,从而为有针对性地回应国际舆论质疑、建构中国国际形象提供现实参考。

3. 以中外交流为契机,提升学科国际化水平

作为以国家为基本分析单位,以探讨世界范围内的信息扩散、文化传播和媒体机构为主要研究对象的学科③,国际传播学科建设除了掌握国际局势,了解各国国际传播策略和利益博弈,也离不开对各国国际传播学科前沿动态的实时追踪与掌握。要提升我国国际传播学科的国际影响力,需要依托学院、学会等学术主体,以中外交流活动为主要契机,随时掌握国际学术动态,提升学科国际化水平。

一方面,与国外学术界开展学术交流活动。通过邀请国际传播领域的知名学者开展以讲座、短期课程为形式的学术活动,聘请国外相关领域学者担任客座教授,或组织国内学者前往国外相关领域的主要学术机构进行短期访学等形式,推动中外学术交流,了解国际传播领域的最新动态和前沿研究成果。

另一方面,以学院、学会为平台,参与国际学术会议的主办,扩大中国国际传播研究在海外的影响力。比如,国际媒介与传播研究学会(IAMCR)2022年会由清华大学新闻与传播学院主办,共有来自近100个国家和地区的2000多位学者参会,年会和前会共举办一百多场论坛,相关议题包括"新全球化时代媒介传播研究的重新定位""全球传播视野下的人工智能""数字科技与跨文化传播"等④,均与国际传播密切相关。

---

① 中国政府网.习近平主持中共中央政治局第三十次集体学习并讲话[EB/OL].(2021-06-01)[2025-01-02]. http://www.gov.cn/xinwen/2021/06/01/content_5614684.htm.
② 史安斌,童桐.从国际传播到战略传播:新时代的语境适配与路径转型[J].新闻与写作,2021(10):14-22.
③ 杨伯溆.从国际传播到全球传播:跨国公司的介入及其影响[J].新闻与传播研究,2003(3):29-38,94.
④ 郝孟佳.国际媒介与传播研究学会 2022 年会由清华大学成功举办[EB/OL].(2022-07-16)[2023-07-16]. http://edu.people.com.cn/n1/2022/0716/c1006-32477168.html.

(二)学术体系建设与创新:超越西方中心主义,构建自主知识体系

随着全球化的深入,国际传播早已不再是单向的信息传播,而应理解为不同国家和地区之间相互交流和理解的过程。包容性全球化强调文化多元性、多主体性和多层次的交流与互动,引导着国际传播学术体系向着更多元、更包容的方向发展创新,构建自主知识体系。在理论创新层面,着眼于世界各国多主体参与国际传播实践的重要议题,从多学科的视角开展理论研究,超越传统的西方中心主义和单一传播理论框架,构建更具包容性和开放性的理论体系;在研究方法层面,同样需要密切关注传播实践中的技术动向,以开放的视野从各类学科中发掘技术工具与方法思路,促进方法创新。

1.国际传播的理论创新

第一,创新国际传播研究的问题意识。国际传播是一门密切联系实际,从实践中来、到实践中去的前沿学科,脱离实践的闭门造车只能形成故步自封、没有战斗力和传播力的"学科闭环"。为此,在国际传播研究中,研究者需要将研究重点聚焦于目前我国国际传播实践最前沿、最紧迫、最重要的研究议题上,加强研究的现实意识、问题导向,结合研究者的实践背景和实践经验,就国际传播专门问题展开深度研究。

第二,创新国际传播研究的跨学科理论支撑体系。习近平总书记强调,"要围绕中国精神、中国价值、中国力量,从政治、经济、文化、社会、生态文明等多个视角进行深入研究,为开展国际传播工作提供学理支撑"①。这一论断从宏观层面为国际传播理论建设工作提供了支撑性的知识框架,即需要从政治、经济、文化、社会和生态文明等交叉学科脉络切入,建立理论与社会相关联、传播与生产生活实践相关联、国内与国际传播相协调的国际传播理论体系。

第三,创新国际传播研究的理论视野。当前,我国国际传播研究在相当程度上依然以北美和欧洲经验为主导,依赖西方经验和相关理论,且关注点大多聚焦于欧美等西方发达国家,缺乏对其他国家、其他议题的反思与探讨,呈现出方法论和认识论上的"西方中心主义"。为此,需要关注中国与"一带一路"国家、第三世界等发展中国家以及国际组织的国际传播实践活动,建构具有理论视野和全球视野的国际传播创新话语体系。

---

① 中国政府网. 习近平主持中共中央政治局第三十次集体学习并讲话[EB/OL].(2022-06-01)[2025-01-02]. http://www.gov.cn/xinwen/2021-06/01/content_5614684.htm.

2. 国际传播的研究方法创新

在研究方法使用上,现有的国际传播实证研究,惯于使用内容分析或文本分析法,通过对我国外宣媒体或海外各国媒体报道的分析,呈现各国媒体在报道特定议题时的报道框架使用、报道倾向设定和话语策略建构。国际传播研究的学术体系建设,需要加强研究方法创新,充分借鉴来自社会学、心理学、政治学等社会科学学科和计算机科学等理工科的研究方法,提升国际传播研究的学理性和创新性。

借助社会网络分析的方法,有助于呈现国际话语场域中西方媒体议程、中国媒体议程、公众议程之间的互动机制和影响机制,剖析媒体间议程设置和网络议程设置的内在机理,挖掘国际舆论场上有影响力的话语方式和话语主体。比如,在重大国际事件中,各国媒体在该议题的报道中是否存在框架上的互相竞争、流动和互相影响?在此过程中,哪些媒体成为具备影响力的关键节点?哪些话语成为媒体竞争中的主导性话语?

此外,基于算法和编程的数据挖掘和自然语言处理,有助于助力国际舆论场上的舆情监测,为制定有针对性的回应策略打下基础。比如,基于海外媒体和社交平台上与中国相关的议题讨论,运用有监督分层LDA技术(主题模型),有助于分析舆论主题,呈现相关文本的内容角度和关注焦点,及其随时间变化的趋势。基于朴素贝叶斯算法的情感分析,则有助于挖掘文本中所蕴含的情感和态度倾向。

(三)话语体系建设与创新:尊重文化多元性,提升建构主体性的策略和艺术

在包容性全球化的理论内涵中,保障各方平等参与并维护文化多元性是促进共同发展共同繁荣的关键之所在,尊崇"和而不同"的文化价值观,尊重多元文化,也意味着对西方中心的文化霸权主义的反对,而这需要各国积极加入由西方主导的国际舆论场,探索如何建构自身在国际话语场域中的主体性。包容性全球化倡导能促进相互理解和认同的交流沟通,意味着有效的国际传播实践需要从话语方式上进行创新以推进跨文化对话与价值融通。

1. 破除国际传播话语体系的西方霸权,建构中国主体性

西方国际传播教育体系凭借其社会结构的领先优势和新闻传播知识传统,已经塑造了一整套媒介和学术话语体系,其能够塑造话语的核心条件是掌握了系统化的政治经济领导权。从历史唯物主义视角看,物质基础决定上层建筑,我们应该面向土地、面向社会、面向劳动,立足于新时代的中国与全球政治经济实践,才能建构基于物质实

践、不脱离社会认知和社会实际的文化观念和知识话语,进而建构国际传播的话语认同和理念认同。

对中国国际传播实践而言,如何在破除西方霸权的基础上,建构中国在国际话语场域中的主体性,成为国际传播话语体系创新的重要命题。为此,需要在深刻洞悉中国社会发展规律的基础上,在厘清中国与全球交往关系的前提下,提炼中国国际传播的核心价值观念、传达核心价值表述,进而在国际传播中系统阐述中国特色社会主义的历史进程、传播中国的政治理念、经济基础和社会价值[①]。

2.创新话语方式,提高传播艺术和话语感召力

习近平总书记在"5·31"讲话中特别指出,"要加强国际传播的理论研究,掌握国际传播的规律,构建对外话语体系,提高传播艺术"[②]。需要掌握理论话语对中国的国际传播实践展开系统性的研究和叙事,并最终达到"形成同我国综合国力和国际地位相匹配的国际话语权""提高传播艺术"的效果,从国际传播层面为构建人类命运共同体提供知识动力和话语阐释。

事实上,当前国际环境为我国国际传播讲好中国故事、增强话语感召力提供了一定的契机。国际舆论格局的变化和传媒技术的发展进一步加强了世界各国和各族人民资源互通、信息共享的决心,也为中国通过国际新闻传播,讲好中国故事,为世界发展和人类文明提供中国方案,贡献中国智慧,进一步推进国际交流交往、扩大"朋友圈"提供了重要的历史机遇。

为此,注重国际传播在观念认同、情感认同、文化认同、价值认同等感性层面的传播话语建构,以"共在性"的国家身份话语取代传统的"对话性"话语,在消除东西方二元对立的基础上,充分凸显中外受众共处"人类命运共同体"的现实情境,通过建构与国际社会命运共担、协作共赢的国际传播话语,推进与西方受众的跨文化对话和价值融通[③]。而在传播方式上,借助短视频平台,将宏大的国家话语转化为平民化、生活化、场景化的温情叙事话语,也将在一定程度上提升海外受众对中国的文化认同和情感认同。

---

① 张毓强,潘璟玲.主体性探询:论中国国际传播创新的方法论基点[J].新闻与写作,2021(10):23-31.
② 中国政府网.习近平主持中共中央政治局第三十次集体学习并讲话[EB/OL].(2021-06-01)[2022-06-01]. http://www.gov.cn/xinwen/2021/06/01/content_5614684.htm
③ 段鹏,张倩.后疫情时代我国国际传播话语体系建设的价值维度与路径重构[J].新闻界,2021(3):28-36.

四、总结与启示:从"中国实践"到"全球视野"

在"5·31"讲话中,习近平总书记特别强调了建强国际传播专门人才队伍对"全面提升国际传播效能"的关键作用。习近平总书记提出的"要加强国际传播的理论研究,掌握国际传播的规律,构建对外话语体系,提高传播艺术",实际上正好对应了当前高校国际传播教育实践的四个阶段,因此不妨将其理解为新时代国际传播学科"三大体系"建设的"四步走"可行方案——在国际传播学科建设中,基于包容性全球化的理念与原则,打通从"中国实践"到"全球视野"的国际传播实践路径和理论视野,需要从深化理论研究、前沿实践(掌握规律)、内容提升(构建话语体系),以及策略提升(传播艺术)等四个方面展开:

第一,在理论研究方面,深入反思理论建构在国际传播学科建设中的积极意义。基于特定的社会语境,提升国际传播理论建构的知识视野、实践脉络和叙事维度,从而更好地匹配国际传播学科"三大体系"建设的理论意义、现实目标和潜在价值。

第二,在实践拓展方面,深刻分析国际传播学科中的实践逻辑、路径和方法,优化布局适应我国国际传播战略人才培养的前沿实践方案。随着中国在全球范围内的经济影响力不断增强,特别是在"一带一路"国家和亚非拉发展中国家的能见度、认同感和接近性的不断提升,在国际传播研究中,加强对特定区域和国家的"深描"和"特写",是增强我国国际传播能力建设,提升国际传播学科"三大体系"建设"效度"的可行思路。

第三,在内容提升方面,立足于新时代的中国与全球政治经济实践,建构基于物质实践、社会认知和话语实践的表达体系和话语体系,不仅有助于提升国际传播学科"三大体系"建设的现实感、语境感和对话感,而且有助于深度拓展国际传播实践在全球范围内的话语认同和理念认同。

第四,在策略提升方面,将国际传播上升为国家战略传播。话语体系建构和国际传播能力提升一方面是政治经济发展的结果,另一方面也有助于提升和推动全球社会物质和文化生活的平等发展。因此,有必要精准定位国际传播的话语指向和行动落点,从"战略传播"层面,标定国际传播的不同主体和不同对象,从而优化国际传播的路径策略,推动国际传播学科"三大体系"建设的全球化落地。

随着文化全球化的不断深入,媒体不仅扮演着全球信息传播者的社会角色,同时也在深度参与全球共识的塑造,以及全球愿景的建构。在传媒技术升级和全球结构变迁的新时代背景下,如何挖掘和培育具有中国特色、兼具国际影响力的国际传播教育和人才培养的新理念、新模式、新目标,是当代新闻传播学界和业界所面临的重要命题。打通从"中国实践"到"全球视野"的知识视野和实践空间,不仅有助于在学科体系、学术体系和话语体系的维度,推动新时代国际传播学科体系建设,借助国际传播理论与实践的转型升级,也有助于在"开放包容""平等互利"的指导思想下,推进人类文明互鉴、文化交往和构建人类命运共同体的时代愿景的实现。

〔王宇琦,北京外国语大学国际新闻与传播学院副教授;盛阳,北京外国语大学国际新闻与传播学院副教授;张煜莹,北京外国语大学国际新闻与传播学院硕士研究生〕

〔特约编辑:陈欣钢〕

中国式现代化进程中视听传播平台化转型的实践路径研究

Research on the Practical Path of the Transformation of Audio-Visual Communication Platform in the Process of Chinese Modernization

◎ 佟雪娜　郝　珊

Tong Xuena　Hao Shan

摘要：中国式现代化是当代世界走向现代化发展进程中极为关键和重要的实践，这一实践不仅具有国别意涵，也有世界导向，对中华民族伟大复兴和全人类可持续发展至关重要，凸显出我国国际传播的关联属性和价值导向。视听传播作为我国国际传播的关键渠道和分支，已成为推动人类文明向智媒文明形态演进的重要手段。当前，中国式现代化进程中数字技术的全面革新重塑了我国视听传播的新局面和新身份，文章借助中国式现代化的价值认知和实践路径，首先阐明中国式现代化与国际传播之间的关系以及中国式现代化对增强我国国际传播影响力的重要意义，其次从中国式现代化的实践路径中分析我国视听传播平台化转型的优势，最后以"讲好中国故事、传播好中国声音"为核心折射出中国式现代化进程中视听传播平台化转型的实践路径，以期为增强中国的传播话语权和国际话语权有所助力。

关键词：中国式现代化；国际传播；视听传播；平台

Abstract: Chinese-style modernization is an extremely critical and important practice in the process of modernization in the contemporary world. This practice not only has national significance, but also has a global orientation. It is crucial to the great rejuvenation of the Chinese nation and the sustainable development of global mankind, and highlights the relevance and value orientation of China's international communication. As the key channel and branch of China's international communication, audio-visual communication has become an important means to promote the evolution of human civilization to the intelligent media civilization. At present, the comprehensive renovation of digital technology in the process of Chinese-style modernization has reshaped the new situation and new identity of China's audio-visual communication. With the help of the value cognition and practice path of Chinese-style modernization, this article first expounds the relationship between Chinese-style modernization and international communication and the significance of Chinese-style modernization to enhance the influence of China's international communication. Secondly, it analyzes the advantages of China's audio-visual communication platform transformation from the practice path of Chinese modernization, and finally reflects the practice path of audio-visual communication platform transformation in the process of Chinese modernization with the core of "telling China's stories well and making China's voice heard", in order to help enhance China's communication discourse power and international discourse power.

Keywords：Chinese modernization, international communication, audio-visual communication, platform

一、问题的提出

当前,以做好做强中国式现代化国际传播的工作、不断提升国际传播的效能来增强我国在国际舞台上的话语权已迫在眉睫。2024年7月,中国共产党第二十届中央委员会第三次全体会议审议通过《中共中央关于进一步全面深化改革 推进中国式现代化的决定》,明确指出全面深化改革和推进中国式现代化的重大意义和总体要求,推进中国式现代化成为我国的中心任务之一。中国式现代化是谱写和传播中国故事的重要内容,也是让各国各民族认知中国、了解中国的重要载体。中国式现代化以马克思主义为理论依据,以生动的、深刻的和鲜活的中国式现代化实践为现实旨归,具有鲜明的文明魅力和有指向性的全球化意义。同理,不断提升国际传播的效能,重在展开对"中国式现代化"这一使命的传播和叙事,即通过构建传播体系和叙事体系将中国特色社会主义伟大事业的卓越成就展示出来。

"一花独放不是春,百花齐放春满园。"中国式现代化的进程也是我国数字化技术不断转型和革新的进程,相较于传统技术和传统媒介,数字技术在中国式现代化进程中改善了发展中国家难以在全球数字传播格局中占据主动和重要地位的境遇。当前,中国式现代化的国际传播拥有更为广阔和稳固的平台,具备了增强国际认同的独特优势,这一定程度上得益于我国国际传播的分支——视听传播的再建设和再发展。回顾整个视听产业的发展,从广播电视时代到网络视听时代,再到以平台为核心的数字传播时代,视听传播在本质上呈现出了多元的包容性。同时,在平台依托于广播电视全面整合视听产业链的背景下,我国视听产业的媒介化和平台化进程倾向于一种互补模式[1]。相较于传统媒介传播时期,视听传播的平台化转型得益于互联网平台的兴起和互联网平台的数字结构变动,导致视听传播处于一个集内容提供商、服务提供商和用户(包括第三方开发商)在内的多边市场中。技术和数据为平台提供了资本累积、互动和监督的价值,平台作为一种提取数据、监测技术和产生效益的机制,促成了一种传统媒体产业向数字视听产业的转型。

现在,就中国式现代化的实践路径而言,为了更好地推动中国式现代化的国际传播,视听传播作为其重要分支在很大程度上塑造着一个"讲述什么"和"传播什么"的经济政治文化交流平台。在此背景下,我国亟须构建中国式现代化的传播体系和话语体系,重要的是,在视听传播的发展进程中讲述好、传播好中国式现代化的故事,是展现中国式现代化成就的关键所在。

二、中国式现代化的价值阐释与实践路径

不断建设与发展现代化国家是各国各民族的共同追求和前进方向,中国式现代化是基于世界现代化发展的一般规律之上,打破"现代化就是西方化"的迷思,结合我国的实际情况,厚植于中国特色社会主义现代化道路的实践路径,以中华文明和马克思主义基本原理为支撑,为了实现中华民族伟大复兴而提出的正确的、现实的、有远大作用的中国方案,指引着人类文明发展的正确方向。党的二十大报告指出:"中国式现代化,是中国共产党领导的社会主义现代化,既有各国现代化的共同特征,更有基于自己国情的中国特色。"现代化的本质属性体现为自我塑造能力的增强,中国式现代化是在深挖"现代化"的基本属性和发展定位的同时,中华优秀传统文化走向世界舞台的全新

---

[1] 史安斌,童桐,朱泓宇.全球媒体文化中的"第三文化人":平台世界主义视域下国际传播的一种创新路径[J].北京航空航天大学学报(社会科学版),2023,36(5):105-110.

方式,从根本意义上体现了人类可持续发展的共同价值,奠定了国际认同的基础价值[①]。

中国式现代化是在"取其精华,弃其糟粕"的基础上积极回应世界共同进步的现代化,也是逐渐被各国和各国际组织认可的现代化。习近平总书记强调:"现代化的终极目标是实现人自由而全面的发展。"从内涵上看,中国式现代化在国际中的认同是理论认同、目标认同和价值认同的高度统一。这一层面的中国式现代化具有普惠性;从外延上看,是对事物的客观性认识、本质性理解和自觉性认同。这一层面的中国式现代化具有互动性和分享性。也就是说,中国式现代化是能让世界各国各民族借鉴、参考的思路与方案,我国也积极且不断地将发展的经验和机会传递给愿意和期待走上现代化之路的国家和民族。

(一)加强中国式现代化的传播阐释力,讲好中国故事,传播好中国声音

中国式现代化若要在国际上得到广泛认同,关键在于提升中国式现代化的传播阐释力[②]。中国式现代化的阐释能力植根于社会主义现代化建设的实践基础,是在坚持和发展中国特色社会主义的过程中成功探索出了具有中国特色的现代化道路。因此,用中国话语来解释中国式现代化是对中国特色社会主义的深刻理解和准确表达。推动中国式现代化的国际传播,不仅需要阐述出中国式现代化所蕴含的中华优秀传统文化的养料,在此基础上创造性地转化、发展和传播,还需要以一种贴合实际且合理的方式将中国式现代化所蕴含的养料信息丰富地传达、呈现给各国各民族,这就是我们所说的"传播阐释力"。只有这样,才能全面提升中国式现代化的传播效果,讲好中国故事、传播好中国声音,避免出现词不达意的情况。

中国式现代化也具有各国各民族现代化的共同属性和特征,在中国式现代化传播阐释力的展开过程中,叙事为诠释传播阐释力的手段。具体而言,第一,要同时强调叙事的共性和个性,即既要强调我国在现代化建设中所面临的困难,也要阐述在此过程中总结出的实际经验,必须强调中国式现代化是在我国现代化的范畴之内展开的。另外,在找寻共性和个性的同时,应做到精准传播和精准叙事,不同的国家和不同的民族有不同的关注重点和利益诉求,若我国的传播手段和叙事内容能恰好契合他国的核心

---

① 张珹,杨怡.中国式现代化的国际认同:何谓与何为[J].中共南昌市委党校学报,2024,22(4):42-49.
② 贺智慧.中国式现代化的国际认同:理念与路径[J].湖南社会科学,2023(1):9-14.

关切,做到平等公正地传播和叙事①,这将为我国新时期传播体系的构建创造更加便利的条件。第二,要同时强调叙事的宏观性和微观性。"视听传播"的内涵在于人们接收到了什么信息、什么关键的信息以及人们的反馈是什么,在某种程度上,视听传播成为一种叙事导向。比如,既要从整体上阐释我国在推进中国式现代化过程中的所作所为,又要贴近广大人民群众。如此,这不仅展示了中国式现代化建设的深层次力量,也展示了我国视听传播的内涵与要义。加之,在诠释传播阐释力的过程中,应灵活使用大众话语、学术话语和政治话语,有侧重、有选择地传播给不同受众对象,真正完成和真正做到习近平总书记提出的讲中国故事要"见人、见事、见思想、见精神"的要求和准则②。

(二)加快构建中国式现代化国际传播的话语体系,不断提升中国的国际话语权

构建中国式现代化的话语体系并以此推动国际传播的进程,有利于增强我国在国际舞台上的话语权和树立正确的、良好的国家形象,国际话语体系以及国际话语权对一国的发展具有十分重要的意义和影响。中国式现代化话语体系的逻辑,是影响我国国际传播效果和发展的核心因素。"话语"这一概念源自语言学的学科范畴,且"话语"本身被赋予了一种权力的根本形态和意识属性。若要使"话语"发挥权力的作用和效用,必然得经历一个"由点及面"的传播过程,前提是"话语"能够被其他的意识和属性所接受。因此,只有在传播的过程中获得广泛认可和接受的"话语"才能在社会上产生及时的、重要的和关键的影响力,且在此基础上形成国际传播话语体系中的"话语权"。我国之所以要建构中国式现代化国际传播的话语体系,就必要性而言,可以以此增强我国的国际话语权,打破和冲破西方一体化的现代化叙事逻辑和话语体系,在增强自身国际话语权的同时进一步构建起"中心—边缘"的文化格局,推动国际话语秩序变得更加合理且公正;就现实性而言,我国当前在中国式现代化话语体系方面拥有难得的机遇,所涉及的文化、社会、军事、政治等领域取得了令世人瞩目的进步和成就,提升了我国的国际地位和国际影响力。与此同时,近年来,许多发展中国家对中国现代化的建设模式和发展经验产生极大的兴趣,这为我国构建国际传播的话语体系提供了良好的舆论环境③。

---

① 于涌泉.话语体系的权力建构与国际传播:以中国式现代化的叙事逻辑为例[J].思想理论战线,2024,3(5):10-18,140.
② 人民出版社编写组.习近平新闻思想讲义[M].北京:人民出版社,2018:150-152.
③ 罗兰.符号·叙事·话语:构建中华民族现代文明标识性概念的文化之维[J].社会主义研究,2024(4):20-28.

在国际传播的关系往来中,话语权具体表现为一个国家在国际上的话语权,即一个国家通过本身的话语体系影响其他国家和民族的认知能力和行为能力,以期带动国家的整体发展。话语体系和话语权力的属性在于,话语体系是话语权力生成的必要条件,二者聚焦于传播的过程,且国际传播对国家或民族增强国际话语权有着举足轻重的现实意义与作用。换言之,只有构建出有利于我国发展的国际传播体系,方能将话语体系转化为国际话语权,传播体系的因素和质量是影响我国国际传播效果的关键[①]。因此,应加快构建我国国际传播的传播体系,将传播体系作为国际传播的出发点和落脚点,着重增强话语体系的逻辑性:一方面,聚焦于传播体系的生产结构,即生产出贴合实际的内容和信息,主要解决传播中营销、内容和受众之间的问题;另一方面,聚焦于转型方式,媒介的变革改变了我国传播体系中原本的分发和流通的方式,如何在当下使传达的内容得到更好的呈现,应着重观察转型过程中的发展情况。概言之,应从生产结构和转型方式两个方面入手去构建具有高度现实性、逻辑性和历史性的中国式现代化的传播体系,进而推动话语体系的国际传播,提升和增强我国的国际话语权。

三、生产的革命:视听传播平台化转型的优势

我国之所以以构建中国式现代化传播体系来增强我国的国际话语权,既存在不得不为的紧迫性、必要性,也存在有利的、现实的基本条件。就必要性因素来看,互联网技术的飞速发展派生出和衍生出形形色色的媒体形态,并勾勒出一幅幅智能传播的图景,这是顺应着媒体融合的发展趋势推进的。具体来看,原先的4G时代,经历了从传统电视媒体到互联网平台和短视频平台等碎片化、垂直化的内容形式,不单单重塑了传统视听在信息生产、分销和反馈等环节的流程,也对人们的日常生活带来深刻的影响。在当下的5G时代,以低延时、高速率和卡顿少为核心的技术优势使视听内容突破了原先媒介传播的限制,媒介生产的内容可以完美地、完整地呈现在终端用户的眼前。同时,直播、综艺节目、短视频、影视剧等具有叙事结构和传播体系的内容获得了超越空间、实时同步的能力,得以广泛和有效地传播[②]。比如,2020年9月28日央视频应用"5G+4K+无人机"技术对湖北境内五大著名景区进行超高清慢直播,让全国网友足不出户就能一次性逛遍五大景区的壮丽景色,高清晰度和高时长的精品内容为

---

① 唐青叶,于桂章.中国式现代化的知识生产及其国际传播话语建构[J].东岳论丛,2024,45(10):75-82.
② 段鹏.5G技术驱动下媒体发展未来路向[J].中国出版,2022(22):24-28.

全国人民提供了一种全新的观赏体验。可以说,正是我国媒体融合和媒介技术的发展为视听内容提供了传播渠道的革新和进一步推广的可能。

就现实性而言,市场中的转型机制是数字时代阐述和理解视听产业通过平台开始进行传播的一个关键的棱镜。大众媒介从我们俗称的"纸媒"走向电视,再从互联网走向了媒介融合,新媒介技术的发展引发了受众、媒介和广告商之间更深层次的互动,用户获取视听信息的渠道从原先的单一听觉和单一视觉转向了视听双向,由视听双向达到多感官协同,视听传播的内容和信息呈现出沉浸式和个性化的发展趋势。尤其是互联网移动设备的普及,催生了大量在休闲时间内创作价值的平台受众群体[①]。当下,国际范围内视听传播的互动化、碎片化和移动化趋势更加明显,社交平台和社交媒体成为民众的"第一选择"。在中国式现代化进程中,若要完全掌握国际视听传播的主动权,亟须引导好我国社交平台和社交媒体的传播内容,以此彰显我国视听传播的优势。

(一)动能优势:突出以整体性原则为中心的基础设施建设

实践,或者知行合一是文化研究的基本特征。在我们的日常生活中,当短视频平台成为日常消遣和购物的入口,当社交平台成为虚拟互动的入口,当点评软件成为了解世界的入口,当互联网公司开始垄断上述入口成为掌握时代发展信息和提供服务的"第一人",我们的"平台"社会正在形成,并且,随着时代的发展开始崛起,这就是我们当下所处的一场"垄断性"的平台化进程。我们若把此进程看作一个整体,在这个整体里面价值的实现程度取决于生产者、消费者和受众群体,如此,以整体为架构勾勒了从生产内容到交换内容,再到传播内容的过程。在这样的现实框架下,社会和技术随着时代的发展发生了一系列的变化——新型技术和传播体系拓宽了市场的边界,那么,结合垄断性平台的"中介"属性,平台成为一个拥有组成配置和塑造配置能力并可以为生产者、消费者和受众群体提供或创造新的社交应用的基础设施。重要的是,媒介信息的单向传输过程发生了变化,原先的"生产、交换、流通和消费"流程在进入新型传播系统后有所改变,平台令每一个传播过程更加多元和灵活。

具体来说,在视听传播的媒介生产中,若从整体性原则来分析传播转向的动能机制,可分为两个阶段:一,主攻传播渠道拓展,打通电视和互联网平台的联合互动阶段。该阶段智能媒体方兴未艾,传统媒体依靠智能媒体实现在网络社交平台中的融媒互

---

① HESMONDHALGH D, MEIER L M. What the digitalisation of music tells us about capitalism, culture and the power of the information technology sector[J]. Information, communication & society, 2018, 21(11): 1555-1570.

动,但未能实现以"整体"带动"多方"的台网覆盖模式。二,台网深度融合联动,构建新型传播格局阶段[1]。在此阶段,电视媒介传播制度顺应时代的潮流走向改革,与互联网的融合传播渐入佳境,促成了以"整体"带动电视、内容和平台"三位一体"的深度融合,一定程度上给电视和平台带来了比以往更好的市场口碑和经济效益。在台网深度融合的发展背景下,人们总是会乐观地认为"融合发展"具有一定的革新性,实际上,每一种传播技术和传播手段从无到有、从旧到新的过程都不免如此。譬如,传播样态和传播模式不仅可以由有限性升级为无限性,传播范围由"点到点"进化为"点到面",也可以分众化提升传播效能和传播广度,并且在传播链条维稳发展的条件下实现 $1+1+\cdots>N$ 的融合传播效果,使得受众的传受互动过程变得更为灵敏和实时,极大地拓展了媒介传播的核心价值。概言之,"平台化"的过程展现了一种社会基础设施的根本逻辑变化。互联网是第三次工业革命的资本产物,在平台化和数字化时代,就普通用户日常生活的组织方式而言,各类互联网基础设施可以全方位地构建视听内容的个人体验方式和传播实践活动;另外,社交平台搭建以算法为核心的服务体系和产品,深度强化了我国互联网基础设施在平台化层面对人们日常生活和传播实践的框限。

(二)内容优势:对标以结构性原则为中心的呈现方式

架构社会活动链条可以高效运转的模块为"结构","结构"普遍地、广泛地存在于事物之中。在理想情况下,"媒介结构"应成为一个集内容生产和分配于一体的公共领域,在此领域内,媒介往往通过结构性的控制与规范来明确和约束内容的模式化传播和多元化叙事[2]。实际上,这种原则是在一种"我们看不见"的结构中呈现的,并且,在文化生产的视角下会凸显出媒介平台的指向型属性,使之呈现出以受众为核心的叙事逻辑,开拓多元化的内容呈现方式。

在数字技术的应用和推广下,人工智能、大数据和虚拟现实等高超技术结合传播系统和传播体系有了更大范围的发展,为我国主流意识形态传播的相关环节注入了全新的呈现方式和开展动力。其一,全息影像整合内容产出形式,"超高清"呈现必然成为趋势。经过传统的文字读图时代到形式多种多样的视频化时代,受众对传播内容本身的呈现样态的要求越来越高。媒体信息技术提升了电视与平台的传播速度,将"平面信息"的内容转化为以全息影像为主的"三维信息"。全息影像具有"互动+沉浸+体验"为一体的影像技术功能,其视觉效果在人物与声音的塑造、屏幕空间的设计中呈

---

[1] 张蓝姗.媒介融合:电视+互联网的跨界与转型[M].北京:清华大学出版社,2019:155-162.
[2] 陈卫星,德布雷.媒介学:观念与命题:关于媒介学的学术对谈[J].南京社会科学,2015(4):101-106,139.

现出多元的互动特征,在后期若通过技术将声音、文字、动画等元素紧密联系起来,将赋能全息影像现实感与沉浸感并存的叙事效果和叙事体验。比如,当前我国大型活动和赛事的高清直播采用无人机技术,进一步创新了传统的新闻采集方式,采用全息影像大幅度提升直播现场的灵活度和覆盖率,并通过高速率网络传输实时连接直播现场,以期实现零延迟同步的内容传播。其二,从单一场景过渡到跨屏多场景,以"沉浸式"推出多向互动场域。技术丰富了视听信息的传播模式,并且,在内容传播的过程中技术与大众需求的适配度愈发提高,意味着大众不仅可以依靠手机终端随时随地接收信息、了解时事,也可以通过多屏、跨屏进行观看和互动。举例来说,虚拟现实技术和增强现实技术通过跨屏多场景以震撼又真实的"沉浸式"体验重新定义了"在场",令不在现场的观众也能够身临其境,等同于在现场的观众,获得实时消息和真实感受。另外,由于高水平、高科技的终端设备极大地扩大了新闻生产和传播的应用范围,提高了宣发速率,所以,进一步地提升了传播渠道与主流意识形态的适配度。可以说,直播平台、短视频平台为主流媒体的宣传工作提供了新的机遇和契机,媒体在坚守主流观念和传达主流意识形态的同时转变呈现方式,紧贴当前不同平台的呈现方式和受众特质,进一步缩短与受众之间的距离,以求在互动中找寻更深层次的共鸣。概言之,传播实践的最终目的是传播呈现,"呈现"作为一种社会存在,在这个本质意义上,媒介传播的呈现性在"平台社会"中是表征现代性并形塑我国文化社会变迁的关键物质基础。

(三)受众优势:打造以层次性原则为中心的受众群体

当下,在媒介生态系统中,传播体系正在经历从"文字化"和"视听化"并行的传统大众传播格局过渡到由"数字化"引领的多元化传播格局,以世界为整体的传播体系产生了"制度性"逐渐减少而"层次性"越来越多的发展趋势。究其原因,是每个整体中的部分都有一定的主观能动性,物质世界中的层次性是具有个性化意识特征的,也是无限与有限对立统一的结果。同理,只有对每个部分进行"有限"层次的了解与认识后,才能逐步认识具有"无限"层次的世界,正在经历和完成这一切"任务"的群体则是"受众群体"。

视听传播的媒介化和平台化在找寻流通渠道和加快流通速度的同时,也不断在生产者和传播者、生产者和受众者之间找寻最短的、多次的传播路径。在我国数字化战略和数字技术的加持下,移动性、灵敏性和具身性的传播将成为现实,受众群体的复杂性、广泛性"在网"特征愈加显著。在传统媒体时期,我国视听传播的特点呈现出单方面、间接性的传播样态,传播模式为单一循环,处于传播价值链条上的内容提供商和服务提供商与终端用户的联系较少,所以受众的价值创造为叠加的单线性结构;在数字媒体传播时期,传播的价值链条呈现出多元的网状结构,且传播链条上的所有主体和各个环节均可以进行多边的价值流动,受众围绕终端设备所形成的互动过程是较为复杂的。固然,受众所处的传播语境、对内容产生的本体印象和受众的自发性反馈都会对网状传播结构产生影响。因此,针对受众的动态需求和接受习惯生产媒体内容,以年轻化、接近性和网络化的话语表达与内容符号激发受众群体的参与积极性,将成为我国数字内容传播的创新发展路径。譬如,音乐流媒体平台是音乐产业当下最大的收入来源。由原来以唱片业为驱动的音乐产业到如今以流媒体平台为核心的音乐产业,音乐与其他视听文化内容一样,集生产、消费和流通于一体。重要的是,流媒体平台中的播放列表依靠每个用户的个性化数据所构成,在此发展趋势下,唱片公司和歌手愈发依赖平台的"个性推荐",让音乐这一产品变得"商品化"的同时,平台进一步统一和细分用户,这就导致受众在本质上根据听歌次数、听歌喜好和社交活动的不同,最终形成不同的受众群体。

可以说,在媒介不断变革发展的进程中,视听内容和视听形态变得愈发多元,视听内容成为当代社会人类沟通、信息交换和信息消费的主要方式,因此,视听内容所产生的数据体量也愈发庞大,视听语言也伴随媒介的升级呈现出不同以往的表现结构和表达方式。"视听转向"推动和促进了我国视听传播的发展,视听传播中传播系统的构建为相关数据、内容和信息的互通互联与实时存储提供了重要的支撑,打破了当下平台和平台之间的藩篱,成为内容塑造、内容传播和令我国文化"走出去"的关键方式[①]。

四、转型的语境:中国式现代化进程中视听传播的实践路径

首先,从中国式现代化成就的全面性建构以民族特色为中心的内容创作基调。党的二十大报告指出,中国式现代化是物质文明和精神文明相协调的现代化,是人与自然和谐共生的现代化。前文提及,中国式现代化的成就彰显在文化、经济、政治和社会等多个领域和范畴内,因此,在视听传播的转型进程中应突出中国式现代化在各个方面和领域中的非凡成就,将一个个生动的案例、辉煌的成就、基本的情况和翔实的数据通过视听传播平台化所呈现的优势性凸显和表现出来。当下,以音乐流媒体平台、视频平台为核心的数字平台的扩张实际上全方位地展示了视听内容能否正常流通的矛盾,媒介化与平台化不是一个能够随时随地完成统一的过程,数字平台在内容自制、内

---

① 陈鹏,叶茜林.视听传播自主知识体系的建构逻辑与路径探析[J].中国编辑,2024(9):12-18.

容生产和内容传播上是狭隘的。概言之,无论传播的内容是原创的还是改编的,只有彰显中华精神文明、蕴含中华美学气质,以先进的理念"讲好中国故事"、以高尚的价值"传播好中国声音",才能让其他发展中国家对现代化建设有一定信心,也更便于我国的文明与文化进一步"走出去"。

其次,从中国式现代化成就的艰巨性探寻交叉型人才的培养之路。中国式现代化的核心任务是带领14亿中国人民共同迈进现代化社会①,这意味着我国不仅要平衡和处理不同阶级、不同群体的发展需要和利益诉求,还要应对随时可能出现的风险。由此,应在传播的过程中注意突出中国式现代化的艰巨性,一方面可以彰显出中国式现代化成就之难得,一方面更加突出了人才培养的重要性。相较于中国式现代化的成就,造就中国式现代化的实际上是一批批优秀的人才,因此,在中国式现代化进程中,视听传播的优势是人才优势。中国式现代化既是我国在不同领域迈向现代化的伟大工程,亦是每个国人提升自身能力、实现全面发展的个人奋斗篇章。时代在进步,视听传播的转型和升级均塑造了新的传播格局,对我国从事生产传播活动的人才提出了更高、更新的要求,能够在坚持真理、掌握分寸的原则下兼具技术水平和文化素养的人才或将成为我国新闻传播业中的"佼佼者"。

最后,用中国式现代化成就对各国各民族的贡献来推动以构建人类命运共同体为崇高目标的传播体系的建设。中国式现代化不仅使我国受益,也为各国各民族作出了一定的贡献。不论是在经济领域,如2013—2021年我国对世界经济增长的平均贡献率达到38.6%,超过了G7国家贡献率的总和②;还是在生态环保领域,我国为全球环境保护和治理作出巨大贡献等,都体现出,在微观层面,我国不断推动开展国际合作,维护世界和平、引领世界发展;在宏观层面,我国积极推动构建人类命运共同体的传播体系。更重要的是,我国在中国式现代化进程中形成了具有中国风格、中国特色和中国气派的精神文明话语,这都成为我国走向"现代化"的鲜明标识。当前,我国应进一步积极拓展媒介宣传渠道,打造融通国内外叙述与传播的新表述、新概念和新意涵,加强与他国在视听传播层面的联系,提升与各国各民族在主客体之间的互动,不断放大自身在传播价值链中的优势,并逐渐形成优势互补、受众互补,挖掘各国各民族可持续发展的多元化传播价值。同时,引导国际社会对我国"现代化"展开研究与热议,并接

---

① 刘勇,刘金伟.中国式现代化对外话语体系建构研究[J].太原理工大学学报(社会科学版),2024,42(4):22-29,37.
② 新华社.新华全媒+|一组数据告诉你中国与世界经济关系嬗变[EB/OL].(2022-12-21)[2024-11-04].http://www.xinhuanet.com/2022-12/21/c_1129224570.htm.

收实时反馈,针对性地调整战略部署,以期更好、更全面地向世界讲好中国故事、传播好中国声音。

五、结语

  中国式现代化在我国取得的成绩是有目共睹的,我们也用最客观的事实向各国各民族证明了中国式现代化以强大的生命力进入国际舞台。并且,中国式现代化的价值意涵和实践路径通过"以人民为中心"的方式得到充分、合理的实现和呈现。当前,数字技术的日趋成熟致使我国视听传播的纵深度进一步加强,在政策、文化、技术的互相渗透中确立了我国视听传播的优势与格局。媒介作为传播工具成为连接文化资源、新闻信息、人民需求的关键社会性基础设施,也成为增强我国国际传播的话语权、提升国家形象和维护国家利益的重要手段。在中国式现代化的进程中,人们的认识将不断深化,时间和实践也将证明具有高度统一性和逻辑性的中国式现代化视听传播体系将成为我国在国际舞台中增强自身传播影响力的关键凭借。

〔佟雪娜,中国传媒大学音乐与录音艺术学院教授、博士生导师;郝珊,中国传媒大学音乐与录音艺术学院音乐学硕士研究生〕

〔特约编辑:赵希婧〕

中华文化

视觉修辞视角下中华节日文化的影像呈现研究
　　——基于河南卫视"中国节日"系列节目的分析　　赵淑萍　李超鹏　石惟嘉
中华美学精神引领的非遗短视频表达创新　　周　舟　白欣蔓　雷跃捷
中国非物质文化遗产影像的历史考察　　王婧雯

视觉修辞视角下中华节日文化的影像呈现研究*
——基于河南卫视"中国节日"系列节目的分析

A Study on the Visual Presentation of Chinese Festival Culture from the Perspective of Visual Rhetoric: An Analysis of Henan TV's "Chinese Festivals" Series Program

◎ 赵淑萍 李超鹏 石惟嘉

Zhao Shuping　Li Chaopeng　Shi Weijia

摘要：中国传统节日是中华民族悠久历史文化的象征，承载着丰富的文化内涵和民族认同感。近年来，河南卫视在中国传统文化节日的影像书写方面发挥出引领作用。本文基于视觉修辞理论视角，对河南卫视的"中国节日"系列节目加以研究。首先，以"中国节日"节目样态为文本；其次以节目中的诗词、民俗、文物、地点、人物五类文化符号作为修辞对象；最后从形式与内容层面进行具体解构。在一定意义上，"中国节日"系列节目不仅生动地展现出传统节日文化的视觉盛宴，而且实现了天人合一、和合生共、家国一体等深层价值观的传递。

关键词：文化类节目；视觉修辞；节日文化；影像呈现

Abstract: Chinese traditional festivals are symbols of the long history and culture of the Chinese nation, carrying rich cultural connotations and a sense of national identity. In recent years, Henan TV has played a leading role in the visual representation of Chinese traditional cultural festivals. This paper, based on the perspective of visual rhetoric theory, examines Henan TV's "Chinese Festival" series programs. Firstly, it takes the "Chinese Festival" programs as the primary text; secondly, it treats the five cultural symbols in the programs—poetry, folk customs, cultural relics, locations, and characters—as rhetorical objects; finally, it conducts a detailed analysis from both the formal and content levels. To a certain extent, the "Chinese Festival" series not only presents a

---

* 本文系研究阐释党的二十大精神国家社科基金重大项目"以融合传播创新增强中华文明传播力影响力研究"（项目编号：23ZDA093）的阶段性成果。

vivid visual feast of traditional festival culture but also conveys deep values such as the unity of heaven and humanity, harmonious coexistence, and the integration of family and country.

Keywords：cultural programs, visual rhetoric, festival culture, visual presentation

中国传统节日作为中华优秀传统文化的重要组成部分，蕴含着"顺应农时、敬畏自然"的文化精神，展现了古人日常生活与社会实践的真实图景。随着历史的演进与代际的传承，传统节日逐渐形成了一套内在逻辑严密的文化符号体系，成为中华民族独特的文化标识和宝贵的精神财富。

然而，在大众传播领域，节日文化长期缺乏系统性的呈现与传播渠道。除央视春晚等标志性节目外，专注于节日文化的影像作品较为稀缺。2021年，河南卫视推出了"中国节日"系列节目，创新性地填补了节日晚会传播形式的空白，迅速获得了广泛关注与热烈反响。该节目的成功不仅彰显了中华节日文化在影像叙事中的独特传播价值，也引发了关于传统文化如何通过影像表达实现现代转化的深刻探讨。

本文以视觉修辞理论为分析框架，以河南卫视的"中国节日"系列节目（下称："中国节日"系列节目）为研究对象，采用文本分析法，系统探讨了节日文化的影像呈现。具体而言，研究从修辞对象的选择、修辞手法的运用以及其表达目的等方面展开，分析了该节目如何通过影像有效传递节日文化的内涵。同时，为确保研究结果的准确性与可靠性，本文通过对6位主创人员（基本情况见表1）进行深度访谈，收集了近6万字的访谈资料，全面揭示了节目的创作过程与文化意图，为研究提供了有力的实证支持。

表1 访谈对象基本情况

编号	访谈对象	工作
1	陈雷	2021、2022、2023河南春晚；2022中秋奇妙游总导演
2	路红莉	2021、2022元宵奇妙游；2021七夕奇妙游；2021中秋奇妙游；2022端午奇妙游；2022重阳奇妙游；2023清明奇妙游；2024河南春晚总导演
3	钱林林	2021清明时节奇妙游；2021重阳奇妙游；2022七夕奇妙游；2023端午奇妙游；2023中秋奇妙游总导演
4	李鹏	"中国节日"系列节目视觉总监；2023七夕奇妙游总导演
5	孔康康	"中国节日"系列节目品牌推广部副总监
6	李永明	"中国节日"系列节目舞蹈总监

一、节日文化特征与多元化修辞符号选择

长期以来,我国大多数文化类节目对节日文化的视觉表达往往停留在节日习俗的简单再现上,呈现出修辞对象选择的局限性和修辞手法的单一性。这一表达模式暴露出两个主要问题:其一,节目缺乏有效调动观众情感和深度参与的机制,陷入了"自说自话"的窘境;其二,节目忽视了节日文化与其他传统文化的内在关联,导致观众对传统节日的认知趋于单一化和碎片化。

相比之下,"中国节日"系列节目通过选取诗词、民俗、文物、地点与人物等多元文化符号,并结合适切的视觉表现手法,不仅突破了传统文化表达的局限,也丰富了观众对节日文化的认知维度。这不仅展现了节日文化影像表达的新可能,也为中华优秀传统文化的传播和活态传承提供了有力支持。

(一)诗词符号:激活节日记忆的诗意表达

在节日文化的影像呈现中,诗词符号的选择是构建节日文化表达的关键环节。节日相关性作为诗词符号选择的首要原则,可以分为直接相关与间接相关两个层面。直接相关的诗词符号通常指向与节日习俗紧密联系的经典诗作。如《2021七夕奇妙游》的节目中,选取了《鹊桥仙·纤云弄巧》和《乞巧》等诗作,这些诗词不仅挖掘了七夕节的历史文化印记,还唤起了观众对节日习俗的文化记忆,从而深化了文化认同与情感共鸣。相比之下,间接相关的诗词符号则通过节日意象或历史人物传递节日文化的深层内涵。例如,《2022重阳奇妙游》中,通过"菊花"意象的诗词选择,结合重阳节的赏菊、饮菊花酒等传统习俗的视觉呈现,深刻展现了节日文化与意象之间的紧密联系。

诗词符号的呈现主要通过文字和舞蹈两种方式,具体选择取决于诗词与节目的相互作用关系。当节目以诗词为核心展开叙事时,节目内容通过多种形式(如舞蹈、音乐、影像等)对诗词的意象、内容及精神内涵进行具象化与视觉化呈现。例如,《2023端午奇妙游》中的节目《定风波》以《定风波·莫听穿林打叶声》为核心,通过蜀地竹林的场景将诗句中的"穿林打叶"意象转化为动态画面,并辅以舞蹈表演,生动呈现诗词中的超然精神。这种舞蹈呈现方式不仅深化了诗词的文化意蕴,也通过视觉化手法增强了观众的情感认同感。当诗词成为节目的叙事工具时,它与其他视觉元素共同构建了"语图互文"的表达策略。这一方式既有助于串联节目内容、推动叙事进程,也强化了情感的表达,提升了视觉呈现的艺术性与感染力。例如,《2022七夕奇妙游》通过多

首经典诗词串联情节,并暗示主题。李清照的《渔家傲·天接云涛连晓雾》通过展示女子勇敢追梦的意象,与节目中女性角色的成长历程形成隐喻呼应;晏几道的《鹧鸪天·彩袖殷勤捧玉钟》中的"从别后,忆相逢"则巧妙揭示了离别与思念的情感主题。诗词与叙事的融合,进一步深化了情感表达与文化意象的相互作用,增强了节目整体的表现力。

(二)民俗符号:传统与现代交织的文化实践

与诗词符号的选择标准相同,节日相关性是民俗符号选择的核心原则。在"中国节日"系列节目中,民俗符号涵盖戏曲、器乐、节俗、武术和民间非遗技艺五大类别。不同类别的民俗符号共同指向同一节日主题,并通过与其他视觉符号的相互呼应,协同构建节日文化的多维视觉图景。正如节目主创钱林林所言:"在选择非遗元素时,必须找到它与节日之间的关联;要么直接相关,要么文化内涵具有相通性。"以戏曲符号为例,《2021 七夕奇妙游》围绕七夕节的"爱"主题,选取了《牡丹亭》《梁山伯与祝英台》《白蛇传》等经典戏曲唱段,不仅强化了节日的核心文化意涵,还通过多元艺术形式传递出跨时空的文化魅力。

民俗符号的多样性决定了其呈现方式的丰富性与灵活性。戏曲符号多以单独节目形式呈现,而器乐符号则常嵌入舞蹈、戏曲等综合节目中。如《清明时节奇妙游》中的《二十四节气歌清明》和《2021 重阳奇妙游》中的《家·重阳》通过单一舞蹈或曲目集中呈现节俗符号。节俗、武术和民间非遗技艺符号则更多通过"讲故事"的叙事方式展现,通过人物的"行动线"串联符号。如《2022 重阳奇妙游》通过与陶渊明有关的白衣送酒的故事引出重阳节"饮菊花酒"的习俗,并将"重阳登高"改编为舞蹈《登高抒怀》,生动再现了节日的仪式感。

(三)文物符号:从静态展品到动态叙事的文化转译

文物符号的选择遵循双重逻辑:通过古画构建叙事框架,并通过实物传递特定寓意。首先,节目组优先选取人物丰富、场景细腻的古画作为叙事素材,以此搭建节目的框架,促进节日文化的多维表达。正如节目导演孔康康所言:"我们选择《富春山居图》《千里江山图》等长卷,是因为这些画作中蕴含了大量的故事和名人,通过这些作品可以完整呈现节日文化的多维内涵。"其次,节目组还特别挑选具有深厚文化内涵和符号象征意义的文物,以此表达特定的文化寓意。例如,《2021 七夕奇妙游》中的《龙门金刚》节目巧妙运用龙门石窟金刚雕像的"金刚不坏"这一寓意,回应了当时社会关注的

"河南暴雨"事件。孔康康就创作思路解释道:"金刚在传统文化中象征着辟邪祛灾、守护平安,因此在这个特定的节点,赋予观众一种力量,形成了积极的文化回应。"

文物符号的呈现形式主要依其在节目中的角色而定。当某个文物作为主角时,节目的创作焦点通常围绕该文物展开。例如,《清明时节奇妙游》借助三星堆新出土文物的社会关注度,创作了歌曲《我们是一家人》。通过说唱形式,节目不仅展示了文物的独特特征,还深入探讨了古蜀文化与中原文化之间的深厚联系。当文物作为配角时,其主要功能是辅助叙事,成为衔接各部分内容的工具。例如,《2021重阳奇妙游》采用《江行初雪图》作为段落转场的视觉元素;而《2022清明奇妙游》则以古画《西园雅集图》作为切入点,通过分场景展现画中人物的方式串联整期节目。此外,文物符号也常作为舞台道具融入表演内容。例如,《2023清明奇妙游》的音乐小品《早春奇遇》以"早春"为主题,选取《山径春行图》《盥手观花图》等名画,结合三维与二维技术制作,创造出"人在画中游"的沉浸式视觉效果,增强了观众的视觉体验和情感共鸣。

(四)地点符号:以本土场景重塑节日的空间记忆

地点符号的选择主要遵循展示本土特色和契合节日风格的原则。在创作过程中,节目组首先依据节日特性提炼出相应的风格需求,随后选取与之契合的地点符号。例如,《2022端午奇妙游》节目《飞龙在天》围绕端午节所蕴含的"正阳"之意进行创作,以《易经·乾卦》中的"飞龙在天"作为哲学表达,提炼出"阳刚"这一风格需求。为了加强这一文化符号的视觉效果,节目组特别选择了具有粗粝、雄奇特征的雅丹地貌作为主要场景,结合雪山的强烈色彩对比,完美契合了节目所需的蛮荒风格,彰显了"阳刚"精神的文化内涵。

地点符号的呈现方式主要以实景拍摄为主。"中国节日"系列节目创新性地取消传统舞台设置,将拍摄场景置于名胜古迹、自然风景中,从而摆脱舞台空间的限制,强化视觉叙事效果,提升文本的视觉修辞说服力。例如,《唐宫夜宴》选取河南博物院作为拍摄地,《纸扇书生》在嵩阳书院进行拍摄,《瑞鹤归》则选择广东肇庆星湖景区的丹顶鹤生态园作为主要背景,这些场景不仅增强了节目的文化氛围,也提升了节日文化的传递效果。

(五)人物符号:以多维塑造传递节日核心精神

人物符号的选择标准包括节日相关性和"精神的一致性"。首先,节目组依据节日相关性选择人物符号,例如屈原在《端午奇妙游》中的多次出现,以及嫦娥在《中秋奇妙游》中的重复出场。其次,节目组依据"精神的一致性"原则,选择与节日文化并无直接关联的符号人物。例如,《2022元宵奇妙游》通过元宵节观灯习俗的背景,提炼出"灯"的象征意义,借助孔子、戚继光、李大钊等人物符号,分别映射理想的灯、坚守的灯、勇敢的灯以及指引光明的灯。这一做法类似于修辞学中的"引用",通过人物符号的策略性选择,使其与叙事主题相呼应,从而增强节目文本的说服力。

人物符号的呈现展现出多元化的特点,主要体现在呈现方式和表现角度两个层面。在呈现方式上,节目结合多种艺术形式以丰富表达。例如,《2021端午奇妙游》将唐宫小姐姐IP塑造成医圣张仲景的后代,通过说唱的形式展现其悬壶济世的故事;《2021中秋奇妙游》则通过剧情演绎结合歌舞、戏曲等艺术形式,呈现戚继光的人物形象。在表现角度上,节目注重同一人物符号的多维展现。屈原在《2022端午奇妙游》中作为爱国诗人的经典形象出现,而在《2023端午奇妙游》中,节目通过展现屈原的童年故事,集中呈现他的毅力与执着。这种多角度的塑造,不仅丰富了人物符号的文化内涵,也丰富了节目叙事的情感层次。

二、节日文化重塑与多维度视觉修辞方法运用

在视觉修辞中,修辞对象的选择仅是第一步,其表达效果更依赖于修辞手法的运用。"中国节日"系列节目通过对修辞对象的加工设计与影像再造,使视觉文本能够有效传递特定的思想、主题及文化内涵,进而促进了节日文化的有效重塑和多维度传播。对于"中国节日"系列节目的视觉修辞方法,本研究主要从影像修辞和修辞格两个方面展开分析。

(一)影像修辞的视觉建构:从色彩到技术的情感传递与叙事创新

影像修辞作为通过视觉元素传递情感与思想的表达手法,主要影响影像文本的呈现形式,通常表现为较为表层的视觉呈现与概念表达。"中国节日"系列节目通过色彩修辞、镜头运动、画面编辑和技术修辞等手法,将节日文化以鲜明的风格、丰富的内涵和强烈的感染力展现于荧屏,构建了引人入胜的节日图景。这种多维度的影像修辞策略不仅提升了影像文本的视觉层次感,还为节日文化的传播注入了创新动力,增大了其文化表达的深度与广度。

其一,色彩修辞。色彩通常影响着人们对于视觉对象的第一印象,包含着丰富的

情态与象征内涵,是人类日常交流和图像表达中重要的审美与表意语素。[①] 作为视觉修辞的重要元素,色彩的变化能够赋予受众解读视觉文本的思维方式。在电视节目创作中,色彩能够造就不同的内在意义和深刻内涵[②]。"中国节日"系列节目以"节目色彩化"为色彩修辞的核心标准,根据不同节日的文化特征、习俗、文化意象以及受众认知,将节日特色凝聚于几种主色调中。色彩修辞的灵活运用在视觉呈现上实现了情感与文化意象的双重传递,使受众直观感知节日的独特氛围,从而深化了节日文化的传播效果。

表2 "中国节日"系列节目色彩统计表

节日	色彩选择依据	色彩	饱和度
春节	喜庆、新年伊始、阖家团圆	红色	高饱和度
元宵节	观灯、古代情人节	红色、绿色	高饱和度
清明节	踏青、游春	浅绿色、淡粉色	低饱和度
端午节	一年中阳气最旺的时间节点	红色、绿色	高饱和度
七夕节	观星、牛郎织女的传说	蓝色、粉色、紫色	低饱和度
中秋节	月的意象、人们对团圆的期盼	黄色、深蓝色	饱和度适中
重阳节	秋高气爽的时间节点	金色、青色	饱和度适中

其二,镜头运动修辞。"中国节日"系列节目在镜头运动修辞上的创新之处,在于巧妙运用了"第一人称"视角,尤其体现在文化符号的逻辑呈现上。通过将文化符号嵌入人物的行动轨迹,节目自然地将不同文化元素串联起来,确保它们在叙事中依次展现。例如,《2021中秋奇妙游》节目《戏·韵》通过主人公唐晓月的视角展开叙事,以其行动路线依次呈现戏剧靴子制作技艺、京绣以及戏剧头盔制作技艺等文化符号。这种叙事方式不仅增强了文化符号的逻辑性和连贯性,还为节目注入了更强的叙事张力。同时,"第一人称"视角在视觉效果和情感传递方面展现了独特的优势。通过强化画面的代入感,观众能够更加直观地感受到节日文化的氛围与内涵。例如,《2023元宵奇妙游》中的《万国来朝》将观众置于主人公唐小可的视角,通过她在街头的行动路线,呈现元宵节的热闹场景。此种视角不仅突显了元宵节的节庆氛围,还深化了观众对唐代文化多样性的认知和理解。

其三,画面编辑修辞。"移步换景"是"中国节日"系列节目最常见的画面编辑策略,尤其在舞蹈节目中得到广泛应用。所谓"移步换景",是指画面编辑者依据人物行

[①] 李扬,王娅楠.色彩的偏重:作为电影中的视觉修辞[J].美与时代(下),2013(6):95-96.
[②] 肖静.视觉色彩冲击力对电视受众的影响分析[J].当代电视,2015(9):25-26.

动轨迹寻找剪辑点,将不同景物的画面按照逻辑顺序剪辑、呈现,从而构建连贯的视觉叙事。"中国节日"系列节目以户外实景拍摄替代传统舞台表演,为"移步换景"的编辑思路提供了丰富的素材支持。例如《清明时节奇妙游》中的节目《纸扇书生》,利用"移步换景"的修辞手法,向观众展现少林寺、嵩阳书院等文化古迹,形成了"一步一景"的视觉奇观,以体现"读万卷书,行万里路"的节目主题。可以说,通过"移步换景"的修辞手法,节目构建了流动的视觉叙事,为观众呈现出新颖的视觉效果,不仅创新了节日文化的影像表达,更提升了作品的传播效果。

其四,技术修辞。技术修辞的核心功能在于为思想与概念服务,将抽象的情感或文化意象通过数字技术进行视觉化表达,使其更加直观地呈现于观众面前。"中国节日"系列节目的技术修辞实践主要体现在两方面:一是技术服务于内容本身,避免喧宾夺主。在《2021端午奇妙游》的节目《洛神水赋》中,节目组采取"减法"原则,将原先设计的东海龙宫、珍珠珊瑚等复杂特效删减,仅保留由特效制作的《千里江山图》。此举强化了水的灵动感,再现了"翩若惊鸿,宛若游龙"的意境,使受众更深刻地体会《洛神赋》的文化内涵。二是技术用于呈现可视化抽象概念,增强叙事效果。例如,《2023七夕奇妙游》中的节目《最长情的告白》利用MOCO拍摄技术,通过爷爷的20个虚拟身影组成乐队,为患有阿尔茨海默病的奶奶伴奏,帮助奶奶实现她的唱戏梦。特效的巧妙运用不仅带来了强烈的视觉冲击,也深刻传递了爷爷奶奶相濡以沫的深情。这一做法不仅强化了影像文本的叙事逻辑与情感深度,也显著提升了文本的说服力和感染力。

(二)修辞格的文化建构:从隐喻到留白的情感共鸣与意义生成

在传统修辞学中,修辞格主要用于修饰文字,旨在增强表达效果。随着视觉修辞理论的发展,列锦、借代、排比等修辞格也被广泛应用于影像作品中,增强视觉表达的效果。在"中国节日"系列节目中,隐喻、转喻、语图互文、视觉列锦和留白是主要的修辞格。

以概念隐喻,实现借古喻今。隐喻的基本工作原理是用一种认知体系或概念系统来代替另一种认知体系或概念系统[1]。依据本体和喻体"是否在场"的标准,视觉隐喻可以分为构成性视觉隐喻(本体和喻体同时在场)和概念性视觉隐喻(喻体在场但本体离场)[2]。"中国节日"系列节目运用概念性隐喻这一修辞格,将"源域"锁定在历史语

---

[1] 刘涛.视觉修辞学[M].北京:北京大学出版社,2021:137-143.
[2] 刘涛.视觉修辞学[M].北京:北京大学出版社,2021:137-143.

境中,借助历史事物自身的寓意,隐喻现代语境中某种抽象的思想、概念、精神,通过跨域映射的过程,实现传统文化的古为今用,为现实议题寻找历史注脚,进而强化受众对文本抽象概念的理解。《2021七夕奇妙游》节目《龙门金刚》借用佛像"金刚不坏"的寓意,隐喻河南人民在暴雨中展现出的百折不挠的精神。

以舞蹈转喻,传递吉祥文化。在"中国节日"系列节目中,转喻被广泛应用于舞蹈表演中,通过舞者的身体动作构建意象与象征物之间的邻近关系,从而传递特定的文化意义。例如,《2021中秋奇妙游》的舞蹈节目《鹤归来兮》,舞者通过肢体语言和服饰与仙鹤的形象进行关联,成功激发观众对仙鹤的联想。在《2021重阳奇妙游》的舞蹈《有凤来仪》中,舞者以身体为载体,通过模仿孔雀的形态,传达了吉祥与和谐的象征。《2022元宵奇妙游》的《梦莲》则通过手部动作模仿莲花盛开的形态,进一步深化了莲花的象征意义。通过这些转喻性的舞蹈表现,节目不仅成功传递了吉祥文化,还强化了象征物与节日主题之间的联系。

语图互文,拓展表意空间。所谓语图互文,是指图像与文字之间的相互作用,通过互为补充的关系扩展文本的表意空间。作为"中国节日"系列节目的核心修辞策略,语图互文起到了拓展文本空间、锚定画面含义、补充画面信息以及服务画面表达的作用。例如,《清明时节奇妙游》的歌曲节目《春暖花开》通过展示《破阵子·春景》《入彭蠡湖口》等古典诗词,将郁金香花丛、茶园等自然景观与诗词中描绘的春日意象相结合。诗词符号在丰富观众视觉体验的同时,为其提供了联想空间,使观众在画面之外构建更为完整的春日图景。这种方式拓展了文本的表意维度,强化了诗词与视觉之间的情感连接。

视觉列锦,展现大国成就。视觉列锦是一种通过并列呈现同主题画面以强化主题表达的修辞手法,其功能与语言列锦相似,皆通过排列相似或关联元素突出意义。在"中国节日"系列节目中,视觉列锦主要用于呈现国家成就和历史文化遗产。呈现国家成就方面,《2022中秋奇妙游》围绕"航天"主题,通过古今对比的叙事框架突出中国航天成就。节目以古代人物万户的飞天尝试为引子,依次呈现中国历次人造卫星发射的画面,按时间顺序构建了从古代飞天梦想到当代航天科技的历史脉络。这一时间维度的排列,不仅突出了中国航天事业的辉煌成就,也促使观众的国家认同感和自豪感。展现历史文化遗产方面,《2022重阳奇妙游》节目《云窟万象》并列展示敦煌莫高窟、天水麦积山石窟、云冈石窟等著名石窟,形成了空间维度的视觉排列。节目不仅彰显了中国艺术瑰宝的丰富性,还赋予石窟艺术作为中华文明象征的深厚文化意义,激发了观众的文化自信。

适度留白,激发受众共创。在"中国节日"系列节目中,留白作为一种独特的创作手法被巧妙运用,通过"适度悬置"某些意义,激发观众的主动参与与思考,促使受众与文本共同完成文化创作。如节目主创陈雷所言:"我们留给观众的空间,是一种留白。如今的创作不必一一讲解,观众的解读往往更丰富多元。"具体实践中,留白的运用表现为对某些表意模糊的画面未加配音或文字锚定,而是让受众自行解读。例如,《2022中秋奇妙游》中的《武家坡》通过开放式结局引发观众的想象:在战火纷飞的背景下,妻子守候丈夫归来,画面中始终未见两人相见。节目结尾,一块合二为一的月饼象征团圆,却未明确揭示夫妻是否真正团聚。此种留白设计不仅强化了文本的情感张力与意境美,还促使观众从不同视角进行补充解读,使得节目的文化意义在观众的多元共创中不断延展与升华。

三、节日文化记忆及价值与视觉修辞的影像激活

节日文化蕴含着两个层次的内容:一方面是表层的节日习俗、典故和节日知识,另一方面则是深层的价值观念和精神内涵。以端午节为例,吃粽子、赛龙舟是习俗,屈原的传说是典故;而自强不息、敬仰先贤等则是其背后的价值观与精神内涵。"中国节日"系列节目通过对修辞对象的精心选择和修辞手法的灵活运用,构建了多维度的节日文化视觉图景,并形成了表层文化传播与深层价值观传递的双重话语结构。通过多维修辞策略的结合,节目不仅推动了传统文化的现代传播与创新转化,也深化了观众对节日文化的理解和情感共鸣,为中华文化的传承与发展注入新的活力。

(一)表层意义:用影像修辞传播节日文化

节日文化的影像呈现,其表层意义在于传播节日文化,为文化内涵的延展与价值观的表达奠定基础。"中国节日"系列节目通过视觉修辞,围绕节日本源的追溯和节日知识的补充,构建了多层次的叙事体系,成功实现了节日文化的影像化传播。

首先,节日本源的追溯是该系列节目的一大特点。不同于以往的节日节目,"中国节日"系列节目在进行节目文本创作时,会进行节日文化本源的梳理,从历史资料中寻找创作线索。创作人员运用视觉修辞手法,实现的第一个修辞目的便是追溯节日本源。这一特点,在端午、七夕、重阳等传统节日的视觉表达中体现得较为明显。"中国节日"系列节目导演钱林林在采访中表示,针对重阳节,节目文本希望从过去的文化线索出发,进行崭新的解读。钱林林说:"到了重阳,大家都说重阳是一个'老人节',其实

这是重阳节这个节日演变到今天,我们所寄予它的一个全新的解读。在过去,重阳会有登高、会友、辟邪祛祸、祈福等等的寓意。所以在节目设计的时候,我们就找到了一个线索,就是'斩瘟神'这样一个来自重阳节的传说,我们把它作为一个故事的线索。"简言之,节目从重阳节的节日本源出发,一方面希望将"敬老"这一寓意进行全新解读,另一方面强调重阳节登高、会友等其他节日文化。这一表达的实现,是修辞对象、修辞手法共同作用的结果。

其次,节日知识的补充聚焦于丰富节日叙事链条,通过碎片化知识增添"熟悉文化中的陌生感"。这一策略旨在填补受众对节日文化的认知盲区,同时避免对整体叙事的干扰。例如,《2023端午奇妙游》通过孩子们的歌谣列举了南北方端午习俗的差异,如露水洗眼、编五色丝、射五毒等。这些知识补充通过人物符号的对白嵌入节日文本,使观众在熟悉的文化中发现新的意涵,深化对节日文化的认知。这种"似知非知"的文化体验,使观众在观看节目后获得新的文化知识。创作者通过人物台词和场景设计,将节日文化与受众日常经验结合,实现了节日知识的生动传播。

(二)深层意义:通过节日文化传递中国价值观念

节日文化的影像呈现,其深层意义在于传递中国价值观念。研究发现,在"中国节日"系列节目中,天人合一、和合共生、家国一体三种价值观念多次出现,实现了系列节目视觉修辞的价值观传递与表达。

天人合一的价值观。"中国节日"系列节目通过修辞对象的选择与修辞手法的运用,呈现了这一价值观。首先,节目通过修辞对象的选择与呈现强化了"天人合一"的文化内涵。如选择桂林山水、风蚀地貌、青海湖等地点符号,通过实景拍摄表现"天地与我并生,而万物与我为一"的意境;选择节日相关人物传递思想,以人物对话"天地无人推而自行,日月无人燃而自明"引出顺天应人的自然哲学。其次,节目运用隐喻与转喻等修辞手法进一步深化"人与自然和谐共生"的概念。例如,在《2022河南春节晚会》舞蹈节目《丰年》中,演员通过肢体语言拆解甲骨文中的"丰"字,表现人与自然的和谐互动以及对丰收的祈愿。这种修辞手法将抽象的哲学理念转化为可视化的文化表达,强化了节日文化的情感联结。

和合共生的价值观。节目以隐喻为核心修辞手法,通过对"和合共生"内涵的视觉呈现,建构起稳定的文化意象,不仅实现了宏观层面的文化传播,也在微观层面深化了受众的情感认同。如《龙门金刚》中敦煌舞女与金刚形象的刚柔对比,《和》中黑白舞者的表演引出"万物负阴而抱阳,冲气以为和"的哲学思想。节目组通过围棋、太极等传统意象以及黑白、阴阳、刚柔等符号对比,将抽象的哲学概念转化为具体的视觉符号,使隐喻与观众的文化认知形成稳定的对应关系。在我国传统文化中,阴阳调和、刚柔并济已成为一种普遍认知。因此,当节目文本中呈现此类符号时,受众能够自然联想到"和合"的哲学内涵,进而深化对节日文化的情感共鸣与认同。

家国一体的价值观。节目以文化符号的直接呈现为主要修辞策略,依托符号本身的文化意蕴,实现了"家国一体"的价值表达。例如,《2021 元宵奇妙夜》中的豫剧《五世请缨》,通过杨门女将的忠勇事迹,生动展现了忠诚捧心、护国卫家的精神;《2022 端午奇妙游》中的京剧《定军山》,则通过黄忠毅然从军的形象,诠释了舍生报国的家国情怀。通过这些经典文化符号的运用,节目不仅有效传递了"家国一体"的价值理念,深化了节日文化中的家国意象,还进一步强化了观众对传统文化的情感认同与文化归属感。

四、结语

自 2021 年起,河南卫视推出了以春节、元宵节、清明节、端午节、中秋节、重阳节为主题的"中国节日"系列节目。节目一经播出,迅速掀起了"国风热潮",不仅在国内引发广泛关注,也在外交部发言人的推荐下走出国门,成为展示中华优秀传统文化的新名片。四年来,节目不断突破圈层,成为中国影视文化领域的"现象级事件"。在我国大力弘扬中华文化的时代背景下,河南卫视的"中国节日"系列节目无疑是一个值得深入研究的成功范例。

通过对"中国节日"系列节目视觉修辞的系统性分析,本研究发现,该系列节目通过相关性选择策略,选取诗词、民俗、文物、地点和人物五类文化符号作为修辞对象,结合色彩、镜头运动、画面编辑等影像修辞手法,在内容层面融入隐喻、转喻、语图互文等修辞格,构建了多维度的节日图景。这些修辞策略不仅呈现了节日文化的浅层视觉表达,更有效传递了"天人合一""和合共生""家国一体"等深层价值观念,并将传统文化与现代议题相连接。通过这一案例,本文不仅丰富了视觉修辞理论的应用实践,也为其他文化类节目提供了方法论上的借鉴,具有重要的学术意义和实践价值。

〔赵淑萍,中国传媒大学电视学院学术委员会主任、教授;李超鹏,中国传媒大学电视学院讲师、师资博士后;石惟嘉,中国传媒大学电视学院硕士研究生〕

〔特约编辑:陈欣钢〕

中华美学精神引领的非遗短视频表达创新

Innovative Expressions of Intangible Cultural Heritage Short Videos Inspired by the Spirit of Chinese Aesthetics

◎ 周 舟　白欣蔓　雷跃捷

Zhou Zhou　Bai Xinman　Lei Yuejie

摘要：中华传统美学以中华传统文化为母体，在儒、释、道等文化融合中成形，在与西方美学思想的碰撞中丰富，是中华民族价值取向与精神气质的集中体现。传承和弘扬中华传统美学，既是涵养社会主义核心价值观、促进中国特色社会主义文艺健康持续繁荣发展的重要途径，也是推动中华优秀传统文化实现创造性转化与创新性发展，提升我国文化主体性、增强文化自信的关键。我国的非遗承载了中华传统美学的基因，对非遗的传播，是传承中华传统美学的表现。在振兴中华优秀传统文化的时代语境和以"短平快"为特点的传播语境下，应充分释放短视频的载体优势，把握"非遗热"这一传播风口，在"情与景""虚与实""美与善"的关系中，充分挖掘和展现中华传统美学的当代价值意涵。

关键词：中华传统美学；非遗短视频；表达创新

Abstract: Chinese traditional aesthetic thought takes Chinese traditional culture as its matrix, takes shape in the integration of Confucianism, Buddhism, Taoism and other cultures, and is enriched in the collision with Western aesthetic thoughts. It is a concentrated embodiment of the value orientation and spiritual temperament of the Chinese nation. Inheriting and promoting Chinese traditional aesthetics is not only an important way to cultivate socialist core values and promote the healthy and sustainable prosperity of socialist literature and art with Chinese characteristics, but also a key to promoting the creative

---

* 本文系2021年度北京市社会科学基金重点项目"新时代影视艺术高质量发展研究"（项目编号：21LLWXB062）的阶段性成果。

transformation and innovative development of Chinese excellent traditional culture, enhancing China's cultural subjectivity, and enhancing cultural confidence. China's intangible cultural heritage carries the genes of Chinese traditional aesthetics, and the dissemination of intangible cultural heritage is a manifestation of inheriting Chinese traditional aesthetics. In the context of revitalizing Chinese excellent traditional culture and the communication context characterized by "short, fast and effective", it is necessary to fully release the carrier advantages of short videos, grasp the communication opportunity of "intangible cultural heritage fever", and fully explore and display the contemporary value implications of Chinese traditional aesthetics in the relationship between "emotion and scene", "virtual and real", and "beauty and kindness".

Keywords: Chinese traditional aesthetics, short videos of intangible cultural heritage, expression innovation

非物质文化遗产（简称非遗）作为我国民间文化的重要载体，不仅是展现中华优秀传统文化和民族精神气质的"活名片"，更是人类共同的文化瑰宝，具有重要的历史文化及艺术审美价值。一段时期以来，非遗常被贴上"传统"甚至"落后"的标签，一度在大众媒体的视野中消失。近年来，随着文化生态及传播语境的变化，这一局面正在发生扭转。一方面，短视频时代，"人人皆是博主"的创作环境，以及分众化、精准化的传播路径，不仅极大地提升了非遗元素被发现和被阐释的可能性，也因其迥异于传统媒体的"微艺术"体验，有效提升了非遗被接触和理解的概率。另一方面，在推进中国式现代化的现实语境下，非遗传播作为提升我国文化主体性的重要实践路径，成为国家政策推动下的重要历史议题。因此，无论对于内容创作者还是平台运营者而言，非遗短视频都是重要的传播风口。结合当前的传播现状可以发现，非遗短视频依靠题材创新或不断挖掘"新"传统文化元素实现"跑马圈地"的时代已经过去。在新历史语境和新传播生态下，如何突破创作瓶颈，赋予其源源不断的生命力成为问题的关键。对此，本文从中华传统美学思想与传统文化当代传播规律彼此内嵌的互动关系出发，提出以中华传统美学思想涵养非遗短视频的未来发展之路，即通过营造情景交融的传播意境、虚实相生的传播意趣以及美善合一的传播意蕴，提升艺术格调，丰富审美体验，进而推动非遗实现创造性转化与创新性发展，为振兴传统文化、提升文化自信持续赋能。

一、中华传统美学精神与非遗短视频的内嵌关联

平台化传播语境下,短视频对个体生活的嵌入达到媒介发展史上前所未有的广度和深度。作为一种新的记录工具和传播载体,短视频使非遗传播突破了以传统媒体为主体、以长时段生产及严肃性叙事为特征的传播模态,进入"以短见长"的微艺术传播阶段。从客观因素来看,短视频的全时生产、全员传播、迷因扩散等特性不仅可以极大地提升非遗的可见性,也有助于最大限度地激活非遗的创造性转化和提升创新性发展速率,进而成为唤醒文化价值、传承赓续传统文化的关键路径和重要场域。但就实践而言,以商业化为底层逻辑的平台媒体,在兼顾娱乐属性、经济利益及文化功能的过程中,始终不可避免地在创作方向和价值排序上拉扯角力,以至于当前非遗短视频的整体发展存在盲目跟风、粗制滥造、枯燥乏味、过度商业化、阐释力不足等问题,往往成为短暂的消遣娱乐产品或消费主义的附庸,缺乏长久生命力,无法有效转化为文化发展活力。如曾有某网红翻唱传统黄梅戏为主题的非遗短视频,表情浮夸、造型随意,不仅没有达成流行化改造的目的,甚至完全消解了传统戏曲艺术的文化内涵和艺术价值。部分武术类博主将我国列入世界非物质文化遗产名录的太极拳等同于现代搏击体育,为吸引眼球过分放大其中的竞技性色彩,而忽视太极拳中所蕴含的阴阳转换、动静协调、以柔克刚、虚实相生等文化内涵,对其所承载的儒道哲学、阴阳五行及中华养身医学文化也不予重视①。抑或有些博主唯以短视频变现为最终目标,对非遗的历史文化价值视若无睹,甚至以次充好,将机器制作的工艺品谎称为手工非遗制品,严重损害了手工非遗的信誉。故而,非遗短视频要想走上可持续发展之路,应当从非遗这一题材的特性出发,对其内在价值进行深度审视,进而从创作思路处着眼进行创新,有效平衡平台商业逻辑及短视频文化功能之间的关系。

基于此,本文认为,提升非遗短视频的品位和质量,要提高非遗短视频的美学价值。中华传统美学精神与非遗等中华传统文化的当代传播之间是一种彼此内嵌的互动关系,以中华传统美学精神引领非遗短视频创新方向,是一条提升非遗短视频品位和质量的重要路径。具体来讲,一方面,任何艺术形式都无法逃脱"意义"表达。从长期审美及艺术实践中提炼升华而来的中华传统美学本身,就是中华传统文化的重要组成部分,蕴含着中华民族的思维方式、存在方式和精神内核。且中华传统美学思想体系自成形始,就走上了独立发展的道路,对文化的发展方向起到推动和引领的作用,长

---

① 王颖吉,郭瑞琦.场域与创生:非物质文化遗产短视频的转化创新路径探索[J].新闻与写作,2024(2):35-44.

期引领我国文艺创作的发展方向。因此,在文化数字化发展战略下,把握非遗传播的价值定位和未来走向,势必需要牢牢把握对"何为美"的阐释定义。另一方面,中华传统美学是理解和体悟传统文化的重要切入口。中华传统文化作为一种独特的文化系统,具有深厚的美学内涵和审美特征。且美的体验是共通的,美作为一种情绪与感知的"通行证",可以帮助受众突破历史与当代的时空隔膜及文化壁垒,成为他们了解和进入传统文化领域的窗口。特别是在当前以视听为主导的传播语境下,"视听美"与"价值美"都是唤醒非遗等传统文化的当代价值,实现良好传播效果必不可少的关键元素,二者缺一不可。纯粹的"视听美"极易沦为传统文化符号的短暂狂欢,无法全方位展现其价值魅力,而仅仅有"价值美"则易使非遗成为居于庙堂之高,脱离群众的艺术展品,无法真正赋能数字文化强国战略。

对此,习近平总书记在中国文联十一大、中国作协十大开幕式上的讲话中指出:"要挖掘中华优秀传统文化的思想观念、人文精神、道德规范,把艺术创造力和中华文化价值融合起来,把中华美学精神和当代审美追求结合起来,激活中华文化生命力。"[①]"要正确运用新的技术、新的手段,激发创意灵感、丰富文化内涵、表达思想情感,使文艺创作呈现更有内涵、更有潜力的新境界。"[②]这进一步阐明了中华传统美学精神与中华传统文化当代传播之间互为支撑的内在关联,也为非遗短视频的创新发展指明了方向。即,将中华传统美学精神深度嵌入其中,使题材热度、载体优势与美学内涵实现有机融合,实现短期热度与长期传播价值相统一,共同服务于振兴优秀传统文化、增强我国文化自信、提升文化软实力的发展目标。

二、情景交融的意境:非遗短视频的情感归因

意境是中国传统美学当中的一个重要范畴,"是'情'与'景'(意象)的结晶石"[③]。我国传统诗词画等艺术作品中,常讲究通过"景中全是情,情具象为景"的"微艺术"表达方式,在有限篇幅内完成对"景美"的高度浓缩,同时实现对"情美"的深度凝练,使艺术作品产生高于客观存在的审美价值,进而成为中华民族集体精神与文化观念的"透视镜"。进入社交媒体时代,短视频作为同样具备"微艺术"特征的艺术载体,想要在呈现非遗内容时突破符号罗列的浅层水平,增强文化感染力和阐释力,同样需要在"情与

---

① 习近平.在中国文联十一大、中国作协十大开幕式上的讲话[N].光明日报,2021-12-15(2).
② 习近平.在中国文联十一大、中国作协十大开幕式上的讲话[N].光明日报,2021-12-15(2).
③ 宗白华.宗白华散文[M].北京:人民文学出版社,2022:186.

景"的表达处下功夫,通过打造情景交融的审美意境,产生"微言大义"的传播效果。

首先,非遗短视频的意境创构要以客观存在为基石,即"景"。在文化数字化的传播生态下,短视频不仅需要持续发掘"新景",通过赋予如萍乡湘东傩面具、恩施扬琴、岫岩皮影戏等类似且具体的非遗项目以可见性,填补受众认知空白以赢得关注,更要着力于呈现"全景"与"深景"。具体来讲,一方面,创作者需要拓展对非遗元素的呈现面,展现真实、立体、多元的美。"非物质文化遗产,主要就是民间文化"[①],先天具有通俗性、大众化、乡土性等特征。因此,非遗短视频创作者应当进一步深入非遗所处的整体环境,记录和呈现其存有的客观条件、应用方式、历史演化等诸多向度,全景式呈现其历史美、日常美与生活美,有效弥合非遗与现代生活之间的时空割裂感,在潜移默化中深化审美体验。另一方面,非遗短视频作为典型的视觉文化产品,也需要在视听语言上下功夫,依托虚拟现实(VR)、微距拍摄、智能动作捕捉、智能剪辑等技术优势,综合运用文字、影像、声音等多模态修辞,赋予"景"更为沉浸的美感。当前,短视频平台以李子柒、彭传明、山白、彭南科等为代表的头部非遗短视频创作者,均倾向于通过实地调研走访的方式挖掘一手素材,深度复刻漆器、宣纸、古墨、油纸伞制作等非遗技艺的传承与运用全貌,并通过纯净而丰富的镜头语言、必要且克制的文字旁白、舒缓而流畅的剪辑,在"新景""全景"与"深景"的有机结合中打造出一个具有高度审美价值的传播意境,他们也因此而被称为"全网不敢催更的博主"。

其次,艺术作品不仅是对现实生活和客观存在的反映,更是一种人文精神实践和情感表达,是一种赋予客观事物以主观情思的审美心理。非遗并非庙堂的艺术,而来自千百年来人民群众的集体创造与生活实践,是一种大众文化,非遗之美不是其本身的物质属性,而存在于受众心里。朱光潜先生曾从审美心理的角度提出,人在观物时会产生审美移情,并将其概括为三种审美态度"实用的、科学的、美感的"[②]。受众观看短视频时,会不自觉地把个人的情感与经验代入,在对短视频的审美移情中实现与短视频主体之间的情感交融,也可视为对自身存在世界的一种情感链接和情绪感知。因此,对于非遗短视频来讲,对"景"更高维的呈现和表达方式是将其视作主观情思的载体和寄托,而对"情"的叙说则是最终归宿。这需要短视频创作者具备将客观世界进行自我消化和结构性处理,进而将承载个人理解和主观感受的内容进行二次传播,并获得与受众之间情感链接和共鸣,产生文化唤醒的能力。具体来讲,创作者可以更多使用第一人称视角,参与非遗体验,便于受众自我代入,产生传受主体之间的情感共享。

---

① 段宝林.非物质文化遗产精要[M].北京:中国社会出版社,2008:11.
② 朱光潜.谈美 文艺心理学[M].新版增订本.北京:中华书局,2012:9.

如短视频创作者"@乐天Ryan"和"@吴大安(宣传非遗版)"用脚步和镜头去探访和学习各地非遗;"@安塞腰鼓三哥哥"在田间地头和乡村窑洞前记录自己日常腰鼓训练与登台表演的最终成果;"@山白"和"@彭传明"亲身示范割漆、混油、炼烟、取烟直到打墨、压墨等传统的墨的制作流程。"@江寻千(九月)"以亲身学习"确山打铁花"的过程,展现传统技艺的内涵与魅力。第一人称的非遗短视频借助真人真景,带来真听真看真感受的沉浸体验,能够在最短时间内构建起最真实的传播意境,激活情感共鸣。此外,非遗最高效的传播方式在于找寻历史与当今的价值勾连。因此,非遗短视频要特别关注与现代社会审美心态和精神需求之间的契合。近来"蟳埔女簪花围""鄂伦春族的狍皮帽"等展现地域传统习俗的短视频风靡全网,正是因为其中蕴含的"希望、活力、幸福"等生命之美、生活之美、田园之美,与现代城市中大众对返璞归真、恬然自得、享受生活等生活方式的向往高度契合。承载着主观情思的非遗短视频,可以成为传受主体共享的"栖居地",在情感链接中完成文化唤醒的传播目标。

三、虚实相生的意趣:非遗短视频的创作技法

"虚与实"是中国古典美学的重要范畴,可追溯至道家"有无相生"等虚实论的哲学思想。所谓"实",通常指图像、文字、声音等承载直接表意功能、可观可感的具象物质实体;所谓"虚",则通常指向作品中所蕴含的更深层次的情感、气质等,通常被表述为"隐喻修辞""言外之意"等,以体悟的方式被感知。中国传统美学思想认为,天地万物以及一切艺术和审美活动都是虚与实的统一,并主张在艺术呈现方面遵循"不以虚为虚而以实为虚"的创作方针,认为"艺术形象必须虚实结合,才能真实地反映有生命的世界"[①],产生"虚实相生"与"无画处皆成妙境"的艺术效果。非遗短视频要想在有限时长内提升"美"的浓度,更需要在"虚实结合"处下功夫,既要充分动用各类表意符号,着力打造能够产生直观冲击和沉浸体验的"美的实体",也要重点关注营造"言有尽而意无穷"的审美效果,着力激活受众的审美想象,延长短视频的生命力。

一则,非遗短视频要注重"以实表虚"。非遗作为传统文化的重要组成部分,不可避免地与现代社会之间存在历史语境的断裂,因此,非遗短视频的首要任务是借助诸种视听元素,使其突破历史的迷雾,打捞处在消失边缘的非遗,使其转化为可被真实感知的"客观实在"。具体来讲,非遗短视频可以借助"纪实影像手法",忠实记录如传统技艺、传承主体、存有环境、历史沿革等非遗要素,使其突破与现代社会之间的时空隔

---

① 叶朗.中国美学史大纲[M].上海:上海人民出版社,2005:29.

阁,以更为直观可感的方式降低现代受众的认知难度,激活传承活力,真正实现对非遗的活态保护。值得注意的是非遗短视频的纪实创作中,特别需要把握三个逻辑层面的真实,即"外在真实、内在真实、哲理真实"[①]。首先,"外在真实"具体表现为现象真实、事实真实、环境真实,非遗短视频须顺应非遗自身的发展逻辑,不能为了影视效果进行主观篡改或粉饰,如对非遗手工技艺制作步骤进行人为省略、遗漏或颠倒篡改等。如"@阿木爷爷"深入榫卯技艺传承实地,完整记录下非遗传承人从锯木、开槽到拼接的生产全流程,为榫卯技艺传承留下了珍贵的纪实资料。其次,"内在真实"强调事物的本质呈现。非遗创作的主体是人,非遗的内在精髓在于中华民族的集体智慧、精神特质与道德品质。因此,非遗短视频的镜头应该对准真实人物,"不能只捕捉到生活的表面现象,更要透过人们的眼睛去捕捉那微妙传神的人的心灵、意识、神态"[②],以看得见的符号传递其内在看不见的精神。京剧演员"@果小菁",不仅借助唱腔、表情、肢体等重要构成元素,直观展现了京剧的舞台呈现之美,更在台前幕后、一招一式中潜移默化地揭示出京剧传承人所坚守的价值追求和人生理想。最后,在此之上,"哲理真实"是艺术创作的终极目标。正如,"王充提出艺术作品要真实,他写《论衡》总的指导思想是六个字'疾虚妄,求实诚',实诚就是'事'要实,'理'要真"[③]。非遗短视频创作最高层面的价值追求,就是在"外在真实"与"内在真实"之外,进一步从哲理层面探讨非遗对社会、文化和人类发展的普泛性价值。"@拾艺博士"以食为媒,通过查阅、考据和复刻古籍中的传统美食,将中华传统美食中"民以食为天"的人生态度、"万物皆备于我"的哲学思想、"治大国若烹小鲜"的处事智慧、"不时不食"的自然观念等加以具象呈现,成为透视中华优秀传统文化广度和深度的重要窗口。

再则,中国传统美学十分推崇"犹抱琵琶半遮面"的审美意趣,强调通过"留白"等表达方式产生"余韵悠长"的传播效果。"虚空和空白"的中华传统美学原理可以通过调度非遗短视频的视听语言技法加以实现。如田园风格短视频鼻祖"@李子柒",在作品中对旁白配音、背景音乐的使用都极其克制,既避免了要素过满、喧宾夺主,又能够使听觉要素与视觉要素相互配合,以轻盈恬淡的整体视听体验,充分调动起受众对于乡村之美的想象。在短视频《雕漆隐花,雕出紫气东来!》中,李子柒采用山间大空镜与微焦小物件的交替镜头,将非遗制作的过程融进了阳光晨露的清晨与星空皓月的夜晚,建构出人与自然和谐的美学意境,有效激活了现代人对自由恬淡乡村生活的憧憬,

---

① 胡智锋.电视美学[M].北京:中国国际广播出版社,2022:45.
② 胡智锋.电视美学[M].北京:中国国际广播出版社,2022:46.
③ 叶朗.中国美学史大纲[M].上海:上海人民出版社,2005:171.

正体现了"虚实相生"的中华美学所推崇的时空流动感、延续感和无限感。"@朗佳子彧"在五四青年节当天,以五四运动为故事背景,用传统面塑手艺创作百年前的五四新青年形象,以具有趣味性的非遗技艺平衡了以语言符号为主体的历史讲述所带来的宣教感,使传统技艺与历史记忆相互赋能,在虚实结合、时空穿梭中起到了深化民族精神的传播效果。"@柳青瑶"从国文经典中汲取灵感,不断创作出《雨霖铃》《声声慢》《十面埋伏》等短视频作品。其中,《兰陵王入阵曲》借助琵琶与建鼓,将兰陵王弥留之际的悲壮和战场上的豪情同框呈现,极富情感张力,同时以音乐架起古今沟通的桥梁,将受众带入金戈铁马、保家卫国的历史语境中。《琵琶行》将严谨的唐代造景、妆造和与诗词高度契合的场景变化、人物动线相结合,营造出极具电影质感和诗意意境的视觉体验。除此之外,却并无多余的旁白和文字,仅依靠大弦嘈嘈如急雨、小弦切切如私语、嘈嘈切切错杂弹的琵琶乐调,受众得以代入诗歌中的主人公角色,感受失意人生和乐观精神,并从中获取无限的想象空间和精神力量。

四、美善合一的意蕴:非遗短视频的艺术品格

中国传统美学讲究形神兼备,追求内外兼修的"美"。《论语·八佾》中记载有,子谓《韶》:"尽美矣,又尽善也。"谓《武》:"尽美矣,未尽善也。"意思是,《韶》乐不仅符合形式美的要求,而且符合道德要求。《武》乐则不完全符合道德的要求。可见,在孔子看来,艺术必须符合道德要求,必须包含道德内容,才能引起美感[①],即"美与善"相统一。老子同样强调审美中的美与善,不同之处在于,他认为美与善须分离来看,更强调"美和丑""善和恶""有和无"的对比,把美感和快感进行了区分。而庄子则从"道与气"中,分析了美与善、美与真,强调艺术审美的自由,强调人应达到"心斋""坐忘"的自由精神境界。纵观中国古代大哲学家、大思想家的美学思想,他们无不将"美与善"的统一置于审美重要位置。长期以来,对美好生活的向往、对高尚精神品质的追求、对人与自然的歌颂等始终是我国传统文艺创作的主题,也是决定其长久生命力的关键。来自大众日常实践的非遗作为一种以人为媒的活态遗产,更加凝聚着深刻的文化内涵和精神气质。因此,如何表达和呈现"美与善"的统一是当前提升非遗短视频思想水平与艺术品格的关键。有关非遗短视频如何呈现客观美这一问题,前文已多次论及,此处不再赘述,转而着重关注如何呈现"善之内在美"这一问题。艺术作品中对"善"的要求可以从两个方面理解。一是艺术作品要有用,二是艺术作品要体现正确的价值取向。

---

① 叶朗.中国美学史大纲[M].上海:上海人民出版社,2005:45.

首先,受到儒家思想的影响,中华传统美学秉持入世理念,始终高度强调"艺术应该在社会生活中发生积极的作用"[①],要求艺术作品要能够"为世用",既为当下,也为后世。短视频作为当前最具"烟火气"的视频艺术形式,不仅可为当代人提供了解各地风俗的管道,更可为后世留下直观形象的史实资料,这一价值充分体现了短视频对于今世和后世的作用,是善的"为世用"的表现。因此,非遗短视频要充分借助平台传播优势,释放民间文化与民间创作的双重活力,让古法酿酒、夏布纺织、宣纸制作等长期不被看见的非遗技艺,以及京津相声、西北说书、山东快板等地方民俗风情,突破古今时空限制,充分获得可见性,并着力彰显其中蕴含的当代价值,将"善为世用"的美学意义落到实处。如时尚博主"@阿婧zi",深入少数民族的居住区,用身着少数民族服饰的变装短视频,将非遗服饰的仪式感和高级感快速拉满。美食达人"@南翔不爱吃饭"将美食中的小手艺放入了民族的大历史观中,用好看又好吃的美食短视频,归纳出中华菜谱的视频合集。手工达人"@雁鸿Aimee"用废弃易拉罐结合非遗技艺制作了大量中华传统服饰,在米兰时装周的舞台上大放异彩,不仅体现了中华传统美学与当代审美的有机结合,也成为向世界阐释中国文化、中国智慧的一次有益尝试。

其次,非遗短视频之美,在于人之美。"美不自美,因人而彰"是唐代柳宗元诗句中的美学观点,其思想内涵是审美活动与人相关,不存在一种实体化、外在于人的"美"。因此,非遗短视频中对"善之美"的呈现也无法脱离"人"这一载体。傅抱石先生也曾说:"一切艺术的真正要素乃在于生命,且丰富其生命。"[②]这也就是中国艺术家所追求的"气韵生动"的精髓,这是对生命、情感、精神等更高层次的价值追问和思考,更是艺术的最高呈现层次。短视频创作者"@朵朵花林"用人到画中去的剧情演绎方式制作了年画发展变迁短视频,用现代影像方式"拓印"出栩栩如生的传统绘画之美。行者"@明超",以一身徐霞客式的汉服装扮,行走在中国山水间,用山河与诗歌的交相辉映,表达了中国传统天人合一、人与自然和谐一体的自然宇宙观。峨眉武术传承人"@凌云"通过展示中华武术的柔美与刚硬,将中国传统哲学中刚柔并济的处世之风与人生态度具象化呈现,2024年巴黎奥运会期间,凌云率领的峨眉派功夫团与古筝演奏者"@碰碰彭碰彭"在埃菲尔铁塔下用功夫加民乐合作出的短视频,不仅在巴黎上演了一场独属中国的视听盛宴,更是用武术与音乐具象化传递出坚韧不拔的中华体育精神。

---

① 叶朗.中国美学史大纲[M].上海:上海人民出版社,2005:173.
② 陈毓生.谈山水画创作[M].浙江:浙江人民美术出版社,2017:77.

五、结语

在振兴中华优秀传统文化这一重大历史命题的统摄之下,非遗短视频应力求突破获一时之热度的发展局限,着眼于探索可持续发展之路。这不仅需要不断挖掘和开发中华传统文化要素资源,更需要将"情与景""虚与实""美与善"等中华传统美学思想深度嵌入其中,不断提升艺术格调,创新审美表达,通过打造具有中国特色的传播意境、意趣及意蕴,降低文化理解难度,增强文化阐释力,进而推动中华优秀传统文化的创造性转化与创新性发展,最终服务于增强文化自信、提升文化主体性的发展目标。用更适应新时代的非遗短视频作品,创新出具有中国特色的"数字意境"美学表达,将赓续历史文脉,谱写当代华章。

〔周舟,二级导演,中国传媒大学广播电视艺术学博士研究生;白欣蔓,中国传媒大学传播学博士;雷跃捷,中国传媒大学传播研究院教授、博士生导师〕

〔特约编辑:赵希婧〕

中国非物质文化遗产影像的历史考察

A Historical Investigation of Intangible Cultural Heritage Images in China

◎ 王婧雯

Wang Jingwen

摘要：非物质文化遗产在我国传承与发展的历史过程一直与影像媒介的实践相互交织。通过考察从20世纪发端至今，影像与非物质文化相遇、结合的历时性过程可以发现，影像对于非遗相关知识系统与文化观念在中国社会的形成与传播起到了重要作用。在从"前非遗时代"到"非遗时代"的历史衍变过程中，非遗影像建立起以政府机构、学者、专业媒体与民间个体为主体的四类生产场域，并形成了从他者书写至自我表征的影像主体变迁、从文化标本至日常生活的影像观念变迁、从技术物至行动者的影像功能演进。作为百年以来承载非物质文化的现代媒介，非遗影像促成了"文化边地"向今天"新主流"文化的流动，影响着传统与现代的二元关系，为文化传统的创造性转化与创新性发展提供了契机。

关键词：非遗影像；影像史；非物质文化遗产；影像民族志

Abstract: The history of the inheritance and development of intangible cultural heritage (ICH) in China has been closely intertwined with the practice of documentary. By examining the historical process from the beginning of the 20th century to the present, where documentary has encountered and combined with intangible culture, it is evident that documentary has played a significant role in the formation and dissemination of ICH-related knowledge systems and cultural concepts within Chinese society. Throughout the historical evolution from the "pre-ICH era" to the "ICH era," ICH documentary has established

---

* 本文系国家社科基金铸牢中华民族共同体意识研究专项"以融合传播铸牢中华民族共同体意识研究"（项目编号：23VMZ010）的研究成果。

four main production fields centered around government institutions, scholars, professional media, and individual civilians. It is found that the image subject extends from other writing to self-representation, the image concept extends from cultural specimens to daily life, and the image function extends from technical objects to actors. As a modern medium bearing intangible culture for over a century, ICH documentary has facilitated the transition of "cultural borderlands" into today's "new mainstream" culture, influencing the binary relationships between tradition and modernity, providing an effective mechanism for the modern transformation of cultural traditions.

Keywords: documentaries about intangible cultural heritage(ICH), history of documentary, intangible cultural heritage, visual ethnography

2001年,联合国教科文组织(UNESCO)公布了首批"人类口头和非物质遗产代表作",中国昆曲艺术名列其中。此后,从国家议程到基层社会,非物质文化遗产在中国文化语境下广泛发展,并成为今天传承中华优秀传统文化的重要议题。作为一个外来的概念,非物质文化遗产及其相关的文化观念之所以能够在中国语境中迅速扎根,除了政策体系的不断完善,也离不开媒介的呈现与传播。

在各类媒介对非物质文化遗产的呈现中,影像是创造、表征和传递文化意义的最直观的手段。它是书写非遗的一种适恰的文本形式,影像的流动性、多义性能够包容非物质文化当中无法言说的文化信息及不断变迁的社会记忆。同时,影像也是延展非遗社会意义与功能的文化再生产实践活动。非遗知识、经验与实践的影像呈现与记录已成为非遗保护的一项重要策略,并在全球范围内得到了广泛应用。而中国的非遗影像,其历史积淀之久、参与主体之多以及高度的组织化与系统化,是非遗世界体系中绝无仅有的生动实践,为非遗的创造性转化与创新性发展提供了契机。

纵观非遗及其所指代的文化传统在我国传承与发展的历史过程,一直是与影像实践相互交织的。早在"非遗"这一概念被提出之前,影像就已开始参与相关非物质文化的表意实践,并在今天成为人们"看见"文化、理解阐释文化,进而认同并参与文化的重要中介,是非物质文化再生产实践过程中的重要组成部分。与非遗影像丰富的历史实践相比,学术研究对非遗影像的认识尚未成熟,对其历史脉络的梳理也较为缺乏。因此,本研究将基于对非遗影像的历时性考察,厘清各类非遗影像的生产是从怎样的历史脉络中展开的,以此探讨非遗在影像化的过程中所发生的文化意义与社会功能的变迁。

相对于虚构类影像,纪实类影像突出强调对拍摄对象的客观呈现,能够更大限度地再现非物质文化遗产的面貌与活态空间,赋予非遗以更强的生命力。因此,本文将对"非遗影像"的探讨聚焦于以非物质文化及其传承主体为拍摄对象和主要内容,以文化保护、传承与传播为主要目的的纪实类影像文本及其影像实践活动。需要特别强调的是,非物质文化遗产这一概念并非仅局限于联合国、国家及各级地方认定的非物质文化遗产代表性项目及传承人等制度化体系之内,它所指涉的是文化社群所珍视并传承的各类文化传统及其实践活动。因此,本研究也将从更宽阔的历史视野出发,将非遗这一概念出现之前的相关影像纳入研究对象之列,考察影像对于非遗这一知识系统和文化观念在中国社会的形成与传播所起到的重要作用。

一、"前非遗时代"影像溯源

"非物质文化遗产"概念进入中国并非简单的引介,而是在中国语境下与在地的知识系统相接合而重新生成的复杂过程。在"非物质文化遗产"这一概念被创造出来之前,已有众多的影像关注了后来被确立为非遗的民间技艺、节庆、仪式、信仰及其代表性人物,不仅为非物质文化遗产留下了珍贵的早期影像,更为非遗作为一种文化观念和制度在中国社会的萌芽与扎根提供了土壤。因此,本文将"前非遗时代"作为展开历史叙事的起点,在文化观念和实践方法维度上寻找非物质文化遗产与20世纪民族影像浪潮的历史渊源。

(一)文化标本:异域他者的旅游摄影(1900—1930)

20世纪上半叶的中国,中西社会思潮交融碰撞,不少西方传教士、外交官、旅行家怀揣着对神秘东方的想象来到云南、贵州、四川、西藏等地,拍摄了大量地方文化习俗。1899年,借修建滇越铁路的契机,法国驻昆明总领事方苏雅[原名奥古斯特·弗朗索瓦(Auguste Francois)]来到云南,并携带了彼时先进的电影摄影机,拍摄了大量昆明地区的早期民俗文化活动。同时,一系列以科学考察为目的的影像实践则为早期中国民间文化生活提供了更丰富的历史佐证。1922年,奥地利探险家约瑟夫·洛克(Joseph F. Rock)通过图片摄影与电影的方式对东巴文字、舞蹈、风俗仪式进行了观察记录,形成了东巴文化研究的丰富文献。1927年至1933年,瑞典地理学家斯文·赫定(Sven Hedin)联合中国、瑞典、德国的科学家,组成"中瑞西北科学考察团",赴西北边地调研考察①。随行摄影师拍摄了 120 分钟的无声影像《斯文·赫定穿越中国戈壁沙漠探险实录 1928—1935》(*Sven Hedin's 1928 Expedition through the Gobi Desert of China*)以及大量纪实影像资料,展示了新疆、内蒙古等地多种多样的民俗活动、地方戏曲与手工艺等,成为见证丝绸之路沿线历史与文化遗产的重要影像史料,也将丝路文明传播给西方世界。在对内地的文化活动考察中,美国社会学家西德尼·甘博(Sidney Gamble)于 1924 年至 1927 年三次组织妙峰山考察,通过百余幅照片和一部纪实动态影像《朝圣妙峰山》(*Pilgrimage to Miao Feng Shan*)记录了妙峰山庙会进香朝顶的民俗仪式,细腻呈现了民间信仰与百姓日常生活的交融,成为考察中国民俗、民间信仰的重要档案。

西方精英拍摄的影像虽然是早期非物质文化的重要影像佐证,但难免抱有西方政治与文化立场。在他们的影像中,人类文化呈现出"先进与落后""文明与野蛮""现代与原始"等二元对立的文化分级。同时,受制于西方精英的文化立场,作为文化主体的社群在影像凝视中处于权力关系的弱势地位,无法自主阐发对本民族文化信仰的理解。这使得丰富生动的文化遗产被客体化、景观化,成为缺少生气的文化标本。

(二)文化先锋:传统戏曲文化的影像革新(1905)

随着西方"影戏"的传入,"摄影术"也作为一项先进的科技被中国少数知识分子所熟知。中国电影之滥觞当追溯到 1905 年由任庆泰拍摄的京剧唱段《定军山》。中国电影的诞生与作为今天非物质文化遗产重要类别之一的传统戏曲文化有着密切的联系。

戏曲进入电影与 20 世纪初期戏曲文化传统在中国的传承、转型与传播密不可分。在电影成为大众流行文化之前,进戏园子听戏曲是中国民间社会的主要文化娱乐活动。而随着西方戏剧与西式都市生活方式的流入,传统戏曲文化也在逐渐寻求改良。作为彼时都市现代性生活的代表,电影成为戏曲改良的重要手段,现代影音技术的先锋性及艺术性促进了传统戏曲文化与现代都市文化的迅速交融。1908 年,上海第一家新派改良剧院"新舞台"开放营业,作为开场前的"暖场"活动,"新舞台"连续 6 天放映了刚刚诞生不久的中国第一部电影《定军山》②,谭鑫培的京剧表演在影像媒介的旅行中从北京传播到了上海,并以现代影像宣示了戏曲文化传统的开放与革新。

《定军山》之后,电影媒介被越来越多地应用于戏曲艺术的呈现与传播,并在此后百余年中国电影的发展史中形成一个独有的电影类型:戏曲电影。1948 年,梅兰芳在

---

① 纪宗安.追求、探索与保存:斯文·赫定与丝绸之路文化[J].暨南学报(哲学社会科学),1997(1):74-80.
② 黄望莉,张伟."新舞台"与《定军山》:中国第一部电影新考[J].电影艺术,2022(3):125-131.

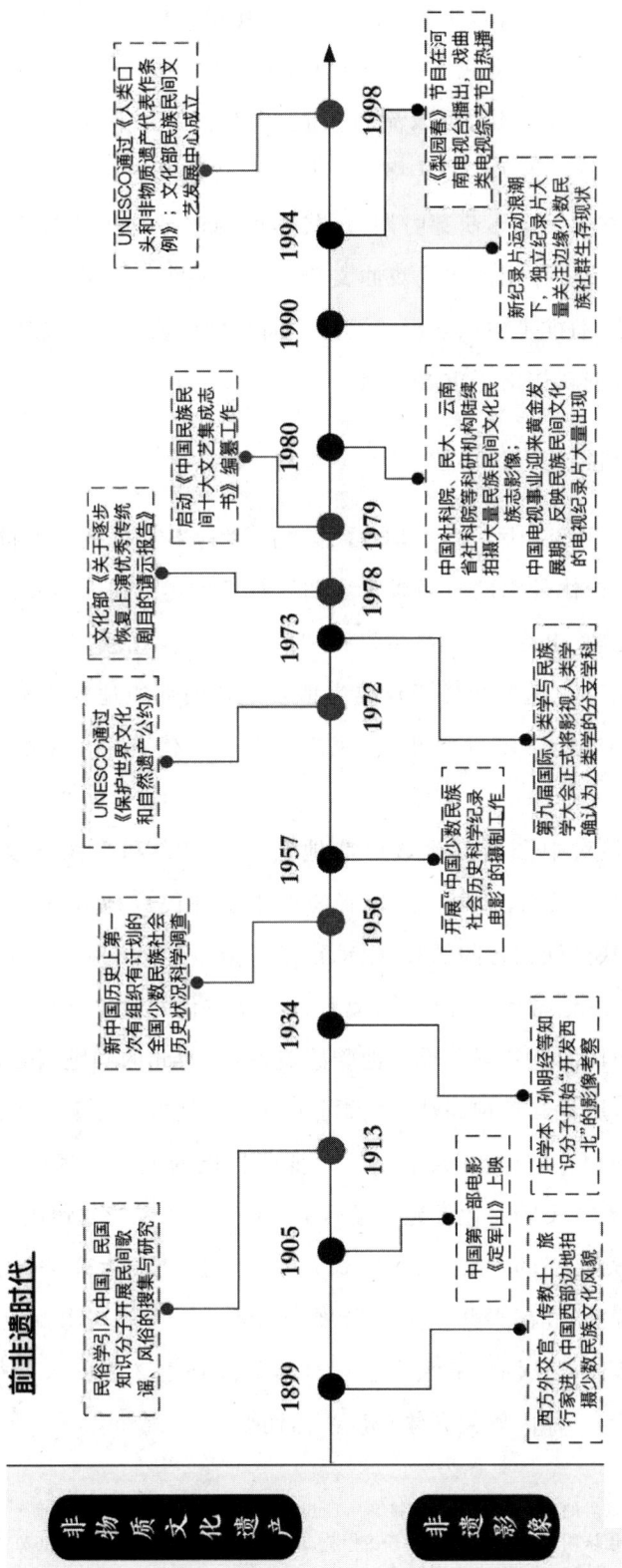

图 1 "前非遗时代"影像史大事记

费穆导演的邀请下拍摄了中国第一部彩色影片《生死恨》,梅兰芳感慨道:"我这次拍演电影有两种目的:第一点是许多我不能去的边远偏僻的地方,影片都能去。我几十年来所学得的国剧艺术,借了电影,可以流布人间,供我们下一代的艺人一点参考的资料。"① 可见,影像对传统戏曲文化的传播价值与传承功能已得到早期文化传承者的充分认识。可以说,早在中国电影萌芽时期,现代影像的记录与传播就已起到了促进戏曲文化保护与传承的重要作用。传统戏曲文化的创造性发展为电影在中国的本土化实践提供了有利条件,助推了中国电影的诞生。而影像的实践也为这项传承几百年的非物质文化的承续与创新作出了重要贡献。

(三)文化想象:民族自觉的影像启蒙(1931—1949)

1931年九·一八事变之后,中国开始了救亡图存的艰苦抗战。大批知识分子、学术机构向西南迁移。内忧外患的时局激发了知识精英群体的民族自觉意识,一些中国的早期影视人类学先驱、电影人开始"在落后和危机中寻找民族国家的身份认同和通往现代化的建设方式"②。这些影像资料成为承载呈现西部边地人文地理场景的视觉文本,既是少数民族文化遗产的重要史料,也成为彼时时代背景下唤醒民族解放自信心的精神火种。

摄影师庄学本是对中国西部少数民族地区进行考察和影像记录的先驱之一。1934年至1942年,他在四川、云南、甘肃、青海四省少数民族地区进行了近十年的考察,拍摄了万余张反映民族文化的照片,生动记录了独特的民族服饰文化、风俗信仰与精神气质。庄学本较好地融入当地生活,他看待异域文化的眼光已从探险猎奇转变为对中华民族文化共同体的欣赏与尊重。他曾感慨道,与西北的同胞"相处既久,就知其快乐有趣,古风盎然,反觉其精神高洁,可敬可亲……并且内部的天产富饶,雪山如玉,野花似锦,真不愧为西北一个美丽的乐园"。③ 他所拍摄的羌族饮咂酒习俗、跳锅庄舞以及藏戏、跳弦子等地方民间文化都延续至今,并被列入今天的非物质文化遗产名录。通过影展、画报等大众传播的方式,这些影像开始与更广泛的大众群体相勾连。1941年,庄学本在重庆、雅安、成都举办了主题影展,20余万人次前来参观,引发了广泛的关注。影像展现出多民族共同体的大中华视觉形象。观看影展的人们得以感受来自异域边地的共同经验,一种民族共同体意识油然而生。

---

① 梅兰芳.拍了《生死恨》以后的感想[J].生死恨(特刊),1948.
② 梁君健.表意实践与文化认同:当代影像人类学研究[M].北京:中国社会科学出版社,2021:85.
③ 庄学本.庄学本全集:上册[M].北京:中华书局,2009:35.

与此同时,影像强大的宣教功能也促使一些文献纪录片、科教电影聚焦少数民族文化。金陵大学电影部主任孙明经将电影视为"记录和传播文化的媒介""教育和建设的利器"。1939年,他对云贵川地区的物产、资源、经济活动以及康巴人的宗教仪式、娱乐习俗进行了5个多月的考察,拍摄了《自贡盐井》《西康》系列纪实影片,记录了西康民间丰富的宗教习俗与文化活动,展现少数民族同胞伟大的文化创造力。孙明经将这些影片的意义总结为三方面:第一,教育知识分子认识西康开发边疆,并引导民众;第二,教育各族同胞团结相亲;第三,让外省人与外国人认识西康的这个"前途无穷的乐园",以开展建设合作①。孙明经的电影实践对于彼时的民众教育与边疆文化的建设和传播起到了重要作用。

(四)文化调查:文化遗产的影像挖掘(1950—1979)

新中国成立之初,如何处理好"旧传统"与"新文化"的关系是这一时期重要的时代命题。中共八大决议提出:"对于我国过去的和外国的一切有益的文化知识,必须加以继承和吸收,并且必须利用现代的科学文化来整理我国优秀的文化遗产,努力创造社会主义的民族的新文化。"② 1956年,在毛泽东的倡议下,新中国历史上第一次有组织有计划的全国少数民族社会历史状况科学调查开始了。而影像记录成为此次科学调查的重要方法。1957年至1976年,国家民委、中国科学院民族研究所及八一电影制片厂、科教电影制片厂等机构进行了"中国少数民族社会历史科学纪录电影"(简称"民纪片")的摄制工作,完成了16部反映民族文化与社会历史的影片。片中所呈现的大量少数民族的文化习俗、技艺、民俗活动等成为未来的非物质文化遗产。比如影片《丽江纳西族的文化艺术》中展现的纳西族东巴画、《鄂伦春族》中展现的鄂伦春族桦树皮船制作技艺等。影片的主要创作者杨光海认为,"他们要发展、要进步,就要迅速变化,原有形态、传统习俗文化将逐渐消失,这就要我们赶紧'抢救'"③。影片抢拍了即将消失和变化中的民族生活方式和传统文化,对一些已经消失的文化习俗进行了复原,成为了解中华人民共和国成立初期非物质文化生态的宝贵影像资料。

尽管"民纪片"不可避免地具有其历史局限性。但在20世纪50年代至70年代的中国历史进程中,一代民族志影像的先行者以科学态度和开拓精神对新中国成立之初

---

① 孙明经.电化教育与西康建设[J].电影与播音,1944(3).
② 中共八大关于政治报告的决议[EB/OL].(2008-06-04)[2024-04-21].https://www.gov.cn/test/2008-06/04/content_1005155.htm.
③ 杨光海.从事影视人类学36年的回顾与思考[J].民族研究,1996(2):10.

的民族文化调查与文化交流交融起到了重要的作用。同时,"民纪片"所开创的田野工作方法和拍摄制作方式也对此后中国民族志影像的成熟与发展起到了关键的启蒙作用。

(五)文化寻根:复兴文化传统的影像潮流(1980—2000)

20世纪80年代以来,在酝酿形成"非物质文化遗产"这一概念的关键二十年发展历程中,改革开放的中国社会文化思潮活跃,文化传统及其历史延续性被重新审视,迎来文化传统复兴的潮流。这一时期纪实影像对非物质文化的呈现逐渐形成了一定的规模与规范,政府机构、学者、专业媒体和个体影像生产者成为参与影像生产的核心群体。可以说,活跃的影像生产为非遗保护与传承的文化观念做了充足的准备与铺垫。

1. 政府机构:民族民间文化的科学保护工作模式

在各级官方文化部门的布局下,国家文化建设的基础性工程陆续开展起来。其中,《中国民族民间十大文艺集成志书》历经30年扎实的田野调查工作,面向全国基层地方搜集了大量一手文字、影像资料,抢救性地记录下在国家经济社会与大众文化迅速变革下日渐式微的口头与非物质文化,是迄今为止我国历史上对民族民间文艺所进行的内容最为广泛、规模最为宏大的资源普查、研究和编纂工程。① 尽管20世纪80年代的官方文化记录工作尚未将影像媒介作为核心工具和载体,但这一历史实践重新确立了面向民族民间文化的科学保护观念,为21世纪以后建立起的非物质文化遗产体系提供了理论与实践参照,形成了一以贯之的富有中国特色的文化记录与保护工作模式。

2. 学术机构:民族民间文化的影像志学术范式

伴随着影视人类学的日渐成熟,影像民族志被作为记录与表达文化的实用性学术工具,"有系统、有重点地反映和纪录各民族的历史和现状、文化遗产"②。1980年以来,中国社科院民族研究所完成了《苗族》《今日赫哲族》《黎族民俗考察》等系列片的拍摄,记录了少数民族传统节日、工艺美术、舞蹈、婚姻习俗等非物质文化。此外,中央民族大学(原中央民族学院)、云南省社科院等机构的研究者也对各地区民族文化陆续展

---

① 李松.文化保护 一脉相承:文艺集成志书工程与非物质文化遗产保护[J].中国非物质文化遗产,2021(1):104-114.
② 杨光海,詹承绪,刘达成,等.努力摄制更多更好的少数民族社会历史科纪片[J].中央民族学院学报,1978(2):15.

开了系统、广泛的调查研究。在影像器材稀缺、影像制作复杂的背景下,几所学术研究机构以人类学田野调查为基础,产出了数量可观的少数民族民间文化影像,并正式确立了影视人类学"民族志影片"的概念。① 这一学术立场也为非物质文化遗产的影像深描提供了理论基础,构成了非遗影像典型的实践范式之一。

3.媒体机构:民族民间文化回到大众生活

20世纪80年代后,中国的电视事业迎来了黄金发展时期,成为影响大众文化生活的重要媒介。越来越多的民族民间非物质文化借助电视走向大众、回到民间。《望长城》第一次将电视片的镜头转向了普通百姓的民间文化生活,以富有真实感、现场感的影像投射出充满活力的文化个体和文化面貌。同时,电视纪录片也更深入地关注日渐式微的传统文化形态与民间生活方式。比如,纪录片《神鹿呀,我们的神鹿》讲述了90年代鄂温克族在城市生活与原始山林生活之间的断裂与矛盾,鄂温克人的"驯鹿习俗"被作为一项充满隐喻的符号表达着文化多样性的消失。文化保护与文化抢救的影像意识在电视片中得到凸显,为此后2000年非物质文化遗产观念的涌入奠定了思想基础。

4.民间个体:民族民间文化作为反思的对象

90年代社会思想解放与西方直接电影等观念的引入促成了中国纪实影像的一块特殊场域的形成:独立纪录片。独立纪录片人以浓烈的个体话语表达着对人类生存现实的观照,思考文化传统与现代生活之间的张力。如《喇嘛藏戏团》《三节草》《贡布的幸福生活》等影片中,文化传统作为一种时代巨变的隐喻,体现出立足新旧交汇点上焦虑不安的复杂心境。从集体到个体,影像开始关注非物质文化传承中的个体生存及心灵世界,在人与文化及时代的互动中阐释文化传承的意义。

综合以上历史溯源可以发现,影像见证甚至在一定程度上促进了与非遗相关的文化传承与保护的观念与实践。20世纪以来,影像开始作为记录与探究民族文化的载体被赋予丰富的想象。这种文化的想象被编织进中国社会现代化的历史进程当中,与民族文化的发展以及民族共同体的想象形成生动的互动,人们对待自身文化与遗产的观念也在同步酝酿发展。虽然早期的民族影像还称不上是纯粹的"非遗影像",但其所彰显出的对民族文化传统的深度关注以及文化自觉意识为此后中国非物质文化遗产相关制度与观念的发展提供了宝贵的历史经验,成为展开未来"非遗时代"影像书写的

---

① 杨光海.中国少数民族社会历史科学纪录影片的回顾与展望[J].民族学研究,1982(1):288-293.

重要语境与渊源。

二、"非遗时代"的影像勃兴

在21世纪初中国社会复兴传统文化的时代背景之下,联合国对"非物质文化遗产"概念的提出与对文化遗产保护的倡导恰逢其时,中国逐渐步入"非遗时代"[①]。非物质文化遗产在中国逐渐形成了以政府为主体的保护体系与工作模式,建立起独具中国特色的非物质文化遗产知识体系。而这套知识体系也逐步得到政府机构、学者、专业媒体、民间个人所构成的多元行动主体的影像实践与阐释,非遗影像进入了高速发展的新时期。

(一)非遗影像的国家记忆

作为国家记忆系统的重要载体,非遗的调查、抢救、记录、建档等基础性工作迫在眉睫,亟待进行自上而下的系统性组织行动。接续"前非遗时代"官方系统对民族民间文化的记录工作,国家文化部门建立起一套规范化、科学化的影音文献采集模式。自2001年起,文化部民族民间文化发展中心开始以影像媒介形式开展"风"系列民族民间文化记录项目,在贵州、新疆、陕西、重庆等地的乡村进行了广泛的田野调查[②],开创了官方系统开展"影像志"工作的先河。随着民族民间文化保护与研究的逐步深入,"影像志"作为一种兼具文献性、档案性、叙事性和艺术性的知识记忆形式被大量应用于官方文化保护工作当中,以影像实践带动非物质文化遗产知识体系的记录以及非遗保护传承模式的创新。2010年,"中国节日影像志"启动,以影像记录中国各民族、各地区尚在举行的传统节日。2012年,"中国史诗影像志"启动,以目前仍在传承的史诗本体及其演述传统为主要对象,用影像全面记录史诗的演述及其仪式、民俗、文化生态等。2013年起,文化部开始对国家级非遗代表性项目的代表性传承人开展抢救性记录试点工作,对传承人开展口述史访谈,通过纪实影像记录传承人进行实践和传承教学的过程,并随着数字化资源的建设逐步形成非遗影像数据库。大量的非物质文化遗产以影像志的形式被官方系统所典藏,散落民间的非物质文化作为国家记忆获得文化的加冕,成为全民族共有、共享的历史传统与文化资源。

---

① UNESCO正式发布《保护非物质文化遗产公约》是在2003年,但"非遗"的概念已在2001年随着第一批"人类口头和非物质遗产代表作"的公布而酝酿成熟,中国昆曲的入选也让"非遗"这一概念在中国社会得到广泛传播,故本文选取2001年这个时间节点作为中国"非遗时代"的开始。
② 许雪莲,李芳.功成不必在我:李松和我国的民族民间文化事业[J].民族艺术,2022(6):7.

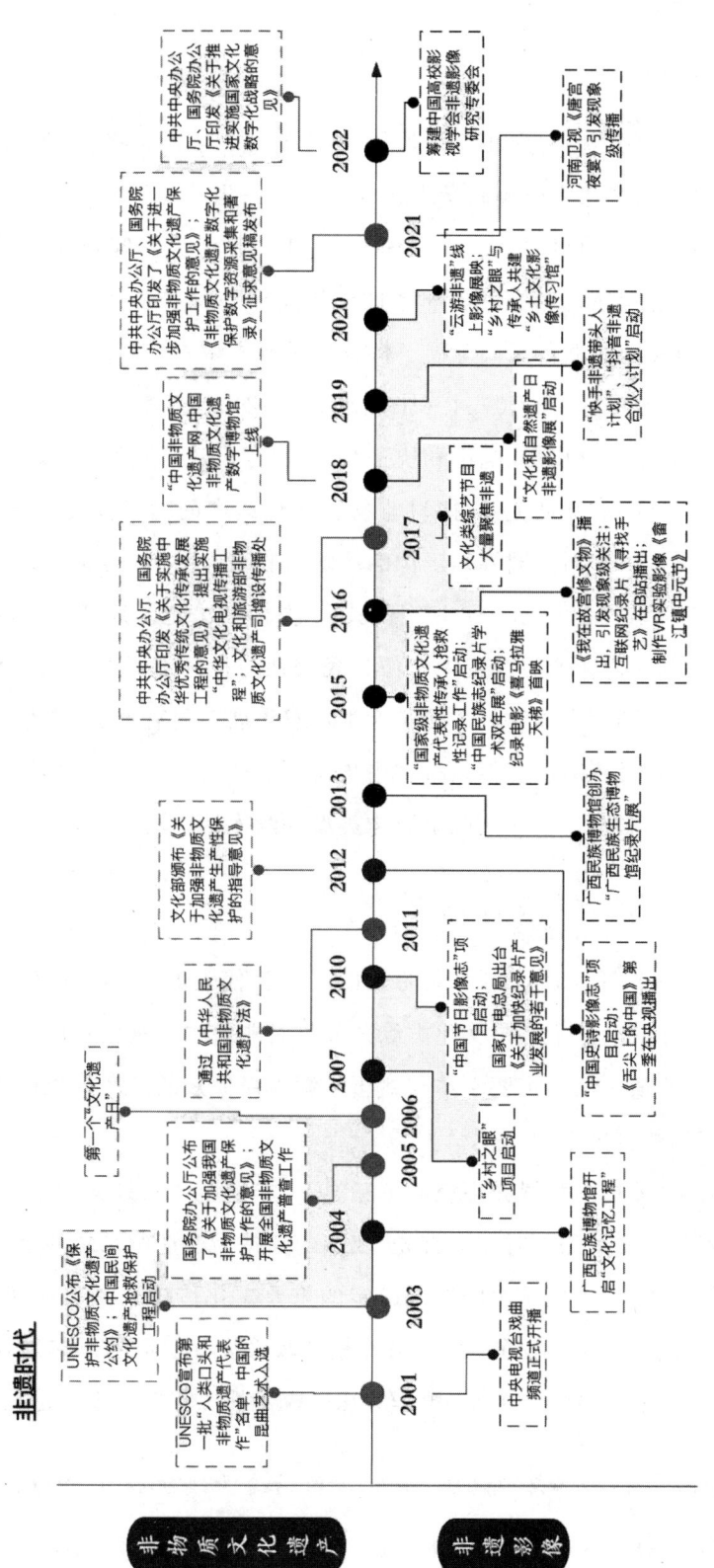

图 2 "非遗时代"影像史大事记

(二)学者影像的文化反思

随着非遗保护工作走向专业化与系统化,学术研究领域开始将"非遗"的概念纳入理论视野当中,尝试将非遗进行重新学术化的挖掘。一些学者开始筹建非遗影像的专门学术组织,云南大学、中央民族大学、清华大学、四川师范大学等越来越多的学术机构的研究者开始有意识地以影像开展非遗的知识生产与保护工作。2007年起,清华大学清影工作室对民间非遗传承人开展了持续的民族志调查与影像实践,先后拍摄了《戏末》(2009)、《扇鼓·乐》(2010)、《一张宣纸》(2013)、《戏道士》(2014)、《女书匠》(2014)、《大河唱》(2020)、《皮影、电影和快手》(2020)等影片,用影像呈现文化传承、个体生活与社会变迁之间的互动关系,探讨非物质文化遗产的当代社会功能。此外,博物馆系统与学术机构也开始共同筹划影像的展映与收藏,建立有关非遗的影像对话空间。2013年,广西民族博物馆创办了"广西民族生态博物馆纪录片展",并逐渐发展为"广西民族志影展暨非遗影像展",成为影像自我表达与社区交流的在地平台。[1] 2015年,中国民族博物馆发起"中国民族志纪录片学术双年展",而后设立"非遗影像单元",广泛而系统地收藏各民族影像资料,建设"中华文化遗产与记忆资源数据库"。非遗影像逐渐在各类民族志影展当中形成固定影像类型和学术话语场。

(三)媒体机构影像:走向大众的遗产想象

21世纪以来,真正让非遗走向大众的是以电视为代表的大众视听媒介。越来越多的电视纪录片、互联网纪录片与文化类综艺节目对非遗的元素、题材、内涵进行了征用,成为建构大众非遗想象的主要文本与话语来源。而大众的遗产想象更为非遗的文化消费创造出广阔的价值空间。

在政策扶持、制播机制与媒介环境的革新之下,非遗影像的数量、质量以及传播影响力开始进入跨越式发展的新时期。首先,政策的支持为非遗纪录片的繁荣奠定了制度基础。纪录片作为"形象展示中国发展进步的重要文化传播载体",被赋予"弘扬中华民族优秀传统文化"的重要任务[2]。纪录片相关政策设计也向着以非遗为主体的中华优秀传统文化主题内容倾斜,实施"中华文化电视传播工程",对重点选题进行扶持。

---

[1] 梁志敏,胡顺成.记录民族影像,凝聚文化力量:广西民族志影展暨非遗影像展回顾与总结[J].文化月刊,2020(12):132-134.
[2] 国家广电总局.关于加快纪录片产业发展的若干意见[EB/OL].(2012-11-24)[2024-04-21].http://www.docuchina.cn/20121124/100002.shtml.

同时,频道化与栏目化的制播体系改革也进一步扩大了电视媒体对非遗影像的生产规模。基于专业频道与栏目对纪实影像的常态化运营实践,电视纪录片能够以较大的体量记录非物质文化遗产。比如央视科教频道的大型纪录片《手艺》《中国影像方志》等。此外,互联网的传播语态、生产与传播方式也让非遗的文化效能得到最大化的释放。网络媒介的年轻化、去边界化的天然属性更进一步拓展了非遗的受众空间。2016年,《我在故宫修文物》真正让非物质文化遗产实现"破圈"式传播,展现出传统文化当代转化的巨大生命力。而随着影像技术系统的革新,不断出现的 VR、AR、AIGC、数字交互式影像等形式更进一步通过非遗身体实践与智能影像的融合实现文化再造的更多可能。

(四)文化持有者的自我影像书写

在更活跃的民间,影像开始广泛应用于地方文化传承与教育。"乡村之眼""广西文化记忆工程"等社区影像项目带动地方村民参与影像拍摄,并逐渐形成了影像培训、拍摄、放映一整套完整的主位影像表达链条,不仅让乡村文化主体能从自己的视角来记录和表达对自我文化的理解,更带动地方村民对本民族文化遗产及其当代价值的反思与行动。2007年至今,"乡村之眼"项目在云南、青海、四川、广西等地产生了300余部纪实影像作品,培育出200余位民族影像的导演,形成了文化保育的宝贵基层经验。

而移动网络影像在当下社会生活中所创造出的文化体验与社会互动更成为非物质文化遗产传承与传播的全新语境。2019年3月,快手发布了"快手非遗带头人计划"。同年,抖音短视频平台也启动了"抖音非遗合伙人计划",通过加强非遗网络影像传播的流量扶持,提高非遗内容的变现能力。2021年,已有85个国家级非遗传承者在抖音平台收入超过百万[①]。截至2022年5月31日,抖音平台已覆盖99.74%的国家级非遗项目,抖音平台中的非遗创作者平均每天直播1617场[②]。网络视频媒介已成为非遗最大的传播平台。非遗传承人们也成了掌握非遗叙事话语权的"网络红人",重新塑造着自我的身份认同和文化主体意识[③]。可以说,文化持有者的自我影像书写带来了有关非遗的文化生产方式的变革,影像已成为一种强有力的生产工具,被应用于非物质文化的再生产实践当中。

---

① 数据来源:清华大学新闻与传播学院课题组2022年12月8日联合抖音发布的《活态传承-直播打赏与非遗传播研究报告》。
② 数据来源:2022抖音非遗数据报告。
③ 王婧雯.从民间艺人到网络红人:非物质文化遗产行动者的网络影像实践与身份认同[J].中国新闻传播研究,2020(2):199-210.

三、非物质文化遗产的影像化：主体、观念与功能的历史流变

从非遗影像发生发展的历史过程来看，影像与非物质文化遗产知识系统的发展形成了深刻的互动。政府机构、学者、专业媒体机构和民间文化个体都参与到有关非遗的影像生产当中，形成了富有共识性的文化生产关系。影像促进了多元社会主体协同参与非遗保护的可能性，既向外推动非遗知识传播与认同，又向内激发本土的知识生产与传承。

(一)四大非遗影像生产场域的建构

综合考察有关非遗的历史影像实践可以发现，影像成为记录、抢救人类文化传统、参与文化传统再生产实践的重要媒介工具，并在今天逐步形成了四类主要的纪实影像类型与生产场域：第一，以抢救、建档、保存为导向的非遗影音文献资料，其生产主体为政府机构；第二，以学术研究为导向的影像民族志，其生产主体为高等院校、学术科研机构的学者；第三，以大众传播为导向的非遗题材纪录片、纪实类栏目、网络视频等，其生产主体为电视台、互联网媒体及传媒影视公司等专业媒体机构；第四，以文化社群交往、社区治理与生产生活为需求的网络直播、社区影像项目等，其生产主体为文化持有者个体。

循着这条历史线索，可将孕育形成非遗影像四大场域的历史过程及其在非遗的建构与传播中起到的社会功能进行如下概括(如图3)。

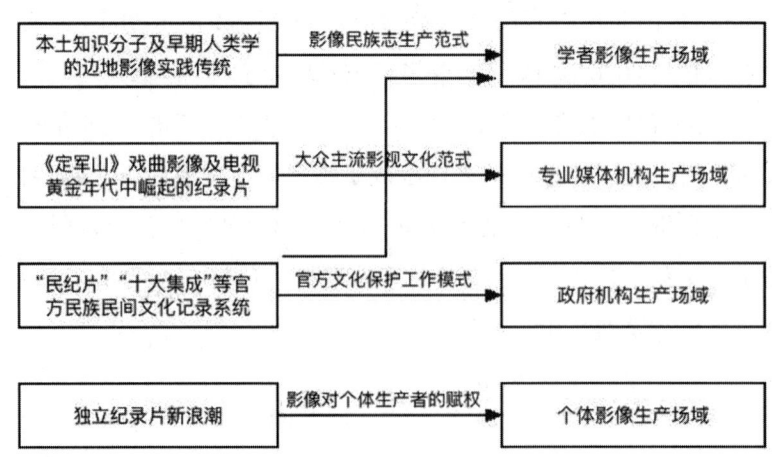

图3　四大非遗影像生产场域的形成

第一,继承西方人类学考察与庄学本、孙明经等本土知识分子的边地影像实践传统,高校与学术研究机构形成了基于影像民族志的生产范式,为非遗的知识生产与保护提供了认识论与方法论基础。

第二,由中国第一部电影《定军山》所开启的大众主流影视文化在电视等专业媒体领域得到了进一步发展,成为建构大众非遗想象、凝聚民族文化共识的主要话语来源。

第三,作为20世纪50年代中国少数民族社会历史科学调查的延续,以"十大集成""国家非遗传承人记录工作"等为代表的官方民族民间文化记录系统形成了具有中国特色的文化保护工作模式,为非遗的立档与保护奠定了坚实的基础。

第四,随着全民影像时代的到来,影像对个体生产者的赋权也从少数独立先锋扩展到更广阔的非遗文化主体,成为传承人进行自我表达与文化再生产的有效工具。

(二)从他者书写延伸至自我表征的影像主体变迁

在全球殖民体系的历史背景下,早期的影像实践难免形成窥探原始文化的他者视角。尽管庄学本、孙明经等知识分子尝试以边地影像激发民族共同体的意识,"民纪片"的创作者也试图通过影像的调查为统一的社会主义文化建设服务,但由于缺乏充分的文化主体性立场,"前非遗时代"影像中的文化对象大多被作为"原始的他者""神圣的他者"或"解放的他者"。

而21世纪全球化浪潮的涌入激发了中国人主体意识的觉醒。非遗影像表述的视角也开始从"他们"转向"我们",以我们共同的文化传统来向内发掘文化的自主性、建立共同的文化身份。无论是影像对人民共享共有的节日、史诗与非遗知识的确认、立档、保存与保护,还是电视纪录片中,中国人对自我文化追寻的高度表征与共鸣,非物质文化遗产都作为一种"凭借之物"实现了大众对自我文化身份的锚定。

更值得关注的是,影像带动了地方社区成员产生高度的文化自觉,挖掘出非遗保护的内生性力量。作为非物质文化遗产传承与保护主体的传承者在影像的赋权之下,获得了书写自我文化的主体性与能动性,也为非遗保护工作中文化权力结构的转型提供了契机。

(三)从文化标本延伸至日常生活的影像观念变迁

泰勒曾用"文化遗留物"的概念将民俗描述为原始文化在现代社会的遗存。"文化遗留物"的观念也深刻影响着人们对非遗的认知。早期影像中的非物质文化常被视为与现代性相对立的"落后文化""边地文化""濒危文化"。而随着影像对文化遗产当代意义与社会功能的呈现,以及对文化事项"现在进行时"的记录,文化遗产被赋予多种阐释的可能性。2012年,《舌尖上的中国》从饮食文化的角度引发了社会对中国人朴素的生产秩序与日常生活哲学的关注,使得非物质文化遗产与中国人的人伦情感、生活哲学相勾连。非遗更进一步成为家的味道、慈母的针线、匠人几十年如一日的生活,成为中国人最朴素的情绪。作为民俗学领域重要学术取向的"日常生活转向"也开始在非遗影像生产中出现,越来越多的非遗影像不再采取"标本式"的历史勾陈与"考古式"的遗产挖掘,而是从日常生活语境中理解和阐释那些传承于中国人文化基因中的活态文化遗产。

而移动网络影像的崛起则进一步让非遗回归到日常生活实践之中,为非遗的文化社群找到了新的生活世界。非遗被影像化,非遗影像也被日常生活化。非遗原有的技术系统、话语方式、消费秩序与文化空间得到了"数字再生"。通过网络直播与短视频记录、展示、展演自己的文化传统成为很多文化传承者的生存方式。在这里,非物质文化从稍纵即逝的、脆弱的"遗产"变为更加活跃、更富有生产性的民间主流日常文化生活。从物到人再到生活,影像对遗产的审视能够以人为尺度,以日常生活为语境,挖掘非物质文化遗产在当代活态传承的活力。

(四)从技术物延伸至行动者的影像功能演进

在《机械复制时代的艺术》中,本雅明将艺术品的价值归结为"膜拜价值和展示价值"的两极运动,摄影术对艺术品的机械复制导致了艺术品从"膜拜价值"向"展示价值"的转变。① 如早期西方旅行摄影对民族民间文化的考察以及今天一系列以确认、立档为目的的非遗数字影音档案记录,均基于影像的机械复制技术实现了文化遗产的跨时空展陈。此时非遗影像的主要功能是一种作为"技术物"的信息载体,所承载的信息价值高于其审美价值,对所呈现对象的"展示价值"超越了"膜拜价值"。而在日渐丰富的非遗影像发展历程中,影像对非物质文化遗产的符号建构与意义生产又使其呈现出"膜拜价值"的回归。对于非物质文化遗产而言,影像已不仅是一项被动的"技术物",更是一个富有能动性的传承振兴非遗的"行动者",也因此拓展出非遗影像多样化的当代社会功能。

而在高度媒介化的今天,影像所具有的行动属性在大量的主位影像当中得到最大程度的释放。逐渐走向成熟的社区影像展现出文化持有者主体能动意识的巨大潜能,

---

① 本雅明.机械复制时代的艺术作品[M].王才勇,译.杭州:浙江摄影出版社,1993:6.

通过影像的自我教育与社区动员,为当地文化社群提供了重新发掘并利用地方文化传统的重要契机。同样,移动网络影像的价值也不在于影像文本本身,而是建立在一系列点赞、转发、打赏、直播带货等社交互动与情感消费基础之上的再生产实践。高度互动的主位影像已不仅仅是对非物质文化的记录与呈现,它已成为凝聚非遗文化社群共识的文化合作,将非遗影像行动与文化消费行动、社会治理行动相连接,服务于乡村文化传承与社会振兴的实际需求。

四、从"文化边地"到"新主流":文化传统的现代转化

在电影研究领域,研究者曾提出"新主流电影论"的观念,探讨中国电影在主流价值与主流市场上的融合趋势。[①] 而基于对丰富的非遗影像历史书写与文化实践的考察可以发现,这股"新主流"的影像浪潮已从电影产业领域涌入中国纪实影像场域之中,并带动着非物质文化遗产的创造性转化与创新性发展。在历史影像与多元主体的交融互嵌之下,非遗影像正在融合起主流价值、大众审美、学术品格与文化主体性意识,成为弥合多元场域张力、凝聚多元主体共识的"新主流",凸显了非遗影像多场域共谋的未来趋势。这类走向"新主流"的非遗影像以文化传统的历史延续与共同创造构成了对主流价值的传达,以富有东方灵韵的影像审美以及高度互动的影像媒介聚合起主流观众,以文化共同体意识建立起观众对民族、国家的身份认同,并赋予观众以历史感、归属感、使命感,促成了社会共识与文化认同的达成。以非遗影像为代表的"新主流纪实影像"的崛起正全面形塑着大众对非物质文化遗产所指涉的文化事象的认知观念,曾作为"文化边地"的非物质文化正向着中心流动,成为今天中国人所追求的价值、审美和生活方式。通过影像的生产与消费,非物质文化不断获得了新的能动性与生命力,并在一定程度上促成了非遗的现代转型与意义变迁。作为百年以来承载非物质文化的现代媒介,影像影响着人们对传统与现代的认知,并在不间断的文化再生产中成为文化传统现代转化的一条关键路径。

〔王婧雯,中国传媒大学电视学院副研究员〕

〔特约编辑:赵希婧〕

---

① 尹鸿,梁君健.新主流电影论:主流价值与主流市场的合流[J].现代传播(中国传媒大学学报),2018,40(7):82-87.

视听传播

行业引领　学术标准　文化构建
　　——论"光影纪年"中国纪录片学院奖的产业价值与社会价值
　　　　　　　　　　　　　　　　　　　　　　　　何苏六　李　宁　王悦阳

网络流行文化的生成与传播机制研究
　　——基于舞蹈"科目三"走红的思考　　　　　　　　　田维钢　刘　阳

党史微纪录片的叙事特质与影像化书写实践
　　——基于微记忆生产的视角　　　　　　　　　　　　牛慧清　杨剑光

中国式现代化的媒体叙事："共同富裕"主题作品的视觉表达研究　赵如涵　陈俊旭

行业引领　学术标准　文化构建*
——论"光影纪年"中国纪录片学院奖的产业价值与社会价值

Industry Leadership, Academic Standards, Cultural Construction
—On the Industrial Value and Social Value of CAADF

◎ 何苏六　李　宁　王悦阳

He Suliu　Li Ning　Wang Yueyang

摘要：评奖活动作为推动纪录片行业发展和进步的重要事件，是纪录片创作实践和创作观念变迁的重要见证，肩负着促进纪录片事业发展的责任与使命。创办于2011年的"光影纪年"——中国纪录片学院奖（CAADF）被誉为中国纪录片界的"奥斯卡"，其通过奖项设置、颁奖典礼、线下展映与学术论坛等活动，持续发掘和深化纪录片的产业价值、美学价值、国际价值和社会价值。本文基于对中国纪录片学院奖十四年（2011—2024）评奖流程、奖项变迁、晚会特点、获奖作品的梳理，总结认为：中国纪录片评奖活动塑造了独具中国特色与时代精神的审美价值理念；促进中国纪录片树立民族文化自信，开拓国际视野，讲好中国故事；以仪式传播凸显纪录片文化影响力，引领社会话题，记录时代变迁。

关键词：中国纪录片学院奖；纪实美学价值；国际传播价值；社会文化价值

Abstract: As an important event that promotes the development and progress of the documentary industry, the awards event is an important witness to the changes in documentary creation practices and creative concepts, and shoulders the responsibility and mission of promoting the development of the documentary industry. China Academy Awards of Documentary Film (CAADF), founded in 2011, is known as the "Oscars" of the Chinese documentary industry. Through award settings, award ceremonies, offline screenings, and academic forums, it

---

* 本文系国家社科基金艺术学重大项目"中国纪录片的历史、理论与创新实践研究"（项目编号：22ZD09）；中国传媒大学校级科研项目"媒介融合环境下中国纪录片的产业重构与创新路径"（项目编号：CUC22GP00）的阶段性成果。

continues to explore and deepen the industrial value, aesthetic value, international value, and social value of documentaries. Based on the review of the 14-year CAADF(2011-2024) award process, award changes, gala features, and award-winning works, this article concludes that: China's documentary awards events have shaped aesthetic values with unique Chinese characteristics and the spirit of the era. They have promoted Chinese documentaries to build national cultural confidence, expanding international horizons and telling Chinese stories. They have used ritual chain communication to highlight the cultural influence of documentaries, leading social topics and recording the changes of the times.

Keywords: China Academy Awards of Documentary Film, documentary aesthetic value, international communication value; social and cultural value

纪录片评奖节展在行业发展中扮演着至关重要的角色,其不仅是汇聚全球优秀作品的舞台,更通过竞赛,筛选出在视听语言、叙事策略、主题表达等方面表现优秀的佳作,在引导行业创作风向的同时,激励着行业推出更多创新作品。

从艺术维度来看,纪录片节展是衡量纪录片艺术水准与内容价值的权威标尺。如阿姆斯特丹国际纪录片电影节、圣丹斯电影节纪录片单元、奥斯卡金像奖纪录片单元等,这些节令让诸多优秀纪录片崭露头角,创作者获得了专业认可与荣誉。从产业维度来看,诸多参展纪录片创作者是行业的新鲜血液,他们通过节展走向产业与市场,在收获行业知名度和后续创作资金的过程中,逐渐成长为纪录片产业中重要的一环,而媒体与制作方也可以寻觅到适配的导演资源,形成对产业的更新与迭代。从文化传播维度而言,纪录片节展是跨文化传播的有效路径。

"光影纪年"——中国纪录片学院奖(以下简称"学院奖")创始于2011年,由中国传媒大学主办、电视学院协办、中国纪录片研究中心①承办。经过十四年不间断的品牌积累和沉淀,中国纪录片学院奖已发展为包含评奖评优、创作交流、学术论坛在内的重要学术、文化、交流活动,在持续发挥评奖评优风向标作用的同时,推动行业创作更多艺术精湛、内涵丰富、制作精良的纪录片作品。学院奖建设纪录片的美学价值、国际价值、产业价值和社会价值,对中国纪录片业界、学界以及社会多个层面发挥持续而深

---

① 中国纪录片研究中心(CDRC)连续十余年编撰出版中国纪录片行业蓝皮书《中国纪录片发展报告》,研发了国内首套"纪录片综合评估系统",并拥有 CDRC 前沿发布、CDRC 出品、中国(国际)纪录片论坛、中国纪录片学院奖、"一带一路"纪录片学术共同体、中国纪录电影放映计划共八大品牌项目。

远的影响力。

一、纪录时代，引领行业：中国纪录片学院奖的发展与特点

2010年10月，国家广电总局出台《关于加快纪录片产业发展的若干意见》，将纪录片从一般的节目形态提升到国家文化发展战略层面；2011年1月，中央广播电视台纪录频道CCTV-9开播，对塑造国家形象、传播主流价值、构建文化生态具有重要意义；在中国纪录片生产与传播呈现新气象、产业化步入实质性发展阶段的时代背景之下，2011年12月，首届"光影纪年"——中国纪录片学院奖正式举办。

相比于北京国际电影节纪录片单元、上海国际电影节金爵奖纪录片单元、中国金鹰电视艺术节电视纪录片单元等关注电影或电视单一媒介形态的纪录片奖，中国纪录片学院奖将评奖视野聚焦于纪录片这一单独类型，成为国内设置奖项最多、评选维度最全面的节展，观照纪录片在内容和形式上更加多样的发展图景。相较于政府主办的、重点表彰主流意识形态作品的评奖，学院奖坚持学术价值、美学价值、社会价值的统一，内容兼顾公众、独立等多种制作范式，确保评奖范围覆盖中国纪录片创作生产的多层次、多主体。

学院奖作为中国纪录片发展史上第一个由高校设立的纪录片学术和文化交流活动，依托坚实的学术支持，经过不断的品牌积累和沉淀，已发展为包括创作交流、学术论坛在内的内容丰富的系列活动，成为国内以学术性、人文性、专业性、前沿性为标杆的纪录片领域盛会，在业界、学界以及社会多个层面发挥持续而深远的影响力。学院奖评选出的优秀纪录片作品，作为历年纪录片创作的典型案例，从不同层面、不同角度记录国家、社会、个人的发展历程，汇聚成一本宏伟壮阔的时代相册，成为近十几年来梳理中国纪录片发展最具影响力和权威性的"中国纪录片年度榜单"。学院奖将作品推优、颁奖晚会、学术论坛等行动作为载体，在与中国纪录片"互文"与"互动"中，始终以记录时代、致敬纪录精神的初心，见证着纪录片创作实践和创作观念的变迁，承担起促进纪录片事业发展的责任与使命。

二、规范·科学·公正：中国纪录片学院奖的学术品格

(一)规范评审：树立评奖权威

2011年12月23日，首届"光影纪年"——中国纪录片影像世纪盛典在人民大会

堂举办,中国纪录片学院奖通过回顾中国纪录片百年来的发展轨迹与光辉历程,致敬先辈,勉励当代纪录片工作者,向全社会呈现纪录片人的奉献精神。从2012年开始,学院奖将目光由作者转向作品本身,组织专业评委会,以"纪录片综合评估系统"为评判工具并颁发多项大奖,鼓励为行业作出重要贡献的个人和团体。

1. 征选片双轨制:内容广度与专业效度

在作品征集环节,学院奖采用征选片双轨机制。一方面,组委会点对点与央视、纪录片专业频道、各省级电视台以及纪录片制作机构和个人联系并发出参评邀请,征片范围几乎囊括了全部电视机构、新媒体机构与海外代表性机构。另一方面,组委会从专家库选取在业界和学界具有广泛影响力的专家,推选出近一年内最具代表性的优秀纪录片,经由专家推荐的作品直接进入终评环节。学院奖已吸引上万部作品参加评选,600余部作品获得提名,180余部作品获奖,双轨制保证了最大范围地覆盖优秀纪录片。

2. 评审委员会:去利益相关性与学术性

"去利益相关性"是学院奖组织评委会的首要原则,去利益相关性具体指初评与终评环节的评委与待评选作品之间不存在参与创作或是直接的利益关系。非利益相关的评委会确保了学院奖的评奖始终独立于纪录片制作机构、政府机构以及利益相关机构,使得学术精神和专业精神贯穿评选过程始终。因此,著名电影导演、监制、制片人高群书评价道:"学院奖是自由的、独立的。在我经历过的评奖中,学院奖我觉得是最公正的。"广州美术学院教授、图像与历史高等研究院院长尹吉男指出:"学院奖只有一个标准,那就是学术标准。"钟大年也指出:"专业性、现实性,以及提倡新人的创造精神,这些是学院奖的基本内涵。"雅克·贝汉评价道:"中国纪录片学院奖自创立以来,一直保持着很高的水准。中国纪录片人把摄影机当成时代的眼睛和社会的镜子,这种勇气和执着让我折服。"

学术性则是学院奖破圈意识的最佳体现。[①] 过去,纪录片奖项的评委会主要由纪录片界、业界的资深人士组成,而学院奖组委会另辟蹊径,在纪录片专业内寻找评委的同时,还将视野转向整个人文社科领域,在突破纪录片局限性、保持专业性的同时,也将纪录片的考量标准拓展到整个社会,将纪录片的意义拓展到整个人文领域。由此,

---

① 学院奖分为初审与终评两个环节。初审阶段,由来自高校的资深教授、专家组成初评委员会,在上千部作品中遴选出100余部入围作品进入终评。终评阶段,作品提交评审委员会,由人文社科领域非利益相关的顶尖学者及传媒界先锋人物集中观看和打分,并最终产生70部左右的提名作品以及最终获奖作品。

学院奖从更高层次和更广领域上建立纪录片人的责任心和使命感,使纪录片成为真正意义上的"国家相册"。

历届学院奖终评评审委员会共有34位终评评委,涵盖了世界范围内人文社科领域顶尖的学者、媒体工作者、导演、制片人等。在学术界,以钟大年、汪晖、尹鸿、王岳川、丁亚平等为代表的新闻传播、文学艺术领域最具权威性的高校教授共计17人,专家学者的最大占比确保了学院奖的学术性和专业性。在传媒界,以封新城、孙冕、董瑞峰、刘春、陈玲珍等为代表的媒体工作者共计10人,确保了学院奖始终与纪录片产业化与市场化发展接轨。在影视文艺界,以雅克·贝汉、任仲伦、徐沛东、高群书等为代表的艺术创作者共计7人,世界纪录片大师雅克·贝汉先生从2017年起受聘担任中国纪录片学院奖终身荣誉主席。

此外,历届学院奖评委会包含了来自美国、英国、法国、韩国等国家的专家学者,如美国著名动画导演、第77届奥斯卡最佳视觉效果奖获奖者安东尼·拉默里纳拉,韩国釜山国际影视节目展(BCM)执行委员长具宗祥教授等。外国评委的加入为学院奖评审提供"他者"视角,促进不同民族文化之间纪实影像审美观念突破本土地域限制地相互碰撞、相互融合,有利于建立兼具中国风格和国际视野的纪录片评价体系。

(二)科学评估:引领价值构建

纪录片产业发展亟须建立完整的、科学的评估体系以评价和引导纪录片的制作与传播,"学术品格"对于纪录片生产的指导意义也日益重要。2011年6月20日,由中国传媒大学中国纪录片研究中心历时两年研究开发的"纪录片综合评估系统"发布,填补了学界和业界关于纪录片评价标准的空白,回应了纪录片产业化发展的时代需求。其中的"纪录片综合评估系统",从内容、形式、价值入手,设立6项一级指标"选题价值""纪实风格""叙事策略""视听系统""传播价值""创新性"。每年评审过程中,终评评委都会根据上述指标进行打分,系统根据不同的权重,对不同奖项进行定制化的评选,最终根据分数和评议产生获奖作品。

"纪录片综合评估系统"作为对纪录片行业的评估标准,在学院奖评奖环节得到实践应用和迭代改良,中国纪录片的行业评奖第一次完全从纪录片的艺术水准出发,以学术标准进行考量,依托数据为纪录片的现实创作提供更加科学的依据,引导纪录片创作、评论、研究的风向,促进构建具有中国特色和科学视野的中国纪录片生态。

(三)奖项变迁:映照纪录片观念变革

奖项设置及其评选标准体现了评奖活动的品质与担当,其历时性的演进脉络里亦潜存着纪录片观念的流变和纪录片业界的发展趋势。[①] 14年来,学院奖从影片形态、参与主体、技术要素、作品影响等多角度出发,先后设立17个常设奖项、8个增设奖项。奖项的增设和调整,不仅是对时代关切与产业改革的积极回应,也作为一种激励机制推动了中国纪录片行业及生产机制的结构性调整,人们还可以从中透视学院奖一以贯之的学术品格、价值取向和社会担当。

表1 历届中国纪录片学院奖奖项变迁

年份	奖项数量	奖项名称	增设	奖项空缺
2012年	11	评委会大奖/最佳长纪录片奖/最佳短纪录片奖/最佳微纪录片奖/最佳外语纪录片奖/最佳网络纪录片奖/最佳国际传播奖/最佳创新奖/最佳大学生作品奖/最佳新人奖/最佳中国题材(国际制作)奖	—	—
2013年	13	评委会大奖/最佳长纪录片奖/最佳短纪录片奖/最佳微纪录片奖/最佳外语纪录片奖/最佳国际传播奖/最佳剪辑奖/最佳摄影奖/最佳音乐音响奖/最佳创新奖/最佳大学生作品奖/最佳新人奖/最佳中国题材(国际制作)奖	最佳剪辑奖/最佳摄影奖/最佳音乐音响奖	—
2014年	16	评委会大奖/最佳长纪录片奖/最佳短纪录片奖/最佳微纪录片奖/最佳外语纪录片奖/最佳系列纪录片奖/最佳纪录电影奖/最佳网络纪录片奖/最佳国际传播奖/最佳剪辑奖/最佳摄影奖/最佳音乐音响奖/最佳创新奖/最佳大学生作品奖/最佳新人奖/最佳中国题材(国际制作)奖	最佳系列纪录片奖/最佳纪录电影奖/最佳网络纪录片奖	最佳国际传播奖
2015年			—	最佳微纪录片奖
2016年	15	评委会大奖/最佳长纪录片奖/最佳短纪录片奖/最佳微纪录片奖/最佳外语纪录片奖/最佳系列纪录片奖/最佳纪录电影奖/最佳网络纪录片奖/最佳国际传播奖/最佳剪辑奖/最佳摄影奖/最佳音乐音响奖/最佳创新奖/最佳大学生作品奖/最佳新人奖	—	—
2017年			—	最佳创新奖
2018年			—	—
2019年	17	评委会大奖/最佳长纪录片奖/最佳短纪录片奖/最佳微纪录片奖/最佳外语纪录片奖/最佳系列纪录片奖/最佳文献历史纪录片奖/最佳纪录电影奖/最佳手机纪实作品奖/最佳网络纪录片奖/最佳国际传播奖/最佳剪辑奖/最佳摄影奖/最佳音乐音响奖/最佳创新奖/最佳大学生作品奖/最佳新人奖	最佳文献历史纪录片奖/最佳手机纪实作品奖	—
2020年			—	—
2021年			—	最佳外语纪录片
2022年			—	—
2023年			—	—
2024年			—	—

[①] 李国聪,饶曙光.中国电影奖评选与电影观念变迁:以金鸡奖、百花奖为例[J].北京电影学院学报,2022(1):13-19.

学院奖的学院本色首先体现在最佳大学生作品奖和最佳新人奖的分设上。组委会开创性地将纪录片青年从业者进行分类①,细化为大学生(含研究生)和社会人士,更科学地挖掘和提拔纪录片新人。最佳大学生作品奖的设立初衷是从学生阶段便开始发掘好作品和未来行业内的优秀纪录片人,激励青年学生的创作勇气和艺术自信。最佳新人奖的设置使得更广大范围内的新人群体不必受到年龄、职业、身份等非创作因素限制,保证更多优秀作品能够得到关注,为纪录片行业培养人才,储备力量。

2013年开始,学院奖率先将纪录片制作水平放置在更多层面进行评估、考察,依据技术、类型增设了最佳摄影奖、最佳剪辑奖、最佳音乐音响奖、最佳系列纪录片奖、最佳文献历史纪录片奖,这不仅完善了国内纪录片作品评估体系,也为纪录片产业化发展提供引导。

伴随网络化与移动化趋势,纪录片的拍摄工具与传播媒介再一次更新迭代。2014年与2019年,学院奖先后增设"最佳网络纪录片奖""最佳手机纪实作品奖",主动拥抱网络时代新的纪实观念和创作态度,激发网络纪录片解放传统媒体纪录片语态及重构纪录片产业的巨大潜力。

同样,作为鼓励纪录片讲好中国故事、传播好中国声音的"最佳国际传播奖"最初也是从"最佳中国题材(国际制作)奖"演变而来。21世纪前后,纪录片开始在市场力量的助推下进行国际化探索,最初"走出去"的纪录片大多是由国际化制作、发行的优秀中国题材纪录片,如《归途列车》《千锤百炼》《透视春晚》等。而21世纪以来,纪录片国际合作逐渐成为常态,本土制作能力迅速提升,学院奖便因势而动,设置最佳国际传播奖表彰包括中国制作、中外合作制作的具有国际传播力和影响力的优秀中国纪录片作品,在学院奖的平台涌现出如《鸟瞰中国》《创新中国》《从〈中国〉到中国》《澎湃中国》等走出中国、走向世界的国际传播作品。

评委会大奖作为学院奖的压轴大奖,收纳了不同时期中国纪录片最具影响力和传播力的纪录片作品,集中体现了学院奖对纪实美学、学术品格与人文精神的重视。例如,首届评委会大奖的获奖作品《舌尖上的中国》将中国纪录片引入万众瞩目的"公众时代",真正开启了纪录片工业化生产进程。《乡村里的中国》《棉花》《高考》《三矿》用"直接电影"的拍摄手法、平实的镜头语言和细致入微的洞察力,诠释了时代变革中的生活图景,呈现出纪实美学的艺术张力。《人间世》《金银潭实拍80天》《与象同行》《北

---

① 最佳大学生作品奖评选标准:在校大学生(含研究生)创作的纪录片;最佳新人奖评选标准:非在校大学生(含研究生)创作的处女作纪录片。

京 2022》聚焦社会热点、记录关键历史时刻,昭示了纪录片作为"人类生存镜子"的当代价值与现实力量。《中国梵高》《何有此生》《六人:泰坦尼克号上的中国幸存者》《次第花开》《里斯本丸沉没》跨越多国多地进行拍摄,彰显纪录片跨时空、跨文化的巨大潜力,也为中国纪录片的国际传播提供了范本。

(四)晚会特色:彰显学术气质

中国纪录片学院奖颁奖典礼举办地从人民大会堂、钓鱼台国宾馆芳菲苑、郎园Vintage到中传4K演播馆,地点轮回间不变的是学院奖记录时代、致敬纪录精神的初心。学院奖始终秉持"国家高度、学术品格、国际视野、中国风格"理念,用别具一格的晚会现场和颁奖典礼,缅怀先烈、致敬经典、歌颂纪录片精神,用舞台光影描摹纪录片的历史、当下与未来,用技术创新铸就时代精神。

2011年首届学院奖盛典的高光环节无疑是开场的"光影红毯"。组委会邀请老一辈纪录片人以及新一代纪录片创作者走过人民大会堂北大厅红地毯,中国纪录片人的首次集体亮相,给予蛰伏已久的中国纪录片人特殊的荣耀与荣光。同时,学院奖组委会特别制作三尊半身铜塑雕像,以铭记《武汉战争》的拍摄者朱连魁、中国最早投身纪实影像教育的孙明经、荷兰纪录片导演伊文思为纪录片发展作出的巨大贡献。首届学院奖获得者陈汉元先生、学院奖评委会终生荣誉主席雅克·贝汉先生于2021年、2022年相继辞世,组委会特别为两位已故先辈制作了两尊铜像并举行铜像揭幕仪式,通过雕塑这一跨越时间和空间的艺术形式,表达对中国历史中纪录片先驱的纪念和致敬。

学院奖的锐意创新不仅体现在评奖环节,晚会现场的精妙设计也体现了组委会对于媒介科技前沿的把握。2012年第二届学院奖晚会现场加入了无人机环节,由中国传媒大学学生自主研发的航拍器"小飞侠"预示了未来纪录片创作中无人机拍摄的广泛使用。2015年,晚会回归中国传媒大学1400平方米4K高清演播馆,全程采用360度全景直播,展现出新技术所带来的记录视角的变化。2016年,颁奖典礼采用了最新的3D打印技术在现场制作学院奖奖杯,由主持人通过实时画面向观众汇报打印进度。2023年,颁奖典礼现场放映学院奖组委会原创短片《虚实之间》,用影像聚焦AI技术,叩问虚拟与真实的界限,探讨技术变革带给纪录片的深刻影响。

学院奖在视听元素的设计上也别出心裁。学院奖奖杯的造型原型是荷兰纪录片导演尤里斯·伊文思赠送给延安电影团的埃姆牌独眼龙摄影机。学院奖将摄影机作为主要设计元素,与奖杯造型结合,以失蜡法浇铸,通过翻模、灌蜡、修蜡、制壳等多个环节,手工打造了一座座独一无二的奖杯;日晷代表时间流转,见证纪录片事业发展,从第一届学院奖开始,日晷被放置在晚会现场,让人们感知时光流转,时代变迁。而每年的开场视觉秀也通过超宽银幕,结合移动轨道、裸眼 3D 技术等演绎一幅幅经典画面,见证中国纪录片的流转。学院奖晚会每一年的压轴节目是著名歌唱家演绎晚会主题曲《你是我的名字》,歌曲由何苏六教授作词,著名音乐人徐鲤作曲,结合当年优秀纪录片制作 MV,共同表达出纪录片人对生命的礼赞。

区别于常规意义的文艺晚会,学院奖从创始之初,就具有浓郁的学术氛围。借助学院奖颁奖晚会这一平台与业界同人共享学术研究成果,为业界发展提供借鉴,体现了学界对于中国纪录片发展的责任感和使命感,也是学院奖学术气质的最佳突显。

三、纪实性・国际化・社会性:中国纪录片学院奖的价值引领

(一)纪实美学价值:弘扬纪实美学,彰显时代精神

21 世纪以来,中国纪录片形成了戏剧美学、纪实美学与技术美学三者交叉缠绕的繁复格局。学院奖在 14 年的举办过程中,通过评选活动和晚会主题塑造了独具学院奖特色与时代精神的审美价值理念。

首先,学院奖对纪实美学的推崇出于对客观记录、还原现实本真的追求。在纪录片美学多元化趋向下,学院奖坚持在评估系统中着重考量作品主题的现实性、创作手法的纪实性、思想的深邃性,这种纪实性审美价值尤其表现在历届"评委会大奖""最佳长纪录片奖"等奖项的获奖作品中。比如,获得第三届学院奖评委会大奖的《乡村里的中国》,导演和摄像历时一年多与山东淄博市沂源县杓峪村村民同吃同住,以极其克制的拍摄手法记录了当地百姓的真实生活,用朴实的镜头语言勾勒出中国农村生活图景。第九届学院奖评委会大奖作品《三矿》历时两年拍摄与制作,平实记录了煤矿工人不畏艰险的硬骨头与真实性情,成为透视中国工业发展和转型史的珍贵样本。第五届学院奖最佳摄影奖《喜马拉雅天梯》历时 4 年摄制,在喜马拉雅山极其恶劣的环境之下,完整记录了西藏登山向导登珠峰的全过程,冷静客观的镜头和壮美的自然风光呈现了纪实美学的独特魅力。第十三届学院奖最佳长纪录片奖作品《次第花开》历时七年多,摄制组足迹遍布 8 个国家和地区,讲述了拥有天籁梵音的尼泊尔女尼琼英卓玛发愿建立女童学校和医院的故事。

其次,学院奖对纪录片时代性的重视贯穿历届晚会年度主题的始终。自 2011 年起,历届学院奖在梳理时事脉络、回溯纪录片行动的基础上,提炼出画龙点睛的年度主

题,晚会现场围绕主题设置特别环节,并以此致敬纪录精神。2011年,学院奖盛典以主题"百年光影"表达对中国纪录片百年诞辰的纪念,象征着蛰伏已久的中国纪录片与纪录片人的"登场"。2012年,在"20年·我们同在"的主题下,组委会设置特别单元"中国纪录片20年",描绘1993年至2012年二十年来中国纪录片发展的辉煌历程。2019年,学院奖晚会以"纪录的力量"为主题,设立《致敬新中国70年》纪念影片、《国家相册:共和国70年》主题纪实摄影集锦等特别环节,借助纪录片回顾新中国成立70年的历史进程,定格国家记忆。

与此同时,学院奖并非一味地怀旧和复古,而是与21世纪纪录片共生共荣,与时代关联互动。例如,2014年,学院奖晚会主题为"新纪录时代",主题影片《新纪录时代》和《纪录片新趋势2014》展示了技术驱动下纪录片界的革新。2016年,学院奖晚会现场发布《纪录片人生存状态报告》,以影片的形式展现了对中国纪录片从业者生存状态的大规模调研的阶段性成果,借助影像将学术成果惠及纪录片业界、学界同仁。2020年,在新冠疫情暴发的背景下,学院奖组委会制作《抗疫影像巡礼》,透过真实影像讲述抗疫故事、传递战"疫"精神。2024年,学院奖以"感性的真实空间和时间"为主题,回应人工智能时代纪录片领域的真实与虚拟之辩。

表2　历届中国纪录片学院奖年度主题、主题影片及评委会大奖作品

年份	年度主题	主题影片	评委会大奖作品
2011年	百年光影	《百年光影》	—
2012年	20年·我们同在	《逝者追忆》《纪录片新趋势2012》	《舌尖上的中国》
2013年	致敬声音	《向纪录精神致敬》《纪录片新趋势2013》	《乡村里的中国》
2014年	新纪录时代	《光影四年》《新纪录时代》《纪录片新趋势2014》	《棉花》
2015年	以极限记录无限,以生命记录生命	《光影五年,与纪录同行》《"评"说学院奖》	《高考》
2016年	致敬纪录精神	《纪录片人生存状态报告》《纪录片的力量》	《人间世》
2017年	中国时代·国际传播	《丝路光影》	《中国梵高》
2018年	致敬中国电视纪录片60年	《致敬中国电视教育工作者》《摄影是什么》	《何有此生》

续表

年份	年度主题	主题影片	评委会大奖作品
2019年	纪录的力量	《国家相册:共和国70年》《致敬新中国70年》《学院奖手机纪实72小时》	《三矿》
2020年	真实高于月亮	《光影十年》《学院奖评委说》《一束光:致敬纪录精神》《抗疫影像巡礼》	《金银潭实拍80天》
2021年	非常年代,非凡影像	《学院奖十年回顾》《家国记忆、百年风华》《学院奖幕后纪实》	《六人:泰坦尼克号上的中国幸存者》
2022年	纪·年	《光影纪年》《映像·中国》《致敬雅克·贝汉》	《与象同行》
2023年	真实纪录	《光影一纪年》《铸造荣耀》《虚实之间》	《听,鸟儿在叫》
2024年	感性的真实空间和时间	《时光见证·同行致远》《与光同行》	《里斯本丸沉没》

(二)国际传播价值:立足民族文化,拓展国际视野

20世纪90年代至21世纪初,在"新纪录片运动"中涌现出一批独立制片人,他们创作的纪录片在国际各类重量级电影节中备受关注,如《八廓南街16号》《回到凤凰桥》《阴阳》《老头》《八矿》等。然而,"国际影坛接纳他们,着重的是他们反主流意识形态的不合作态度和地下制作的艰辛形式"[①]。事实上,为了获得作品展示资格,一些纪录片导演选择迎合西方电影节的标准体系从而拍出了"满足西方口味的中国纪录片"。因此,创办本国节展的意义就是要让文化作为民族身份代表,通过艺术性的历史表达方式进入国际视野。

在国家政策与民间创作共同发力推动纪录片国际传播的背景下,学院奖聚焦于中国题材纪录片的同时,鼓励向世界推广讲述中国故事的纪录片作品,在树立民族文化自信和开拓国际视野之间寻求良好的平衡。在奖项设置方面,学院奖设立"最佳外语纪录片奖",表彰由国外机构制作的非中文纪录片作品;设立"最佳国际传播奖"表彰具有国际传播力和影响力的优秀中国纪录片作品,鼓励以多样视角讲述"人类命运共同

---

① 方方.中国纪录片发展史[M].北京:中国戏剧出版社,2003:376.

体""一带一路""中国梦"等主题的纪录片创作。在颁奖典礼方面,学院奖响应国家文化政策导向,2017年颁奖典礼以"中国时代·国际传播"为主题,回顾中国纪录片在国际传播领域的贡献,鼓励纪录片人将中国社会记忆、精神诉求和文化信仰融入中国故事中并展现给全世界的观众;在国际交流方面,由中国纪录片研究中心主办的2019年中国(国际)纪录片论坛成立"一带一路"纪录片学术共同体(BriDoc),致力于构筑"一带一路"国家纪录片资源的聚合分享,构筑多边、公共、智库国际合作平台,促进中国题材纪录片国际传播和跨文化交流合作。

影视所承载的国家社会形象、民族精神文化和价值观念一直是国家作为文化软实力的重要输出部分。① 近年来,学院奖也在不断探索将影展上获奖的作品通过媒体报道、人物访谈、英文翻译等方式对外进行输出,以触达国际上的潜在受众。学院奖所代表的中国纪录片的民族意识形态、纪实美学理念渗透评奖、晚会、论坛、影展的方方面面,对外展现可信、可爱、可敬的中国形象,加强中华文化的国际传播力和影响力。

(三)社会文化价值:搭建仪式场域,引领社会话题

传播仪式观认为,传播不应仅仅被视作信息的传递,而是通过仪式呈现文化,传播活动是通过符号过程实现共享信仰、维系社会功能的仪式。电影节是仪式传播的具体实践形态,能够通过打造特定的传播仪式和场域以实现文化呈现及文化共享,进而形成自身影响力。② 学院奖作为纪录片界的一种"文化仪式",借由光影红毯、评奖推优、作品展映、产业论坛等符号化活动,召唤并聚集中国纪录片学界、业界人士与纪录片爱好者,通过意义共建与共享唤醒并留存有关中国纪录片的共同记忆与民族情感。

一方面,学院奖以仪式传播凸显纪录片文化影响力。首先,学院奖以学术、权威、公正的纪录片综合评价体系,指引中国纪录片创作与评价的艺术文化走向。其次,历届学院奖颁奖典礼作为最具仪式性的文化场域,其围绕特定的主题制作主题影片、设置特别环节,深刻总结与阐释中国纪录片发展现象,述说纪录片人眼中的国家记忆,传递与共享记录精神与文化价值。此外,由中国纪录片研究中心于2023年发起的"中国纪录电影放映计划",以系统性、学术性、服务性、公益性为指引,持续挖掘优秀纪录电影、拓展纪录电影放映渠道、延展纪录电影传播空间,让观众欣赏到更多优秀纪录电影,提高中国纪录电影的市场认可度、社会能见度、公共影响力和国际传播力。

另一方面,学院奖以仪式传播引领社会话题。纪录片作为人类现实生存之镜,始

---

① 饶曙光.电影与国家形象:产业、文化与美学[J].上海大学学报(社会科学版),2012,29(5):16-30.
② 杨琳,许秦.作为文化仪式的国际电影节及其影响力提升路径研究[J].电影艺术,2020(2):100-105.

终观照社会现实,记录时代变迁;纪录片并非精英艺术,而是公众参与记录、观察社会并共享意义的重要媒介。历届学院奖颁奖典礼通过爱奇艺网、优酷网、腾讯新闻、新浪微博等网络平台向全球高清直播,在中国教育电视台、旅游卫视等全国卫视频道黄金时段播出,并得到新华社、中新社、《人民日报》、《光明日报》、中央电视台《新闻联播》栏目等官方媒体以及地方媒体的高度关注与深度报道,《光明日报》报道中指出:"围绕学院奖颁奖典礼展开的行业国际高峰论坛、国际纪录片前沿趋势观察、年度中外优秀纪录片作品展映等系列活动,成为享誉海内外纪录片年度盛典。"①

作为有史以来中国纪录片界规格最高、参与人数最多、媒体影响力最广泛的文化活动,学院奖一直以来扎根现实、深入社会,努力实现公众与纪录片的共享与互动。此外,学院奖常设单元"光影映像"展映活动于中国传媒大学校园内举办,展映学院奖获奖作品以及国内外优秀纪录片作品,并邀请中传知名教授、学者现场主持讨论,主创与观众零距离深入交流,在纪录片界与社会之间搭建一条沟通交流的通道。借助媒体、展映等不同的仪式场域,学院奖强化了纪实影像观照现实的社会责任感,构建公众与中国纪录片的情感纽带,形成其独有的社会影响力。

参考文献:

[1]何苏六.中国纪录片发展报告(2011)[M].北京:社会科学文献出版社,2011.

[2]何苏六.光影十年(2011-2020):中国纪录片学院奖巡礼(上下册)[M].北京:社会科学文献出版社,2021.

[3]李国聪,饶曙光.中国电影奖评选与电影观念变迁:以金鸡奖、百花奖为例[J].北京电影学院学报,2022(1):13-19.

[4]饶曙光.电影与国家形象:产业、文化与美学[J].上海大学学报(社会科学版),2012,29(5):16-30.

[5]杨琳,许秦.作为文化仪式的国际电影节及其影响力提升路径研究[J].电影艺术,2020(2):100-105.

[6]何苏六,韩飞.时代性互文互动:改革开放40年与中国纪录片的发展谱系[J].现代传播(中国传媒大学学报),2018,40(12):111-115.

[7]戴剑平,王樱洁.中国(广州)国际纪录片节获奖影片的题材倾向、主题流变及审美价值[J].现代传播(中国传媒大学学报),2020,42(10):113-117.

[8]朴玉莹.论影展的文化构建:以西湖国际纪录片大会(IDF)为例[D].杭州:中国美术学

---

① 第八届"光影纪年:中国纪录片学院奖"颁奖典礼举办 致敬电视纪录片六十年[EB/OL].(2018-12-29)[2025-01-05].https://baijiahao.baidu.com/s?id=16211799350341276728cwfr=spider&for=pc.

院,2019.

〔何苏六,中国传媒大学新闻与传播学部副学部长、中国纪录片研究中心主任、教授、博士生导师;李宁,中国传媒大学中国纪录片研究中心助理研究员,北京市习近平新时代中国特色社会主义思想研究中心特约研究员;王悦阳,中国传媒大学电视学院2022级广播电视学硕士研究生〕

〔特约编辑:王婧雯〕

网络流行文化的生成与传播机制研究
——基于舞蹈"科目三"走红的思考

Research on the Generation and Dissemination Mechanisms of Internet Popular Culture：Reflections Based on the Popularity of the Dance "Subject Three"

◎ 田维钢　刘　阳

Tian Weigang　Liu Yang

摘要：舞蹈"科目三"在全球范围内的意外爆红，引发了社会各界的广泛关注，成为网络流行文化在互联网时代背景下的一个典型代表，持续吸引着学术界的深入探究。随着技术的迭代、社会的演进、思想的革新以及需求的变化，网络流行文化正经历着从单纯认同向深度连接的深刻转型。研究揭示，舞蹈"科目三"作为现象级传播的案例，其从本土"出圈"到国际"出海"的历程蕴含着必然性：这得益于由载体、物体与人体三者动态交互构成的三"体"传播动力机制，以及围绕游戏化狂欢、情感满足和身份认同构建的生产实践机制。这些机制共同促进了舞蹈"科目三"的广泛传播与深远影响。

关键词：网络流行文化；传播机制；身份认同

Abstract：The unexpected global popularity of the "Subject Three" dance has drawn widespread attention from all sectors of society and has become a typical example of Internet popular culture in the context of the Internet age, continuously attracting in-depth exploration by the academic community. With the iteration of technology, the evolution of society, the innovation of ideas, and the change of demands, Internet popular culture is undergoing a profound transformation from simple identification to in-depth connection. Research shows that the "Subject Three" dance, as a case of phenomenal communication, contains an inevitability in its journey from going viral locally to making a splash internationally. This is due to the three-"body" communication dynamic mechanism constituted by the dynamic interaction among the carrier, the object, and the human body, as well as the production practice mechanism built around gamified carnival, emotional satisfaction, and identity recognition. These mechanisms jointly contribute to the widespread dissemination and far-reaching influence of the "Subject Three" dance.

Keywords：internet popular culture, dissemination mechanism, identity recognition

自 2023 年至 2024 年,一股名为"科目三"的魔性舞步风潮席卷全球,其热度至今仍未消散。这股风潮借助互联网的强大力量,从线上迅速扩展至线下,从国内广泛传播到海外,无论是在街头巷尾还是专业舞台,人们都能目睹"科目三"的身影。所谓"科目三",全称"广西科目三",寓意广西人必备的三项技能:唱山歌、嗦米粉、跳舞。舞蹈"科目三"的雏形源自"社会摇",曾在 2015 年前后风靡柳州的 KTV 场所。2021 年,在广西的一场婚礼上,有人以"科目三"风格的舞蹈为婚礼增添欢乐气氛,因其现场效果极佳,迅速被众人争相模仿,从而广泛传播并流行开来。结合广西人固有的唱山歌、嗦米粉、跳舞三大技能,舞蹈"科目三"的名称逐渐固定下来。2022 年,短视频平台上开始涌现"科目三"舞蹈视频,直至 2023 年 10 月前后,以歌曲《一笑江湖》为配乐的"科目三"在短视频平台上大放异彩。同年 11 月中下旬,海底捞餐厅组织员工身着制服跳起"科目三",自此,"科目三"作品的流量呈现指数级增长。进入 12 月,"科目三"的热度持续攀升,开始向全球扩散,世界各地不同国家、不同民族、不同文化背景的人们纷纷模仿起"科目三"舞蹈,进一步推动了其热度的持续发酵。作为一种网络流行文化,"科目三"在走红后也引发了一场关于"雅俗"的争议。从文化研究的角度来看,网络流行文化或大众流行文化与精英文化之间存在着一定的冲突。"科目三"作为一种略带乡土气息的网络流行文化,打破了雅与俗的界限,消除了大众与精英之间的隔阂,是"本土"化的传播实践,体现了国民对中华优秀传统文化的守正创新,也是国民文化自信的显著表现。它充分提炼出本民族优秀传统文化的精髓,并将其转化为满足新时代人们精神文化需求的艺术形式,使中华民族优秀传统文化基因与现当代文化语境相适应、与现代社会需求相协调,为中国与世界的沟通交流开辟了更广阔的空间。那么,舞蹈"科目三"作为一种网络流行文化,为何能够成为全球性的文化现象?其跨文化传播的动因和机制是什么?它能否为我国国际文化传播提供有益的借鉴?本研究旨在深入探讨并解答这些问题。

一、网络流行文化的演变及意义转向：认同到连接

流行文化是一种基于文化层面的社会认同①，是大众对文化样态的自然选择。即使遭受来自精英文化的鄙视与碰撞，也无法抵挡大众拥戴流行文化的热情。与此同时，时代的进步与文化的多元包容为流行文化提供了发展的空间，流行文化不再是文化产业对大众进行操纵和灌输的方式，更是大众主观意愿表达的渠道。流行文化作为一种以通俗性和商业性为主要特征的新型文化，通常也被称为通俗文化或大众文化，在本研究中，流行文化被界定为以商品经济为基础，以媒介工具为载体，以娱乐快感为旨趣，以流行趣味为引导的世俗的大众日常生活文化。

网络流行文化区别于传统媒体时代，是以网络为基础，以社交媒体为主要传播平台的文化现象，包括多种形式的内容、视频、表情包、语言等。这些内容往往具有独特的趣味性、吸引力和分享性，从线上至线下迅速传播并得到大众广泛关注和参与。网络流行文化不仅反映了青年群体的特定情绪、态度或价值观，同时也反映了社会整体的精神状态和文化观念。它是大众娱乐消遣的方式，也是群体之间交流和表达观点的重要途径之一。

网络流行文化作为一种文化现象、一种社会现象，可以帮助个体通过参与流行文化的讨论、分享和创作，表达自己的身份认同和审美取向，建立人们相互连接的桥梁，形成共同体验和情感共鸣。网络流行文化充当了不同圈层之间情感纽带的来源，拉近彼此之间的距离，增进了情感联系。网络流行文化从个体认同到大众连接，既反映个体对共同文化符号的认同与追随，也体现了人们通过共享文化内容建立起的社交连接。人们首先通过特定文化符号或内容认同来建立联系，这种认同可以是对某一特定群体、文化产品或思想的认可和接纳，一旦产生了认同，人们往往会积极参与到网络流行文化中，通过分享等形式来表达自己的认同和兴趣。这种参与可以是在社交媒体上分享看法和经历、评论留言、加入讨论，也可以是二度创作，以此扩大文化影响力。人们在网络流行文化的传播与互动过程中建立起社交关系，与具有相同兴趣爱好的个体形成紧密的趣缘共同体，共同体验，激发情感共鸣，加深彼此的联系。

二、载体、物体、人体构成的传播动力机制

短视频、海底捞餐厅以及身体作为文化、社交与意识表达媒介的多重角色与影响：

---

① 荣荣.流行文化的特征及其生成机制研究[J].天津师范大学学报(社会科学版),2009(3):57-61.

短视频作为全球性文化传播载体,通过其内容的创作、传播及平台特性,不仅促进了网络流行文化的发展,还激发了用户的创作热情,增强了用户黏性,推动了文化的多向交流与国家形象的塑造。海底捞作为媒介物场域,通过其特有的社交互动与文化传播功能,成为文化现象扩散的助推器,实现了大众精神自由的追求与集体共同记忆的建构,加强了大众对文化现象的情感链接。而人体作为意识产生的基础,通过舞蹈等身体语言,能够跨越文化背景进行沟通,表达情感与思想,传递真善美的价值观与社会正能量,同时在特殊时期成为情绪释放的载体,建立起人与人之间的情感联系,帮助个体表达自我、建立自尊自信,唤醒对生命的渴望与美好生活的期待。三者相互作用,共同构成了文化传播的强大动力机制。

(一)载体:作为全球性文化传播新范式的短视频

短视频这一新兴的网生内容形态与传播方式,已逐步演化为网络流行文化发展的基石,同时也是孕育网生文艺内容的温床与肥沃土壤。其创作、传播及影响力的格局已打破传统媒体或平台的垄断,转而由广大的普通用户与小型内容创作者共同塑造与推动。短视频平台与社交媒体平台的融合,为普通用户提供了前所未有的传播舞台。尤为值得一提的是,算法推荐的引入,使得优质内容得以更高效地被发现与传播,极大地激发了用户的创作热情。这些平台不仅赋予视频内容被平等展示的机会,还通过设立话题与挑战赛等活动,进一步鼓励用户的积极参与。据统计,截至2024年2月,抖音平台上的"#科目三"话题播放量已惊人地达到579.8亿次,而网络视频播放量在2024年初便已突破460亿次大关,且这一数据仍保持着强劲的增长势头。

与此同时,短视频平台凭借其内容的趣味性、触达的精准性以及传播的交互性,构建了高度的用户黏性。这些平台不仅提供了信息浏览与内容创作的功能,其强大的社交属性更是激发了受众自主分享的内在动力。以舞蹈"科目三"为例,它作为一种社交符号,成功实现了从"圈内流行"到"跨界传播"的飞跃,不仅满足了以青年群体为主的自我展示与个性化表达的需求,更推动了中国话语从单向传输向多元交流的转变,从而极大地扩展了塑造国家形象的国际影响力与辐射范围。

(二)物体:作为媒介物场域多维透视的海底捞

海底捞餐厅在特定视角下,可被视为一种非典型的媒介化场域。尽管它并非传统媒介范畴内的成员,却巧妙地融合了媒介场域的核心特征与多元功能,包括信息传递、社交互动、文化传播以及体验氛围的精心营造。在巴赫金的狂欢理论框架下,海底捞化身为"狂欢广场"的现代演绎,成为一个全民皆可参与的社交舞台,一个信息汇聚与散播的活跃节点,以及一个文化意义得以深度拓展的符号空间。尤其是海底捞推出的诸如唱生日快乐歌、拉横幅庆祝等创意活动,不仅使其超越了单纯餐饮场所的范畴,更赋予其"狂欢"的特质,海底捞餐厅成为夸张与放大日常生活场景的公共聚集地。这一系列举措,促使海底捞成为连接虚拟与现实世界的桥梁,通过舞蹈"科目三"这一载体,助力大众追求思想解放与精神自由的境界。

在共舞"科目三"的狂欢过程中,基于共同的兴趣与爱好,形成了特定的圈层群体,构建了集体的共同记忆,从而加深了公众对文化现象的情感联结,并推动了"科目三"的进一步广泛传播。此现象与《纽约客》中马尔科姆·格拉德威尔所提出的"引爆点"理论不谋而合,即流行的引爆须经由个别引领者触发,进而带动大众的跟随与模仿。这一过程亦可被视为"群体极化"效应的体现,随着社交媒体的蓬勃发展,人际交往日益呈现出圈层化的特征,群体极化现象亦愈发显著。在此背景下,海底捞在舞蹈"科目三"火爆出圈的过程中,扮演了至关重要的"助推器"角色,成为该舞蹈现象进入公众视野并引发广泛讨论的关键节点。

(三)人体:作为意识萌发基石的身体

绘画、诗词、歌曲与舞蹈等文化瑰宝,如同全球共通的语言,跨越地域与民族的界限,紧密连接着世界各地人们的心。舞蹈,作为其中的佼佼者,以其独特的魅力,细腻地描绘出欢乐、悲伤、愤怒、喜悦等丰富多彩的情感画卷。不同文化背景的人们,在舞蹈的旋律与节奏中,以身体为笔,以动作为墨,书写着彼此间的情感与思想交流,构建起一座座情感的桥梁,加深了相互间的理解与友谊。"科目三"这一舞蹈形式,以现实生活为灵感源泉,以肢体语言为表现手段,充分展现了人们积极追求自我表达、勇于探索文化新境界的精神风貌。它不仅是真善美价值观的传递者,更是社会正能量的弘扬者。同时,"科目三"还巧妙地借助舞蹈这一艺术形式,传播着特定的文化价值观,激发了大众对中华文化的深厚情感,使民族文化得以广泛传承与发扬光大。

此外,舞蹈"科目三"还扮演着释放大众情绪与压力的重要角色。舞蹈,是生命的跃动,是顽强生命力的象征。在疫情肆虐的特殊时期,各式各样的"方舱舞蹈"在网络上广泛流传,尽管动作或许不够专业,节奏也未必和谐,但这份真挚与质朴却深深触动了人们的心弦,成为人们精神世界的慰藉[①]。身体的律动,如同心灵的共鸣,直指大众

---

① 陶雅萌.新媒体时代下舞蹈传播路径及舞蹈功能的转变发展[J].中国民族博览,2022(24):134-136.

内心的深处,唤醒了人们内心深处的情感,并将这些情感与情绪传递给周围的人。舞蹈作为人与人相互连接的桥梁,不仅帮助个体表达自我态度,塑造自尊与自信,更在赢得他人认可的过程中,增强了自信心,提升了自尊感。它唤醒了人们对生命的渴望与对美好生活的期待,使人们在舞蹈的旋律中,找到了心灵的归宿与生命的力量。

三、游戏狂欢、情感满足、身份认同的生产实践机制

舞蹈"科目三"在文本层面上,生动展现了青年群体对于"个性化"身份认同的执着追求,以及他们采用"狂欢性"话语表达方式的独特风采。在当今这个瞬息万变的现代社会中,个体如同一个个独立的原子,不断地从传统社会结构中"脱嵌"出来,寻求定义与表达自我的空间。为了与主流文化保持一定距离,青年群体往往倾向于拥抱网络流行文化或亚文化,以此塑造自己的生活方式和身份认同。他们根据自身的需求与愿望,积极建构新的身份及其背后的深层意义,渴望在纷繁复杂的社会中找到属于自己的位置。而舞蹈"科目三"则成为一种独特的仪式,让青年群体得以通过这一共同体的想象性展演,来表达和确认自己的身份。在这场狂欢的盛宴中,他们不仅获得了情感的深度满足,更在舞蹈的律动中找到了与同伴相连的纽带,共同构建了一个充满活力与个性的文化空间。

(一)游戏导向的"狂欢性"话语展现

"科目三"不仅是大众积极参与公共文化事件的一个鲜明例证,也深刻映射了社会文化与社会心理的变迁。在网络语境的催化下,"科目三"以颠覆传统信息传递方式的面貌出现,展现出全民狂欢的显著特征。苏联学者巴赫金的狂欢理论为我们提供了一个独到的文化研究视角:全民参与是狂欢的核心;通过戏谑调侃的方式对官方等级权威进行挑战;将看似矛盾对立的元素巧妙地重新组合;运用俚俗语言对神圣形象进行幽默反讽。在社交媒体平台上大受欢迎的舞蹈"科目三",便蕴含了与狂欢理论相呼应的"诙谐感"。互联网的自由开放与互主体性的交互原则,为"科目三"狂欢节的盛大开启奠定了全民平等对话交流的坚实基础。在这一虚拟空间中,人们无须再受社会主流观念的束缚,而是通过舞蹈视频的制作与传播,自由表达自己的立场与态度。这既是大众在虚拟世界中释放自我、挑战固有传统思想的一种表现形式,也是实现游戏功能与狂欢目的的重要途径。

相较于传统舞蹈形式,"科目三"的舞蹈动作大胆创新,不拘泥于形态的标准与规

范。无论是否具备舞蹈基础,人们都能在魔性音乐的引领下,尽情舞动,展现自己的独特风格。这一变革打破了舞蹈作为艺术形式仅由专业人士演绎的刻板印象,从最初的抵抗到逐渐接受,再到最终的融入,"科目三"已经超越了青年亚文化的范畴,成为广受不同圈层人群喜爱的文化现象。其轻松解压、简单易学、感染力强的特点,迎合了大众的审美情趣,对传统的占统治地位的文化样态进行了有力的颠覆与解构,并为网络文化注入了新的活力与生机。

(二)高情绪价值满足弥补精神空缺

在生活的重重压力之下,人们普遍渴望找到一种简单直接的情感宣泄途径。尽管精英化的文化追求同样能为人们提供精神上的放松与享受,但由于其专业性门槛的限制,往往难以满足大众的基本需求。人们更渴望的是直接的吐露而非含蓄的表达,是当下的愉悦而非延迟的满足,是即时的参与而非长期的摸索。

舞蹈"科目三"作为一种土味文化,在某种程度上恰好满足了大众的这种心理需求。观众在观看舞蹈"科目三"的过程中,不仅能够感受到解压和消遣的娱乐状态,还能通过接地气且充满趣味性的舞蹈动作,轻松参与其中,实现自我优越感的提升。这充分说明,任何一种文化形态要想得到大众的认可,"理解"是其中不可或缺的关键环节。而感染和共鸣,则是达成"理解"目的最有效的方式之一。尽管不同文化形态之间存在壁垒,但它们在精神层面给予人类的慰藉却是共通的。

当然,舞蹈"科目三"这类土味视频也遭遇了一些负面评价,被贴上"低俗""审丑""猎奇"的标签。然而,从文化多元化的视角来看,这类土味视频实际上承载着大众的社会期待。人们希望通过自我演绎"科目三"赢得关注,从而进行积极的自我建构,丰富自己的人物形象。同时,人们借助视频的传播,积累文化资本,谋取社会权利,以弥补现实生活中由于阶层和地位差别导致的话语权缺位和身份弱势[1]。

舞蹈"科目三"不仅引领了社会新风尚,还带动了全民塑造积极向上的生活状态。它鼓励大众大胆展现风采,张扬个性,传达个性化的生活态度和价值观。此外,舞蹈"科目三"的长尾效应远不止于个体活跃度的提升。通过建立舞团、参加比赛等方式,更多的潜在兴趣人群借此了解了舞蹈,接受了多样态的艺术形式,这进一步推动了舞蹈文化的普及与发展。

---

[1] 杨萍.赋权、审丑与后现代:互联网土味文化之解读与反思[J].中国青年研究,2019(3):24-28.

(三)"趣缘"形塑群体身份认同重建共同体

近年来,互联网与新媒体技术的飞速发展,为趣缘群体的集聚开辟了广阔的空间,并提供了便捷的沟通条件。这一变革促使趣缘群体在网络虚拟社区中迅速崛起,原本在现实生活中零散且小众的趣缘群体,如今在网络空间中焕发了勃勃生机。从本质上来看,趣缘群体是一种基于身份认同的亚文化体系,它围绕用户的兴趣爱好构建起一个个"圈子",并形成了独特的"圈子化"文化传播机制。

以舞蹈"科目三"风靡全国乃至全球的社会现象为例,其背后影响趣缘主体行动的根本动因,实则源于社会文化的深刻变迁①。人作为多层次的存在,既是独立个体意义上纯粹的自我,也是集体中不可或缺的一分子。然而,在当下快节奏的社会生活中,人们往往过于关注个人琐事及国内外大事,却忽视了出现在"附近"的新鲜事物。人类学家项飙据此提出了"消失的附近"这一概念,指出人们对自己周边的世界缺乏深入了解和叙述的愿望与能力。这一现象并非源于信息渠道的阻塞,而是由于人们缺乏探索周边的好奇心与热情,导致对陌生人的信任感减弱,交往耐性丧失,进而加剧了个体的原子化特征。在标签、符号泛滥的信息社会中,人们面临着难以摆脱的身份认同困境。

在此背景下,兴趣成为个体生活方式的核心要素,人们可以通过选择生活方式来实现自我认同。因此,基于趣缘的凝聚为共同体的建构提供了一条有效途径。网络空间的包容性促进了多元文化格局的萌生,使得大众既能够积极地展现自我、表达观点,并在他人的反馈中获得自我身份认知;又能够在群体互动中建立信任与信念,形成"想象的共同体"。这一意义体系既契合了个体的文化取向,又以"共同体"的形式弥补了个体的偏颇与不足。互联网趣缘共同体的兴起,印证了麦克卢汉关于"重新部落化"的设想。这些趣缘共同体如同在网络空间中生存的文化部落,在异质化社会中寻求精神聚合与情感共鸣,这也是人们在现代社会中寻找联结与寄托的积极尝试。

四、引导与启迪:中华文化国际传播效能的提升策略

在全球化浪潮席卷的当下,我国综合实力与国家地位显著提升,但在国际传播领域,我国仍面临文化价值表述与国家形象构建的双重挑战。文化传播,作为展现国家形象的关键媒介,在国际传播格局中占据核心地位。舞蹈"科目三"的全球性风靡,不仅成功传播了中国文化符号,更在塑造国家形象与彰显中国文化价值方面发挥了举足

---

① 蔡骐.网络虚拟社区中的趣缘文化传播[J].新闻与传播研究,2014,21(9):5-23,126.

轻重的作用。国家形象的构建与传播具有深远的延展性,它既需植根于优秀的传统文化与深厚的历史积淀,又需紧跟时代步伐,不断创新与拓展文化表达方式。①

首先,坚定文化自信是基石。正如习近平总书记所强调的:"没有高度的文化自信,没有文化的繁荣发展,就没有中华民族伟大复兴。"舞蹈"科目三"从本土"出圈"到国际"出海",正是高度文化自信的体现,也是中华优秀传统文化在时代变迁中守正创新的典范。习近平总书记进一步指出:"优秀作品并不拘于一格、不形于一态、不定于一尊,既要有阳春白雪、也要有下里巴人,既要顶天立地、也要铺天盖地。只要有正能量、有感染力,能够温润心灵、启迪心智,传得开、留得下,为人民群众所喜爱,这就是优秀作品。"②因此,我们应致力于传承中华文脉,推动中华优秀传统文化的创造性转化与创新性发展。

其次,提升传播内容的普适性至关重要。传播的本质在于互动,共同构建文化交流语境。绘画、诗词、歌曲、舞蹈等文化瑰宝,是人类共通的精神财富。歌舞是表达情感与心情的重要方式,"科目三"与《江南 style》的全球风靡,充分证明了情绪价值的重要性。尽管存在文化与语言的差异,但动作与音乐所激发的共鸣是跨越国界的。受众可根据自身文化背景与个人喜好进行改编,既保留了文化的精髓,又融入了流行元素,展现了文化的多元性与包容性。

再次,展现中国形象的亲和力不容忽视。我们应着力构建对外传播话语体系,运用受众喜闻乐见的话语与故事,塑造可信、可爱、可敬的中国形象。丰富呈现内容,全面展示中国道路、理论、制度、文化的独特魅力,将传播触角延伸至经济、政治、文化、社会、生态、科技、军事等各个领域。在讲述中国制度故事的同时,也要讲好中国人的故事,创新对外话语表达,融合深厚历史文化积淀,坚持情感与理性并重,激发心灵共振,实现情感共鸣,以国外受众乐于接受的形式展示中国文化、阐释中国价值。

从次,应高度重视社交传播的效能。互联网的飞速发展改变了传统交往方式,凸显了个体在传播过程中的重要地位。社交媒体已成为人们日常生活中不可或缺的传播媒介,其"参与、公开、交流、对话、社区化、连通性"等特质在政治传播活动中得到广泛应用③。在社交媒体时代,"观念政治"的作用日益凸显,甚至超越了生物政治与信

---

① 冯月季.中国当代文化符号国际传播的叙事体系建构[J].对外传播,2023(11):22-26.
② 习近平:在文艺工作座谈会上的讲话[EB/OL].(2024-10-15)[2025-01-05].https://www.gov.cn/yaowen/liebiao/202410/content_6980503.htm.
③ 赵洁.社交媒体"个体传播逻辑"与国家形象塑造间的张力[J].现代传播(中国传媒大学学报),2023,45(3):84-92.

息地缘政治①。我们应充分利用社交媒体,做好思想、价值观等战略传播工作,将其作为提升国家软实力的有力工具。个体在塑造国家形象方面获得了前所未有的传播能力,多元的传播渠道、便捷的传播方式、丰富的传播内容,使得社交媒体成为自下而上的大型开放共享平台,具有巨大的国际传播潜力。它消除了人际传播与大众传播之间的界限,成为人文交流的桥梁;跨越地理阻隔,打破了国内传播与国际传播的视域界限;逐渐成为外界了解中国的重要窗口和渠道,且承担了国际媒体涉华报道的新闻来源,开启了以平台化和智能化为特征的数字全球化时代②。

最后,推陈出新,打造中国文化新符号。中医、熊猫、故宫、剪纸、兵马俑、皮影等传统且知名度高的文化象征,虽已深入人心,但当代具备多元文化元素的新文化形态却面临"酒香也怕巷子深"的困境,在国际传播中逐渐被淡化与遗忘,导致中国文化符号的"自我窄化"③。国家形象的塑造具有多维性,文化符号认知失衡必然导致国家形象塑造的偏颇。为适应时代发展要求,展现可信、可爱、可敬的中国形象,我们需要在传统元素的基础上,融入更多符合现代化、国际化审美及人类精神需求的元素,深入挖掘文物或文化现象的意义内涵,增强对青年群体的吸引力,通过符号化联想塑造良好的国家形象,助力中华文化的海外传播。

五、总结与讨论

正如尼葛洛庞帝(Nicholas Negroponte)在其著作《数字化生存》中所深刻阐述的,数字化时代已然降临,万物皆显现出对数字化生存的迫切需求,所有具备价值的存在均在"比特"的形态下寻得了广阔的生存与发展空间④。此背景下,中华文化的国际化传播巧妙搭乘了网络流行文化的快车,依托兴趣构建起广泛的连接网络,在情感的动员与共鸣中,不仅形成了深刻的集体记忆,还构筑了一个想象的共同体。舞蹈"科目三"作为这一现象的生动例证,以大众的基本需求为基石,借助短视频与社交平台的强大力量,与之共同编织了一幅"各美其美、美人之美、美美与共、天下大同"的情感文化

---

① 赵永华,窦书棋,赵家琦.观念政治下的网络战:社交媒体时代信息战的观念更迭与范式转换[J].当代传播,2023(5):23-27,34.
② 陈先红,汪让.评估·建构·超越:中国故事社交媒体国际传播的效能研究[J].现代传播(中国传媒大学学报),2023,45(11):55-65.
③ 杨越明,藤依舒.国外民众对中国文化符号的认知与印象研究:《2017外国人对中国文化认知调研》系列报告之一[J].对外传播,2018(8):50-53.
④ 张萌,于德山,徐生权.好物的连接:网红公益直播的动力机制与意义建构:基于口语传播的研究视角[J].传媒观察,2022(8):63-71.

画卷。舞蹈"科目三"在提升国家文化软实力的征途中,精准地扮演了讲述中国故事、推动中华文化对外交流与传播的重要角色,加速了与我国综合实力和国际地位相匹配的国际话语权的形成。它致力于将中国的发展优势转化为话语优势,让世界更加清晰地听到中国的声音,理解中国的文化。进一步而言,舞蹈"科目三"不仅充分展示了中国人勤劳、勇敢、善良、智慧的性格特质,更将中国人民乐观积极的精神风貌与生活态度传递给了全球观众。这一文化现象的成功,不仅是对中华文化魅力的有力证明,也是我国在全球化语境下,利用新兴媒体技术促进文化交流、提升国家形象的一次成功实践。通过此类文化符号的广泛传播,我们得以在世界舞台上进一步树立一个开放、包容、自信的中国形象,为中华文化的国际化传播开辟更为广阔的道路。

〔田维钢,中国传媒大学电视学院教授、博士生导师;刘阳,中国传媒大学电视学院博士研究生〕

〔特约编辑:陈欣钢〕

党史微纪录片的叙事特质与影像化书写实践*
——基于微记忆生产的视角

The Narrative Qualities and Imaging Writing of Party History Micro-Documentaries
—Based on the Perspective of Micro-Memory Production

◎ 牛慧清　杨剑光

Niu Huiqing　Yang Jianguang

摘要： 在信息的微缩化、碎片化时代，党史微纪录片塑造了纪录片不同于以往形式的微文化景观，蕴含了一种媒介叙事层面的变革。本文以"微记忆"生产的理论视角对党史微纪录片进行研究，尝试从细化的记忆片段入手，观察党史微纪录片的生产、传播特征和叙事实践。研究发现，党史微纪录片的出现代表了一种叙事话语的转变，以新颖视角、生活化故事、亲民化语态进行"微记忆"叙事。作为一种典型的"轻体量"与"个性化"视听文本，党史微纪录片借助"精致化"与"情景化"的叙事实践在短视频社交媒体上广泛传播，同时通过情感结构的激活与勾连，以及历史情境的深挖细描，实现了党史微记忆的生产。伴随着党史微纪录片的内容片段在社交媒体平台的进一步扩散，更多观众同时获得了一种弥合、解构和再建构的记忆情感，进而在记忆共享中增强了个体及群体对中国共产党的认同感和归属感。

关键词： 党史微纪录片；微叙事；微记忆生产；影像化书写

Abstract: In the era of miniaturization and fragmentation of information, micro-documentaries on party history have shaped a micro-cultural landscape different from previous forms of documentaries, and implied a change in the narrative level of the media. This paper studies Party history micro-documentaries from the theoretical perspective of "micro-memory" production, and tries to observe the production, dissemination characteristics and narrative practices of Party history micro-documentaries from the perspective of fine-tuned memory

---

* 本文系国家社会科学基金项目"十八大以来党史纪录片创作和传播路径提升研究"（项目编号：20BDJ066）阶段性研究成果。

fragments. It is found that the emergence of Party history micro-documentaries represents a shift in narrative discourse, with novel perspectives, life stories, and a pro-people tone for "micro-memory" narratives. As a typical "light-weight" and "personalized" audiovisual text, the micro-documentary of party history has made great progress in the narrative practice of "delicateness" and "situationalization". The narrative practice of "refinement" and "contextualization" has been widely disseminated in short-video social media. Meanwhile, by activating and interconnecting emotional structures while delving into meticulously depicting historical contexts, micro-memories of Party history achieves the production. Along with the further spreading of the content clips of Party history micro-documentaries on social media platforms, more viewers simultaneously obtain a kind of memory emotion that bridges, deconstructs and re-constructs, which in turn strengthens the sense of identity and sense of belonging to the Communist Party of China (CPC) of individuals and groups in memory sharing.

Keywords: party history micro-documentary, micro-narrative, micro-memory production, image writing

近年来,随着党史纪录片的兴起,"政党的历史记忆与叙事话语修辞性地融入媒介记忆进而成为一种集体记忆"①。相较于党史纪录片中宏大、广阔、牢固的集体记忆,微纪录片(micro documentary)形式与党史纪录片的结合以更加灵活的方式适应记忆的生产与传播。党史微纪录片努力呈现一种微光记忆,使过去沉寂的历史细节开始鲜活跳跃,在集体记忆的宏大叙事中,党史微纪录片站在断裂处建立起一个超时空的"罅隙片段",试图以轻巧的体量和微观的叙事,再现那些被遗忘的记忆碎片,以建立政党历史的另一种叙事模式。从内容上而言,党史微纪录片同样以历史故事为主线,展示了中国共产党在革命、建设、改革、复兴中的光辉历程和伟大成就。但是其篇幅较为简短,一般为2—12分钟,适应于快节奏的现代生活和碎片化的观看需求,传播也更为迅速,可以通过网络、手机等新媒体平台进行实时传输和分享,拥有广泛的受众和市场。

与集体记忆相比,党史微纪录片成为一种重要且特殊的表现形式,尽管中国历史

---

① 牛慧清,揭其涛. 党史纪录片媒介记忆的形塑、逻辑与话语实践[J]. 编辑之友,2022(12):76-81.

上尤为注重"大历史"的书写,而"小历史"和"微记忆"的视角相对匮乏,不过这种状况在记忆研究兴起后逐渐得到了改善。比如学者刘亚秋提出"记忆微光"的概念,认为在宏大历史与个人遭遇的记忆研究思路中,可以看见记忆的微光,它或存在于集体记忆之外,或与集体记忆交织在一起而不被注意①。本文则在此基础上提出"微记忆"的概念,认为在记忆微光中,那些若隐若现却不容小觑的事物可以作为集体记忆补充的微记忆,在幽暗的角落中存留,又随着时代的发展或是被遗忘,或是随着社会形态的更迭而移位或变迁。对于党史微纪录片而言,与集体记忆对照的记忆微光可以作为探索记忆的线索或是一种补充,进而形成更为丰满的记忆状态。

因此,本文以"微记忆"的理论视角对党史微纪录片进行研究,尝试从细化的记忆碎片入手,观察党史微纪录片在生产与传播中的特征及叙事转向,沿着视听传播中微光记忆生产的脉络,细细感知党史记忆中微小却镌刻在个体深处的微记忆。需要强调的是,基于微叙事的视角对党史微纪录片的视听实践进行分析,有助于进一步厘清影像本身的价值,以及微记忆生产的过程,在此基础上探析记忆传播的路径。沿着党史微记忆"本体特质——记忆生产——传播共享"的逻辑展开研究,也是关于党史微纪录片研究的创新范式。

一、党史微纪录片的创作转向:基于微记忆的视角

作为一种社会行为,集体记忆在其符号化过程中不断强化特定群体身份的塑造和维护,集体记忆的建构对于政党而言有着极其重要的意义,不仅意味着权力合法性的维护与强调,同时也是社会认同形成和代际传承的重要纽带。党史纪录片正是在这种作用下开始扮演集体记忆建构的核心角色,承载着政党的情感、文化和信念,记录了历史的重要时刻,以及人们共同经历的辉煌与苦难,并作为实在的证据照亮我们的来路。在集体记忆的生产中,党史纪录片的创作转向并非一个新事物,党史微纪录片的形式更为小巧精妙,其记忆的承载也更为细微、散落,作为集体记忆的补充,这种转向是必要且极富创造性的。

集体记忆从心理学范畴转向社会领域是由哈布瓦赫(Maurice Halbwachs)完成的,他首次将个体记忆放大至社会群体层面进行考察,进而提出了"集体记忆"的概念。集体记忆强调一个群体共同拥有的记忆内容,它通常来源于群体的共同经历、文化传统、历史事件等方面。实际上,哈布瓦赫延续了他的导师涂尔干(Émile Durkheim)的

---

① 刘亚秋. 从集体记忆到个体记忆 对社会记忆研究的一个反思 [J]. 社会,2010,30(5):217-242.

"集体意识"概念,强调集体记忆对群体认同感、价值观、情感态度等方面的反映,认为并不存在纯粹的个人记忆,记忆皆是社会成员在交往中因共同利益、共同需求和共同价值而形成的思想意识。因此,集体记忆也可以影响群体的行为方式、社会关系、文化创造。近年来,围绕集体记忆形成了不同类型、不同内容、不同侧重点的研究范式,将集体记忆的研究视角引入党史纪录片无疑是具有挑战性的任务。纪录片作为一种特定的媒介手段通过系统性的选择来凸显某些事实,一直以来都非常有效,迎合了意识形态的需要,从而占据民众的集体记忆空间。尤其对党史记忆而言,它意味着关于中国共产党以人民为中心的历史叙述,通过人文情怀、历史叙述与细节呈现,讲述充满人性光辉和人格魅力的生动故事,展示党与人民的血肉联系和深厚情感。

学者尼塔·克里格勒-瓦伊尔奇克(Neta Kligler-Vilenchik)提出"记忆设置"(memory-setting)的量化研究路径,发现公共记忆议程和个人记忆议程具有可量性、一致性和相关性[1]。作为集体记忆的党史纪录片阐释了记忆塑造社会规范和合法性的重要作用,并在记忆的再现和生产的过程中带有特定的权力关系。正如福柯所认为的那样,记忆是斗争的重要因素之一,谁控制了记忆,谁就控制了人的行为脉络,因此,我们必须思考媒介如何建构党史纪录片,使之成为集体记忆,对主体、客体、场景、内容、结果等进行关联性的考察,这不仅意味着对民族记忆力量的建构,同时也代表了对媒介技术作用下的记忆生产的考察。卡尔·沃尔夫冈·多伊奇(Karl Wolfgane Deutsch)在《民族主义与社会沟通》中认为,民族力量重要的运用仰赖于"记忆、习俗与价值的相关性和稳定结构",而这些相关性和稳定结构又依赖于社会沟通中从过去到现在自始至终存在的交流技术[2]。对党史纪录片而言,集体记忆的建构不仅意味着塑造政党形象,建构党的政治认同,同时也是"借助对党的历史知识的'集体使用',建构出自诞生以来就把为中国人民谋幸福、为中华民族谋复兴确立为自己的初心使命的中国共产党人的'群体的认同性和独特性'"[3]。概言之,作为集体记忆的党史纪录片既是党史的重要载体,也是集体记忆和公共教育的有效手段,能够让党史故事融入大众的集体记忆,进入个体的社会生活,成为主流文化的重要组成部分。

---

[1] KLIGLER-VILENCHIK N. Memory setting: applying agenda-setting theory to the study of collective memory[M]//NEIGER M, MEYERS O, ZANDBERG E. On media memory: collective memory in a new media age. London: Palgrave Macmillan, 2011.
[2] DEUTSCH K W. Nationalism and social communication: an inquiry into the foundation of nationality[M]. Cambridge: MIT Press, 1966: 9.
[3] 许冲. 党代会与中共党史记忆之场的建构:以中共七大为中心的历史考察[J]. 华侨大学学报(哲学社会科学版), 2024(1): 5-16, 27.

党史微纪录片的出现代表了一种叙事话语的转变,以轻便体量、新颖视角、生活化故事、亲民化语态进行"微记忆"的叙事,持续建构兼具组织权威和科学权威的中共党史记忆,有助于实现中华民族伟大复兴的中国梦。诸如《百炼成钢:中国共产党的100年》《百年大党——老外讲故事》《红色财经·信物百年》《党的女儿》《见证初心和使命的"十一书"》《无声的功勋》《闪亮的记忆》《我们正年轻》《英雄回家》等微纪录片以中国共产党的百年历程为主题,用短视频的形式展示党的光辉历史和伟大成就。在微记忆的叙事中,以个人或群体的生活经历为切入点,用讲小故事的方式反映历史的大主题。这种叙事方式的特点在于并非简单地罗列历史事实,而是通过具体的人物、事件、场景,展现历史的细节和情感,让观众能够感受到历史的纹理和温度,从而增强对党的认同和信任。

互联网正改变人的记忆模式,微记忆的实践既是人类社会集体记忆萌生、延续的基本形式,同时也从另类的视角促进了文化记忆与国家认同的实现。在微记忆的叙事中,源自生活和底层的记忆档案被挖掘出来,在跨媒介或新旧媒介间动态性地流动,既可以作为集体记忆的补充,同时也起到了"汇聚"记忆的整合作用。与此同时,这种微记忆更易于以裂变式、散布式的特征在网络中不断扩散和传播,这对于互联网中党史记忆的塑造产生了深刻的影响。

作为集体记忆的补充,党史微记忆强化和铸牢了中华民族对中国共产党的符号、文化体系建构,赋予历史知识以记忆的细节,从而强化了全体成员的情感认同。哈布瓦赫认为,"记忆的集体框架也不是依循个体记忆的简单加总原则而建构起来的:它们不是一个空洞的形式,有来自别处的记忆填充进去"[1]。这种记忆便包括了凸显细节的故事情节、情感体验,将国家和民族层面的"大社会"聚焦到"小社会",从而催生了凝聚力强劲的集体身份。与此同时,党史微纪录片与微记忆叙事并不是孤立地讲述过去,而是与当下的社会现实和发展目标相联系,突出党的理论创新和实践探索,展示党的领导力和战斗力,引导观众坚定信仰和理想,进而催生出文化记忆形态的多样性。有学者指出,社会记忆有着更为微观的层次[2],因此党史微纪录片的微记忆是社会现实中鲜活的内容,其生动的展演能够在最大程度上聚合人的心理、情感、道德及伦理关系,使微记忆又向外延伸。也正是在此基础上,党史微纪录片与微记忆叙事利用新媒体的优势,采用多样的表现手法,如动画、沙画、情景再现、剧情化演绎、VR交互等,增

---

① 哈布瓦赫.论集体记忆[M].毕然,郭金华,译.上海:上海人民出版社,2002:71.
② HOELSCHER S, ALDERMAN D H. Memory and place: geography of a critical relationship[J]. Social & cultural geography,2004,5(3).DOI:10.1080/1464936042000252769.

强视听语言的感染力和观众的沉浸感,同时,注重传递正能量的价值观和情感,激发观众的爱国热情和社会责任感。

二、微叙事:党史微纪录片的视听实践

党史微纪录片是在党史类影视佳作不断涌现、纪录片形态不断推陈出新以及短视频平台竞争白热化的多力角逐下,所产生的一种可以被称为"微叙事"的视听实践。相较于体量庞大、制作精良的系列党史纪录片,微纪录片有着迥异的形态与文化特征,它遵从受众在碎片化时代"短、小、微"的视听诉求,是一种符合受众趣缘爱好的视听产品。从其视听特质来看,党史微纪录片是一种典型的"轻体量"与"个性化"视听文本,借助"精致化"与"情景化"的创作实践在短视频等社交媒体中广为流传,它不仅受到青年群体的推崇,还越来越多地作为主流媒体创作的产品形态,被用于推动主流价值观的轻便化传播。

(一)微叙事的三重意涵:彰显党史生动记忆的叙事特质

微叙事呈现出更为包容的阐释力,为公众提供了新奇的个人展演与表达,以简洁、精练、碎片化的形式,讲述一个完整或不完整的故事,通过自由开放的文本结构和政治话语的柔性表达模式更新了党史纪录片的模态样貌,本文的"微"蕴含着以下三个层面的意涵。

一是体量之微,强调时空维度上的短时间内达成故事意义的表达,这一点在前文中已经被反复提及。体量微意味着纪录片视听内容必然被裁剪,可以承载的语言、图像、声音等符号系统会进一步精简化,纪录片的内容不仅镜头短、切换多、场景变化大、节奏快,还能带给受众参与式的体验感。对于党史记忆而言,这种微叙事提供了不同的视角和意义,细碎的、点状的记忆同时也是整体性记忆的一部分,在画面的剪辑下进行重新排序、重组、分发及展示,尽管过程中有所跳脱,但是极易使人产生沉浸和坠入之感,表现为一种更加自由和流动的记忆形态。

二是表达视角之微,通过小切口表达党史记忆中宏大的情感、思想、价值、信念等。这对党史记忆的传承而言具有重要意义,百年党史中的重大事件和重要人物大多已经消逝在历史的尘烟中,对于当下的受众而言,存在陌生化的主观感知,在记忆继承的广度和深度上都难以实现完整传承。因此,微记忆以可触摸的细节和质感,虽然是零碎的,却逐渐靠近大历史的范畴,通过微记忆的传承可以构建世代之间新的记忆细节。

三是话语结构之微,传统的叙事方式,通常需要较长的时间、较大的空间、较多的内容,来展现一个完整而连贯的故事。微叙事的形式,则是在有限的时间、空间和内容中,创造出一个简洁而精练的故事。即用"一种零散、自我解构、自下而上的非中心式话语陈述自己"①,这也意味着需要受众的想象力和参与,来填补故事的空缺和延伸故事的意义。此时受众作为党史记忆的共同叙事者,探索出党史记忆的日常化、伴随性、分享式的文化链接模式。

基于以上三种意涵,党史微纪录片的微叙事根据不同的媒介、风格、主题、受众等进行创新,可以快速地拍摄、编辑、上传视听产品,并得到广泛的分享、转发、评论。如党史微纪录片《见证初心和使命的"十一书"》选取了陈毅安的"无字书"、夏明翰的"就义书"、赵一曼的"示儿书"等11位共产党人的感人素材,展示了共产党人用生命和鲜血铸就的信念与忠诚、永远坚守的初心和使命。纪录片在网络中的传播引发了受众的共鸣,观众自发地朗诵家书内容进行自我表达,在原本线性推动的历史记忆中,强调和着眼于当下的记忆感知与教育作用,由此所彰显的党史生动记忆突破了时间和空间的限制,挣脱社会外部性约束,以获得更大的表现空间,同时也将易变的、流动的微党史记忆固态化。

(二)"轻体量"与"个性化"的视听景观

党史微纪录片最大的特点在于"轻体量",与传统党史纪录片相比,它在篇幅上做了"瘦身"改造,改为"微纪录片"。一方面,"轻量化"适应了当前移动互联网平台的传播需求,将传统党史厚重的历史内容以特定的逻辑主线进行分解,并在纪录片播出过程中呈现出剧集间的逻辑关联。100集微纪录片《无声的功勋》聚焦于那些在隐蔽战线上的英雄人物和伟大斗争,融合影像、图片、旧址等党史档案资料,通过鲜活的人物故事,结合宏大叙事与丰富细节,将这些鲜为人知的英雄人物从历史的幕后推向台前,展现了他们在危机四伏的环境中,如何运用智慧和勇气,为国家的独立和人民的幸福默默战斗的动人事迹,讲述立体而生动,每集不超过8分钟,真正实现了体量"微"而不散。另一方面,"轻量化"也表现为通过数据可视化、符号隐喻等手法提炼核心信息。例如《东渡!东渡!》制作团队通过动画演示将抽象的历史概念和复杂的军事行动直观地呈现给观众,如红军东渡黄河的路线图、战役的战术布局等,使观众能够更加清晰地把握历史事件的脉络和关键信息。②

---

① 吴炜华,张守信.视听微叙事的中国立场与文化图景[J].中国出版,2019(24):3-8.
② 经验分享|《东渡!东渡!》:以匠心传承红色基因,用影像书写时代华章[EB/OL].(2025-03-18)[2025-04-10]. https://mp.weixin.qq.com/s/ArYzr1e5rC32qax9LqmLVg.

第53次《中国互联网络发展状况统计报告》显示,截至2023年12月,我国网民规模达10.92亿人,较2022年12月新增网民2480万人,互联网普及率达77.5%[①]。依靠视听语言的文化可通约性,短视频在全球范围内创造了视听传播的新景观,也悄然改变了受众的视听习惯,移动短视频6—15秒的时长限定符合"碎片化"的阅读习惯,却也在不断消磨观众对于长视频的观看耐心。因此,党史微纪录片的时长一般为1—12分钟,更适合在网络短视频平台和移动端播放,同时又可以连接主流媒体、自媒体平台,极大地丰富了党史纪录片在社交媒体中表达的语态。党史微纪录片短小的体量为内容创作提出了更高的质量要求,必须在最短时间内抓住受众的注意力,因此要通过精心的选题、拍摄、剪辑、配音、音乐等环节,打造出具有传播力、影响力、引导力和公信力的作品,让观众在欣赏美的同时,感受到党史的力量和魅力。

短视频时代的显著特征是受众广泛,不同年龄段、文化程度、兴趣爱好、风俗习惯的受众对于视频产品有着不同的需求,这就要求党史微纪录片的创作更加贴近受众,以个性化的表达、趣味化的内容使用户易于理解和接受。比如党史微纪录片采用了人物访谈、情景再现、历史影像、动画和沙画等表达手段,有的巧妙设置悬疑开场,抽丝剥茧、层层揭秘,有的创新推出原创手绘海报,将英雄人物形象与时代背景、革命事迹融为一体,有的以革命先辈的后代和新时代的青年学生作为寻访人,追寻先辈的理想信念。这种极具个性的表达手法体现出微纪录片叙事的创新之处,更加符合互联网语境下的大众审美情趣,同时也意味着不同群体、阶层的用户都有可能在党史纪录片中找到属于自己的情感认同与空间,参与微记忆的建构与传播。这不仅丰富了党史故事的表现形式和内容层次,也拓展了党史故事的受众群体和文化意义,同时印证了哈布瓦赫所言的"群体的记忆是通过个体记忆来实现的,并且在个体记忆之中显现自身"[②]。因此,我们也可以将党史微纪录片的"个性化"表达看作一种创新的艺术表达,在坚守纪录片真实性、思想性与艺术性的基础上,完成对党史记忆的文化传承,实现技术赋能在时空意义上的深度拓展。

(三)"精致化"与"情景化"的叙事表征

"微而精"是党史微纪录片理想化的审美状态,想要在较短的时间内使观众进入一种沉浸式、被感染的境界,就需要纪录片的创作者通过具体、生动、鲜明的内容和意向,

---

① 第53次《中国互联网络发展状况统计报告》发布 互联网激发经济社会向"新"力(大数据观察)[EB/OL].(2024-03-25)[2025-01-11].https://www.cac.gov.cn/2024/03/25/c_1713038218396702.htm.
② 哈布瓦赫.论集体记忆[M].毕然,郭金华,译.上海:上海人民出版社,2002:71.

进而形成一种召唤结构,打造作品精致的意境。这种"精致化"最直接体现在党史微纪录片的制作过程中,创作者精心挑选有代表性的人物和话题。百集融媒体产品《百年大党——老外讲故事》推出6集《上海解放特辑》(Witness a New Dawn),共分为《解放》《旧上海的末日》《"紫石英号"事件》《为了光明的上海》《第一印象》《上海的新生》这6个故事。作品通过亲历解放上海战役的西方人,包括外交官、新闻记者、医生、商人等代表人群,以全新的"他视角"重现那段壮阔历史。微纪录片配合精心设计的有吸引力的开场和结尾,以及短视频高频转换的镜头和富有渲染力的音效,力求在有限的时长内,展现党史故事最精彩的一面,给观众留下深刻的印象。这种"精致化"提升了党史故事的表现力和感染力,即使是在5分钟的时间内,观众也能够沉浸于影片之中,完全忽略影像组合手段技巧的存在,使观众与作品之间保持着"间离效果",在简单故事的叙事中相互勾连,从而形成一个有机的整体。上述叙事实践也表明,当前数字视听产品的形态已然在各种平台和媒体之间彼此融合,依托丰富的短视频平台可以很容易地让多元主体参与到党史的种种记忆叙事之中。

微纪录片《人民的领袖——毛泽东的130个瞬间》,每集均从毛泽东同志生命中的精彩瞬间切入,第一集《农民之子》介绍了毛泽东的出身,《走出乡关》《明耻苦学》两集则分别从革命思想萌芽、立志求学经历层面,挖掘毛泽东的心路历程和成长轨迹。纪录片在8分钟左右的时长中抓取历史影像、档案文献中的关键细节和高光时刻,精准剖析,层层推进,以点带面,见微知著。与此同时,党史微纪录片也注重运用情景对比、情景转换、情景延伸等手段,让观众从历史中看到现实,从现实中看到未来,有所思考和启发。诸多故事的叙事均以"人"串联全场,运用立体化的复调叙事,将党史记忆和现实生活放在更广阔的时空维度中重新铺陈,为观众带来"致广大而尽精微"的全新视听体验。这种情境扩展了个体的社会实践方式,并且使得使用者有了更多参与公共活动的可能性①。也就是说,观众参与并沉浸在这一情景中时,就意味着他们参与到记忆的生产过程中,完成了与党史记忆的勾连交互,党史记忆也成为个人记忆的一部分,存在着明显的动态交织过程。

三、召唤与阐释:党史微纪录片的微记忆生产实践

党史微纪录片作为"更流畅的叙事方式"自然能够产生更大的记忆想象,这是作为一种创新叙事所具备的潜力,即充分运用故事讲述、影像剪辑,顺理成章地将诸多经过

---

① 戴宇辰. 媒介化研究:一种新的传播研究范式[J]. 安徽大学学报(哲学社会科学版),2018,42(2):147-156.

提炼、加工的记忆片段进行生产呈现。这种微记忆生产是对中国共产党历史记忆完整性的重要补充，是中国共产党与社会发展最具体、最真实的生动写照，人们因而能够在微记忆的生产中实现对记忆主体的寻唤，通过影像的意义阐释，进一步完成历史观念、精神传统和文化价值的强化与记忆生产实践。

(一)情感结构的激活与勾连：记忆生产的基础

微记忆的生产不是凭空出现的，而是基于情感的渲染强化观众的主观实践过程。党史微纪录片的记忆生产具有强烈的意识形态色彩，在内容的选择上也具有浓厚的修辞功能和意义，以此达到情感结构激活与勾连的目的。构建记忆生产的基础需要遵从特定的叙事逻辑和话语策略，通过"私人化"的故事勾连情感结构，将党史记忆中具有代表性的个体故事与历史权威相联系，即通过讲述那些值得尊敬、具有代表性的个体的故事，赋予历史事件或时代以一种人性化的色彩。个性化能够拉近作品与观众之间的距离，从而更好实现情感共鸣，在此基础上激发受众的情感来编码、存储和提取党史微记忆。因此也可以说，对党史的情感认知是影响微记忆生产的重要因素，它们可以增强或减弱记忆的形成和保持，也可以影响记忆的检索和再现。具体而言，党史微纪录片中情感结构的激活和勾连可以分为两种类型：一种是与微记忆内容相关的情绪和情感，即源自记忆刺激本身的情绪和情感，如观众看到展现开国大典、解放战争、改革开放、脱贫攻坚等历史事件的宏伟场面时会自然地产生崇敬与庄严感。另一种是与记忆内容无关的情绪和情感，即源自记忆刺激之外的情绪和情感，如在党史微纪录片中呈现的感人故事、动人细节、文物手迹、高尚品德等。

微记忆所拥有的情感力量有着结构性的作用，这种情感蕴藏了公众对于政党的情结，已然是一种默认的共识，并以潜移默化的方式嵌入党史微纪录片中，成为记忆生产的心理情感来源。相较于其他影像模式，党史微纪录片的情感结构激活与勾连会更加顺畅自然，作为一种微观的符号系统，其构成了日常生活的情境与内容，从当下线性宏大的时间中抽离出记忆片段并加以凸显。这也说明不同物质构成和符号形式的传播媒介内含了特定的技术偏向，影响着受众的文化形态和社会认知。在此过程中，党史微纪录片的记忆实践活动倾向于以日常生活实践的方式拉近距离，中央广播电视总台推出的《红色财经·信物百年》以百家央企的"传家宝"为叙事原点，讲述背后鲜为人知的故事，一件件具象的历史信物承载着一个时代的记忆，铭刻了砥砺奋进的足迹，生动描绘出中国共产党人的精神图谱，成为百年奋斗史的生动注脚。《百炼成钢：中国共产党的100年》以小入口折射大主题，以小故事揭示大道理，生动回答中国共产党为什么

"能"、马克思主义为什么"行"、中国特色社会主义为什么"好"等重大问题。这些都强烈地体现出党史微纪录片的鲜明叙事风格,易于激发观众对党史记忆的兴趣和关注,生活化的场景消弭了宏大议题的距离感,让纪录片的内容与日常叙事文本相结合,激发受众情感并最终实现记忆的生产功能。由此,"感受被固化为认知的经验,纳入社会记忆之中,形成新的共同经验的参照体"①。建立在情感结构激活与勾连基础上的记忆实践获得了阐释影像意义的"主导权",从而引起观众的情感共鸣,使其以更加主动的姿态参与记忆的生产,同时也满足了观众对于保持与历史传统联系的渴求。

(二)历史情境的深挖与细描:记忆生产的过程

从记忆生产的过程来看,微记忆封存于多个事件中以视听符号进行刻写,以历史情景的深描与刻画对瞬间的记忆片段进行凝视。记忆微光的唤醒又赋予历史重现返场的可能性,对于年青一代而言,他们永远无法体验历史记忆,尘封的记忆只有重新被唤醒才有彰显意义的作用。具体到本研究来说,与其说是记忆唤醒,更贴切的说法应该是记忆生产,因为只有亲身经历过历史的人才能返场与被唤醒,而党史微纪录片通过视听描绘的方式让观众突破跨越时空的局限,凝聚时空序列生产出不可或缺的记忆体验。玛格丽特认为,"作为某个记忆共同体的成员,我的记忆与上一代人的记忆具有关联性,前代人的记忆又与他的前代人的记忆关联,以此类推上溯至第一次记住该事件的那一代人"②。党史微纪录片广泛搜集了各种历史文献、图片、影像、音频等,力求真实、全面、客观地还原历史场景和人物形象,寻找一些鲜为人知、有趣的历史细节,增加观众的兴趣点和参与感。虽然是微党史,但是每个记忆片段都结构完整清晰,对历史事件有着全面而深入的了解,涉及事件的时间、地点、人物、经过、结果等各个方面。

这种深挖与细描包括对党史记忆的主视角探访、客观历史还原、故事讲述、资料汇编、情景再现等,通过多种视角交织,形成多层次的呈现风格,既展示历史的宏观背景,又关注历史的微观细节,在传递历史知识的同时,也传达了历史情感。此外,包括《党的女儿》《闪亮的名字》《无声的功勋》等多部党史微纪录片都运用了高清摄像、无人机拍摄、三维动画、虚拟现实等先进的技术手段,提高画面的清晰度、美感和真实感。党史微纪录片微记忆的生产最终实现了记忆的代际传递,以及由主体化实践抽象为具有灵性的跨代际交流,从而唤醒了记忆的共识体验。正如斯蒂格勒所说:"过去与事实之

---

① 夏瓦.文化与社会的媒介化[M].刘君,李鑫,漆俊邑,译.上海:复旦大学出版社,2018:40.
② MARGALIT A. The ethics of memory[M]. Cambridge, Massachusetts, London: Harvard University Press, 2002:51,52,59.

间建立了一种新型关系,这种关系可能会打破过去文字的公证性、证实性及真实性上的历史特权。"① 党史微纪录片通过对历史情境的深挖与细描,推动了个人经验和历史记忆交往组合的过程,实际上也是记忆生产的过程。人们基于情感和情绪的认知在微记忆文本的生产中拥有了被看见与被言说的权利,也使党史微记忆能够不断获得年青一代的意义建构及价值实现。在这种循环式的记忆生产实践中,观众能够更好地认识党史记忆的过去、现代及未来,接纳党史的文化基因与叙事方式,从而实现并推动党史记忆的普遍认同与传承发展。微记忆也成功地填补了宏大话语和集体记忆之间的断裂和缝隙,党史记忆的生命力在个体与历史情境的对话中、在数字媒介记忆生产的过程中得以激活和延续。

(三)"超空间"传播和共享:记忆生产的结果

在深度媒介化的时代,过去的历史记忆易于被不断涌现的信息洪流所淹没,只有当下的记忆信息才是有效的、崭新的、能够被凸显的。因此,记忆生产后如何得以共享并进一步传播便成为与技术紧密联系的问题,从这一点而言,党史微纪录片构造了一种非线性、短小精悍、灵活的内容组织方式,也由此带来了兼容于多种社交媒体平台的传播优势。相较于传统党史纪录片的"长镜头"与"蒙太奇"对叙事空间的无限放大,党史微纪录片进一步凸显了数字"超空间"的功能,仅以几分钟的短片将受众的碎片化空间拽入党史记忆之中,并将这种记忆生产变为更加自由、多元和动态的媒介形式。伴随着党史微纪录片的片段在社交媒体平台之中的传播和扩散,更多观众同时获得了一种弥合、解构、再建构的记忆情感。这当然也要归功于党史微纪录片创新传播理念,贴近受众、以情动人的传播特质,比如结合当代青年的心理特点和媒介消费习惯,运用沙画、动画、剧情化等表现形式,将党史故事和党的精神谱系以生动、鲜活、感人的方式呈现,引发受众的共鸣和价值认同等。

党史微纪录片的记忆传播机制受到了"碎片化"社会传播语境的影响,使得党史微纪录片记忆生产、传播和接受方式更加碎片、快速和通俗。就观看习惯而言,当下的观众青睐不同维度的信息,寻找具有刺激性的文化体验,催生了包括党史微纪录片在内的多种新型文化产品,虽然其实质仍是权力话语"再生产"的结果,但同时顾及了主体体验方式的差异性。由此,文化在数字化传播中呈现出的瞬时性,其本质是超越时间的逻辑限定,融合多变时间与多域空间的一体化呈现,加重了人们对"即时满足"的需

---

① 斯蒂格勒.技术与时间:2.迷失方向[M].赵和平,印螺,译.南京:译林出版社,2010:473.

求①。党史微纪录片以广泛、持续、灵活的传播模式促成了受众的便捷接触,一些微党史纪录片被抖音、B站、快手等短视频平台转发和主推,主创团队借此制造话题引发受众不断进行交流和反馈评价,激发受众的参与热情和传播意愿,形成良好的传播效果。如《百炼成钢:中国共产党的100年》《百年党史"潮"青年》《那一年,我们正年轻》等微纪录片都有微博话题和线上的讨论。尤其是在如建党节、国庆、五四青年节、长征胜利纪念日等重要纪念日和时间节点时,党史微纪录片的传播营造了浓厚的氛围,从这一点来说,党史微纪录片因其碎片化的传播特质深刻影响了观众对党史记忆的感知和认知,以强化满足的方式使党史记忆与观众紧密相连,配合弹幕、表情、图文等符号形式在社交媒体平台中广泛传播。这也极大深化了党史微纪录片的教育功能和社会意义,使党史记忆带给大众沉浸式体验,引发情感共鸣,产生数字时代的互动仪式感,形成党史记忆的认同感和群体归属感。

党史微纪录片的传播过程同时也是记忆共享的过程,不同的个体或群体之间,通过党史记忆的纽带进行交流、传播、参与,形成并维持共同的历史、文化、价值、认同。这种记忆共享不仅可以增强个体或群体的归属感、认同感和凝聚力,同时能够促进不同个体或群体之间的理解、沟通与合作。尼采(Nietzsche)指出:"个人及集体对于自身的历史,对于清清楚楚呈现并以物的形式展示出来的所有东西,都存在一种情感性的联系。"②党史微纪录片在社交媒体中的传播不仅是分享记忆的行为,更是"共享信仰的表征",党史微记忆的传递同时也是群体间意义的共享,人们能够通过一种历史与当下的共在感获得意义的共享,让更多的记忆细节被更多人见证,告诫人们勿忘历史、勿忘先辈,对中国共产党形成一种持续性的集体记忆认同,建构并延续持久的、有意义的身份认同。从这个意义上来说,这种记忆共享"应当"是"必需的""不容选择的",正如习近平总书记所言,"抛弃传统、丢掉根本,就等于割断了自己的精神命脉"。未来,党史微纪录片需要进一步强化这种责任感和使命感,时刻提醒人们负有"为了不遗忘而铭记"的伦理义务,让更多社会成员自觉参与记忆共享和保存的实践,承担其记忆的伦理责任。

〔牛慧清,中国传媒大学传媒博物馆副馆长,教授,博士生导师;杨剑光,广东外语外贸大学经济贸易学院助教〕

〔特约编辑:赵希婧〕

---

① 何镇飚,王润.新媒体时空观与社会变化:时空思想史的视角[J].国际新闻界,2014,36(5):33-47.
② 阿斯曼.记忆中的历史:从个人经历到公共演示[M].袁乔斯,译.南京:南京大学出版社,2017:11.

中国式现代化的媒体叙事:"共同富裕"主题作品的视觉表达研究

Media Narrative of Chinese Modernization: A Study on the Visual Expression of 'Common Prosperity'-Themed Works

◎ 赵如涵　陈俊旭

Zhao Ruhan　Chen Junxu

摘要：近些年,我国主流媒体实现了中国特色社会主义的理论与实践创新,并通过对人、家庭与社会等基本视觉单元的叙事,借由共同奋斗、精准扶贫、消除贫困等视觉修辞,构建了辩证的、矛盾与协商共存的、集体主义逻辑下的社会主义视觉文化。作为中国式现代化的重要特征之一,"共同富裕"主题是媒体视觉表达的重要题材。本研究以"共同富裕"主题作品为切入,探讨媒体如何形塑"中国式现代化"的系列视觉符号,并以何种路径强化了公众对该道路的认同与思考。在全球语境中,我国媒体面对瞬息万变的国际局势和舆论斗争,也应拓展多元主体叙事、未来叙事与学术叙事,持续中国式现代化视觉文化与传播话语的创新。

关键词：中国式现代化；媒体融合；视觉文化；人工智能；共同富裕

Abstract: In recent years, mainstream media in China have achieved theoretical and practical innovations of socialism with Chinese characteristics. Through narrative focusing on fundamental visual units such as individuals, families, and society, and utilizing visual rhetoric of collective struggle, targeted poverty alleviation, and poverty elimination, they have constructed a dialectical socialist visual culture characterized by coexisting contradictions and consultation under a collectivist logic. As a key feature of Chinese modernization, the theme of "common prosperity" has become a critical subject of media visual expression. This research examines how media shape a series of visual symbols representing

---

* 本文系国家社科基金项目"以国际组织为主体的国际传播理论创新和能力提升研究"（项目编号：22BXW026）阶段性成果。

Chinese modernization through works centered on the "common prosperity" theme, and explores the pathways through which public recognition and reflection on this approach are reinforced. Within the global context, Chinese media, facing rapidly changing international situations and public opinion struggles, should also expand narrative strategies encompassing diverse subjects, future perspectives, and academic discourse, continuously innovating visual culture and communication narratives of Chinese modernization.

Keywords: Chinese modernization, media convergence, visual culture, artificial intelligence, common prosperity

媒介技术的高速更迭与全球信息的液态流动,特别是人工智能的深度参与,带来了媒介边界的消弭与媒体的结构性融合。2024年,美国人工智能研究公司 OpenAI 发布文本生成视频模型 Sora,标志着视频生产模式将再次发生变革,并催生出新的视频语言。视频语言的兴盛,也将进一步推动基于这种语言形态的信息传播秩序的形成,[①]并在意识形态、制度文化与社会文化的影响下对视觉文化进行持续性改造。根植于中国历史传统和文化自觉,"中国式现代化"作为新话语既概括了中国持续改革开放和现代化建设的实践过程,也为我国媒体的融合传播与视觉化传播提出了重要任务。

目前,对中国式现代化发展的相关成果多集中于政治学和经济学学科,着重关注这一概念在社会发展和国家治理中的指导性意义,以媒体呈现与视觉文化为视野的探索尚属鲜见。为打破传统技术逻辑与治理逻辑研究的藩篱,深入洞察媒体在构建当代中国视觉文化中的角色,本研究采用媒介研究与视觉研究视角,探究中国式现代化发展的媒介视觉叙事。作为一种新的研究路径,视觉文化对文本中反映的观念、经验和意义进行更深层的阐释。[②]基于此,本研究以"中国式现代化"中重大理论创新之一的"共同富裕"入手,以唐小兵的"文化生产方式分析"为工具,融合对媒介内容的视觉结构和逻辑的生产过程的观察,探索我国媒体的视觉传播实践与新叙事策略。

---

① 廖祥忠. 视频天下:语言革命与国际传播秩序再造[J]. 现代传播(中国传媒大学学报),2022,44(1):1-8.
② 邵亦杨. 视觉文化研究与艺术史[J]. 美术研究,2009(4):102-107.

一、共同富裕的概念内涵与媒介阐释

"中国式现代化"是对中国独有的发展特征的概括,其中包括人口规模巨大,实现全体人民共同富裕,物质文明和精神文明相协调,人与自然和谐共生,以及走和平发展道路。① 中国式现代化历程起始于新中国成立,形成于改革开放,拓展于新时代,正经历着不断丰富、逐步深化的历程。② "共同富裕"是社会主义的本质要求,它是植根于社会主义经济基础之上的中国方案,体现了具有理论品格的"二重穿透"性——穿透传统社会生产力低下所诱致的历史性贫困,穿透资本主义生产关系制约下的社会性不公,其目标是解决人类社会发展至今的两大历史性难题。③

自"中国式现代化"概念提出以来,中国式现代化的历史意蕴、内涵与新的视觉文化景观被我国融合媒体矩阵系统化阐释与构建。我国传媒业的媒体融合实践是我国现代化历程中的重要组成部分。自2014年8月中央全面深化改革领导小组第四次会议审议通过了《关于推动传统媒体和新兴媒体融合发展的指导意见》以来,"媒体融合"的实践探索至今已10年有余。这一实践不仅反映了顶层设计的安排,也有来自中国社会转型变迁的深层驱动。④

我国媒体在新时代的目标是有效地讲述新时代的中国故事,其关键就在于讲好中国式现代化的故事。⑤ 在构建表述体系上,中国开创了区别于西方的新的现代化发展模式,推动了现代化表述体系的生成,创造了人类现代化文明新的解读范畴与表述模式。⑥ 而视觉文化在不同历史时期的特征,由媒介话语所证实,揭示了自新中国成立以来的社会发展逻辑。⑦ 例如,2021年至2022年的中国电视剧艺术映射了"中国式现代化"的曲折道路,通过"站起来""富起来""强起来"三个阶段的镜像和图景,自觉形塑了中国形象。⑧ 可见,一方面,媒体通过对共同富裕的实践进行媒介化与视觉化叙事,从而形成中国特色的视觉文化;另一方面,共同富裕为视觉文化的形成提供了物质基

---

① 中共中央关于认真学习宣传贯彻党的二十大精神的决定[N]. 人民日报,2022-10-31(1).
② 曾现锋. 中国式现代化的发展历程、理论特质和实践要求[N]. 嘉兴日报,2023-03-29(C03).
③ 何雨. 共同富裕中国方案的历史价值、理论品格与政策路径[J]. 开放时代,2023(6):13-24,5.
④ 曾培伦,朱春阳. 融媒十年考:中国媒体融合发展的逻辑转换与汇流[J]. 新闻界,2023(11):12-22.
⑤ 马忠,淡雨萌. 中国式现代化国际叙事的跨文化透视[J]. 陕西师范大学学报(哲学社会科学版),2023(6):15-27.
⑥ 张艳艳. 中国式现代化道路话语体系建构研究[D]. 兰州:兰州大学,2022.
⑦ 卜新章.《人民画报》涉农报道中农民幸福的媒介话语建构研究[D]. 南京:南京师范大学,2017.
⑧ 王一川. 形塑"中国式现代化"里程的三棱镜像:2012—2022年中国电视剧艺术略览[J]. 中国电视,2023(1):5-10.

础与精神支撑。

值得注意的是,我国主流媒体从业者对中国式现代化发展的视觉化和媒体化是基于职业素养与对国家历史的想象和解读,因此,其作品体现出对市场逻辑和技术逻辑的"重构"。为更好地理解中国式现代化的动态发展,本研究用以"共同富裕"为核心内容的视觉作品为棱镜,对我国媒体融合生态中中国式现代化的媒介视角和影像实践进行了溯源式解释。

二、中国式现代化媒介视觉叙事的基本单元

媒体融合,作为信息技术推进的信息传播手段、功能结构和形态模式的界限改变及能量交换,①正以前所未有的速度改变我们对世界的理解方式。媒介技术对"视觉"功能的强化,带来了以视觉转向为特征的影像革命,即文化从以语言为中心的理性主义形态转向以形象或影像为中心的感性主义形态。② 这一转向不仅是人的审美转向的延伸,也是一种更深层次的方法。它能更好地从情感、身体感受和经验的角度来研究自我/他者的关系。③

唐小兵在其著作《流动的图像:当代中国视觉文化再解读》中,通过对新年画运动、当代版画艺术、油画、农村题材电影等案例的深入分析,探讨了新中国成立以来多种视觉艺术的创作实践和历史语境,解释了这些作品背后的文化生产方式和社会背景,并提出"文化生产方式"的研究方法。为尝试阐释"共同富裕"主题作品的视觉生产与表达,本研究以"文化生产方式"分析为工具,强调既把握媒介产品的共时性视觉表达,也关注这些媒介产品生产的时代特征。简言之,本研究尝试揭示中国式现代化视觉表达的多样性和复杂性,为理解当代中国社会和文化提供新的视角和方法。具体而言:

本研究对新中国成立以来,我国主流媒体制作的、聚焦中国式现代化发展主题与内涵的作品进行了梳理,发现广义上的相关作品超过 200 部。历时性地观察,在新中国成立初期,媒体对我国社会发展的视觉呈现主要围绕农业合作化、"大跃进"、北大荒开荒等主题,致力于反映新中国建设时期的民情民貌。在"文化大革命"期间,媒体通过样板戏、电影等多种艺术表现形式展示了国家发展中的"模范",但因过度强调阶级斗争与重工业生产成果,此时期作品的视觉文化以"宣传画"风格为主。改革开放后,

---

① 高钢. 媒体融合:追求信息传播理想境界的过程[J]. 国际新闻界,2007(3):54-59.
② 周宪. 日常生活的"美学化":文化"视觉转向"的一种解读[J]. 哲学研究,2001(10):66-73,80.
③ CALLAHAN W A. The visual turn in IR: documentary filmmaking as a critical method[J]. Millennium-journal of international studies,2015,43(3):891-910.

媒体作品内容形式更为多样,以受众需求为导向,遵循市场经济规律,视觉文化的特征从"宣传""样板"过渡为"鲜活"与贴近日常生活的"真实"。党的十八大以来,我国进入社会主义发展新时代,综艺节目、真人秀、动画片、短视频、移动社交媒体产品等再次丰富了人们的视觉经验,其内容也涵盖了经济发展、脱贫攻坚、大国重器和重大工程等内容,视觉文化要素全面丰富。为此,本研究进一步对融合媒体实践(2014年)开始以来,以"共同富裕"为核心内容的作品进行了重点选择,按照年份、节目类型进行整理分类,并对视觉材料进行了具体分析(参见表1)。从视觉元素的各个单元来看,我国媒体生产的"中国式现代化"故事主要有以下特征。

表1 2014年至2024年"共同富裕"主题重点作品的视觉元素与叙事特点分析

名称	发行年份	主要制作发行方	类别	内容概况	视觉元素与符号
《天河》	2014	八一电影制片厂	电影	展现了南水北调工程中决策团队、一线工程建设者、沿线移民的风貌	重大工程、大型机械、移民搬迁安置
《大国工匠》系列	2015	中央广播电视总台	系列报道	讲述了不同岗位劳动者匠心筑梦的故事	海底隧道、核电站、载人火箭
《中国建设者》系列	2016	中央广播电视总台	纪录片	讲述近年来中国重大工程项目与建设者们的故事	沪通大桥、涪陵页岩气田、深圳国际会展中心
《中国共产党为什么能》	2017	浙江广播电视集团	电视理论节目	专家学者、党的十九大代表等走向基层和百姓面对面交流,阐释党的创新理论	嘉兴南湖红船、义乌国际商贸城、数字化改革场景
《索玛花开》	2017	凉山文化广播影视传媒集团有限公司	电视剧	彝区人民在政府精准扶贫和大力支持下脱贫致富	少数民族生活面貌、凉山自然风光、彝族火把节等民俗活动
《厉害了,我的国》	2018	中央广播电视总台、中国电影股份有限公司	纪录电影	展现中国在扶贫、生态文明建设、医疗保障、国家安全体制等方面的成就	生态保护场景、医疗科技与保障情况、海外安保
《一分钟漫游港珠澳大桥》	2018	网易新闻、新华社全媒报道平台等	新闻游戏	引领用户亲历穿越港珠澳大桥抵达香港的过程,科普相关知识	港珠澳大桥、海底隧道、人工岛屿
《大江大河》系列	2018	上海广播电视台、东阳正午阳光影视有限公司等	电视剧	改革开放先行者在变革浪潮中不断探索和突围的浮沉故事	小人物群像、生活化场景、集体经济中的矛盾、国际贸易场景
"VR浸新闻"VR暖故事栏目	2019	中央广播电视总台	VR新闻	重访习近平总书记扶贫足迹,通过元古堆村等成果性案例让观众沉浸式感受乡村脱贫攻坚的变化与成绩	村民家庭、扶贫车间、蔬菜产业园、村民文化广场建设
《复兴大道70号》	2019	人民日报社新媒体中心	H5新媒体产品	记录、再现从新中国成立到2019年70年间的重要画面	城市景观、文化与媒介事件(电竞夺冠)、先进技术(高铁等)
《思想的田野》系列	2019	国家广播电视总局策划指导,33家卫视分批制作	电视理论节目	人民与城市建设之间的关系	风沙埋城、绿色生态、无人机放牧、智慧媒体

续表

名称	发行年份	主要制作发行方	类别	内容概况	视觉元素与符号
《奔跑吧（黄河篇）（共同富裕篇）》	2020	浙江广播电视集团	综艺真人秀	通过真人秀活动，展现城市之美、脱贫攻坚、全面小康、共同富裕	自然生态、城市风土人情、经济作物
《大搬迁》	2020	贵州广播电视台	纪录片	记录贵州188万人易地扶贫搬迁	贵州山区自然风光、时代标语、新建的安置房、配套设施
《搬出大山》	2021	中央广播电视总台	纪录片	展示了"十三五"时期，党中央和各级政府通过实施易地扶贫搬迁，帮助近1000万群众摆脱贫困	原始居住的生态困境、搬迁过程中的危机、搬迁前后的生活条件对比
《山海情》	2021	东阳正午阳光影视有限公司	电视剧	西海固人民完成易地搬迁，在福建的对口帮扶下脱贫致富的故事	西海固生态环境、小人物群像、基层扶贫干部、援建专家、农作物生长、城市化变化
《石山石猴石娃子》	2021	广西广播电视台	动画片	讲述了珍稀动物白头叶猴、留守儿童和驻村书记的感人故事，展现脱贫攻坚成果	白头叶猴动画形象、自然生态、大学生村干部
《人世间》	2022	中央广播电视总台等	电视剧	周家三兄妹等普通人在"文革"以来近五十年内的人生变迁	工人、军人等家庭的生活面貌，阶层融合矛盾、服饰变化、棚户区改造前后对比
《中国式现代化》	2023	新华社	政论片	系统梳理中国式现代化的五大特征	迁离深山、安置住房、大数据、城乡对接与配套设施、智慧农业
《"县"在出发——行走百县话振兴》	2023	新华社、国家发展改革委、农业农村部	系列报道	探访引领型百强县，看中国式现代化的实践成果	自然风光、绿色文旅、科技兴农场景、林下经济场景
《千万工程》	2024	中国国家广电总局、浙江省委宣传部	纪录片	展现浙江省二十年来抓好"千村示范、万村整治"工程，建设"全面小康示范村"	浙江基层农村面貌、自然风光、文化礼堂、农产品

(一)人的现代化:政治与社会生活中的立体形象

现代化的本质是人的现代化。[①] 西方建构的现代化迷思,是物质主义膨胀的、资本逻辑的现代化。中国式现代化则把人民对美好生活的向往,实现人民共同富裕作为现代化建设的根本。以视觉图像为叙事语言的媒体产品,通过对个体的勾画,展现了大时代背景下的"人与人""人与自然""人与家庭""人与社会"的关系。因此,以共同富裕为主题的作品,注重展现人在社会变迁中的复杂特征;通过"服饰""语言习惯""生产

---
① 习近平.论"三农"工作[M].北京:中央文献出版社,2022:58.

工具"等动态的符号,构建农民、工人、大学生等群体在不同时代的生存面貌;个体的性格、行为与情绪的复杂被客观、立体地呈现。

在中国式现代化发展中,"贫富差距"催生了更复杂的人的矛盾。我国媒体也并未回避这一现实问题,在扶贫题材的电视作品中,不同群体的生存困境、现实诉求被更生动地勾画。例如,电视剧《山海情》讲述了20世纪90年代以来,西海固人民在国家扶贫政策的号召下,完成易地搬迁的故事。在这一作品的视觉呈现中,农民搬迁前内心与行为上的"抗争",建设中对自然的态度,富起来后的理念转变,打破了以往传统媒体强调纯粹积极叙事的视觉文化,立体再现了人与不同关系的矛盾与协商,以及人如何在社会改革中进行自主调适。

(二)家庭的现代化:传统封建家礼与封建意识的改造

家庭是社会最基本的单元,家庭的和谐为社会的稳定提供了重要基础。然而,中国社会发展过程中,传统封建式的家礼与现代性的生活方式体现出多重矛盾。传统家族中的个人在构建现代精神的家庭和新的家庭秩序中,不断与旧家礼传统发生"战争"。在现代都市剧中,这些"战争"成为故事叙事的主要线索,其结果通常是旧家礼的"破"与现代思想下新家礼的"立"。

同时,在中国社会快速发展的背景下,家庭组建的方式、成员背景和生活理念也变得更复杂与多元。在阶级与资本逻辑下"门当户对"的家庭组建传统被打破。例如,干部、工人与农民等差异化个人成分在现代化新家庭中被重组,出现了阶层、行业、地域与文化的多重融合。媒体对这一特征的叙事,不仅反映了伴随国家现代化进程的家庭精神与基因再建,也通过呈现这一过程中的矛盾因素,映射了社会变革的"痛点"。例如,电视剧《人世间》展现了时代的变迁与记忆,通过每个家庭的人物性格,角色与国家发展和社会的互动,不同群体间的磨合、博弈与冲突,讲述了社会的基本单元如何在宏观政策变化、全球形势的影响下应对自身的困境与机遇。

(三)社会的现代化:矛盾与协商再现、困境与机遇共存

社会是连接个体、家庭与国家的有机整体,也是矛盾冲突发生的重要场域。"和谐社会""社会主义核心价值观"与"正能量"等概念的提出,既说明了社会现代化发展中必然存在社会矛盾,也体现了我国媒体在服务公众、引导社会舆论、构建积极社会文化方面扮演了重要角色。对媒体文本的分析表明,在我国媒体的视觉生产中,主流媒体通过群体性事件、管理者参与沟通、百姓间舆论发展等场景对社会问题进行了视觉表

达与反思。例如,《索玛花开》、《大江大河》系列等电视剧,围绕政策调整中的乡村工作、城市中的工厂改革等带来的社会矛盾,基于"发现问题—协商问题—解决问题"的实践逻辑,对个体诉求、集体发展困境、社会结构性压力和国家力量支撑等元素进行视觉表达。

综上,政策实践中的共同富裕为我国社会发展提供了制度保障和方向指引,视觉文化中的共同富裕为公众理解中国式现代化发展提供了具体案例和阐释空间。政策实践、社会现实与媒介化表达共同塑造了独具特色的现代化视觉文化,媒体通过视觉文化再现成功案例,共享共同富裕探索经验,丰富公众视觉感知,提升了传播效能。

三、中国式现代化的视觉修辞特征

视觉修辞,是指强调以视觉化的媒介文本、空间文本、事件文本为主体修辞对象,通过对视觉文本的策略性使用,达到劝服、对话与沟通功能的一种实践与方法[①]。在中国式现代化的叙事中,这种视觉修辞作用尤为明显,它通过图像、色彩、布局、动态等多种元素的巧妙运用,传达了共同富裕的主题理念。

(一)以共同富裕为主题的中国式现代化的视觉修辞

1.共同奋斗:视觉叙事的主旋律

以共同富裕为代表的中国式现代化视觉叙事,其首要特征是通过"共同奋斗"强调国家大义和民心所向。共同富裕要依靠共同奋斗。自共同富裕目标提出以来,我国主流媒体通过视觉媒介展现了我国各阶层、各领域、各行业的共同奋斗经验,积累了鲜活的视觉资料。以纪录片为例,它通过视觉档案及音频证言的并列呈现,不仅以事实证明分析观点,还向观众传递情感,采用图像和口号的拼贴方式唤起情感,从而使得图像呈现成为一种情感表达的手段[②]。《厉害了,我的国》《大国重器》《大国工匠》等系列纪录片,展现了中国在科技、工业、农业等领域的创新成就和发展进程,也体现了中国人民不断创造奇迹、不断超越自我、不断攻克难关的共同奋斗精神。

2.精准扶贫:视觉政治的传播抓手

精准扶贫是实现共同富裕的重要手段,也是我国媒体构建中国式现代化的视觉秩

---

① 刘涛. 媒介·空间·事件:观看的"语法"与视觉修辞方法[J]. 南京社会科学,2017(9):100-109.
② CALLAHAN W A. The visual turn in IR: documentary filmmaking as a critical method[J]. Millennium-journal of international studies,2015,43(3):891-910.

序的落脚点。媒体融合的成果为精准扶贫提供了新的平台机遇。在实践中,我国主流媒体将直播带货等新兴媒体视觉传播形式引入扶贫实践,既丰富了扶贫的媒体经验,又为观看者提供了一种深度参与的视觉体验。例如,2020年起,中国中央电视台(CCTV)通过与知名电商平台和网红主播等开展公益直播带货,拓宽脱贫地区农产品销路,提升基层人民生活水平;东方卫视公益扶贫节目《我们在行动》通过"直播+电商+短视频"助力乡村振兴,其网络平台利用算法优势和用户特征,传播主流价值观,实现经济效益与社会效益的双丰收。

3.消除贫困:视觉记录的社会共鸣

2020年,我国实现了脱贫攻坚战的全面胜利,现行标准下9899万农村贫困人口全部脱贫,832个贫困县全部摘帽,12.8万个贫困村全部出列,区域性整体贫困得到解决。[①] 这是中国式现代化进程中的标志性成果,也在多平台的视觉媒体中被多维展现。2017年,浙江卫视推出电视理论节目《中国共产党为什么能》,以生动鲜活的叙事形态和贴近受众的传播方式,立体展现了共同富裕在浙江的实践,节目有机融合了现场大屏和移动小屏,实现交叉覆盖式传播。《我和我的家乡》《我和我的父辈》等系列电影,通过对人民生活的自然生态、居住与配套设施、休闲生活等画面的对比呈现,展现了中国在消除贫困过程中,人民的生活变化与心态变化。

4.再现历史:中国式现代化发展的集体记忆

在媒体融合的背景下,主流媒体对视觉传播的形式进行了多重创新,并通过再现不同历史时期的特殊视觉元素,构建了中国式现代化发展的集体记忆。结合智能时代游戏引擎的功能拓展,新闻、专题、纪录片等媒体形式被嵌入媒介叙事中。自2017年起至今,《人民日报》《光明日报》等主流媒体制作了多个年代类互动游戏,如以新中国成立70周年为主题的《复兴大道70号》、以改革开放40年为主题的《时光照相馆》、以建党百年为主题的《一颗红星的旅程》等。这些游戏通过标语、生产工具、宣传海报等具有时代特色的视觉符号的调用,召唤民众的关于中国式现代化发展的时代记忆与集体记忆。

进入智能传播时代,我国主流媒体积极融合新兴技术,提供了互动性强、视觉传播力高的作品。例如,中央电视台制作的"VR浸新闻"VR暖故事栏目,使用VR技术打破了传统新闻的空间和距离的限制,以"重访总书记扶贫足迹"为主题,选取了化屋村、

---

① 党的十八大以来经济社会发展成就系列报告:脱贫攻坚战取得全面胜利 脱贫地区农民生活持续改善[EB/OL].(2022-10-11)[2024-03-05]. https://www.gov.cn/xinwen/2022-10/11/content_5717712.htm.

元古堆村等一系列成果性案例,运用村民家庭、扶贫车间、蔬菜产业园、旅游开发公司、村民文化广场等画面,通过服饰、生活用品、标语、建筑等视觉符号,让观众沉浸式感受乡村脱贫攻坚的变化与成绩。

(二)中国式现代化新叙事的视觉文化的特征

尽管"中国式现代化"历程始于新中国成立初期,但其概念的确立、延展与丰富持续至党的二十大会议,伴随中国社会的全面发展,这一概念的外延及其视觉呈现也在动态革新。中国式现代化的叙事,其本质是社会主义现代化建设的实际活动在意识形态和思想文化领域的积极表达。[①] 我国媒体对这一主题的叙事也经历了新中国成立初期—改革开放时期—社会主义新时代,并在此过程中逐步构建了"现代化"的视觉文化。

具体言之,我国媒体对中国式现代化发展历程的视觉化与叙事具备如下基本特征:1.媒体内容倾向使用对比性视觉影像,突出经济与社会发展成果,偏重绩效合法性的具象化与视觉化。2.运用个体故事嵌入社会变化,综合使用故事化叙事方法。3.通过"博物""考古"的影像与阐释性说明呈现民众生活的时空变化。4.对现代科技的视觉化呈现,强调"科技感",集中于新兴能源、数字技术、航空航天科技等领域。

总之,已有的媒体作品以广泛的选题讲述了中国式现代化发展,形成了新的媒体叙事,再塑了观众的观念。然而,本研究也发现,尽管媒体制作了精良的、主题各异的节目,其中多部作品获得国家奖项,社会美誉度高,作品内容也具备二次加工并进行融合媒体传播的可能,但媒体的资源共享不足。其结果是,部分作品仅以"标题"或"新闻内容"呈现,并未发挥其传播效能。

四、中国式现代化叙事构建的视觉秩序及其社会功能

媒体融合提供的多元技术为视觉媒介的生成与观者的观看提供了器具和装置,是其生产和传播的基础性保障。[②] 相较于传统的文字媒介,视觉媒介在信息过载的当下,能更有效地吸引注意力,激发情感反应,提高受众对相关议题的认同度,从而影响

---

① 丁三青,柴鹏.出场逻辑•文化底蕴•话语建构:中国式现代化叙事的三维探赜[J].山东社会科学,2023(11):43-51.
② 赵如涵.新闻生产视觉化的产品实践:基于新闻海报的考察[J].青年记者,2023(3):15-17.

信息选择和受众态度。① 基于以上支撑,我国媒体通过多平台的视觉展现,共同构建了中国式现代化叙事逻辑下的视觉秩序。

中国式现代化叙事构建的视觉秩序是对中国式现代化发展内在结构和特征有规则的外化,是通过对中国式现代化的视觉符号、社会发展、人民生活等视觉元素的统筹和调度而形成的媒介视觉结构。媒体构建的视觉秩序,是我国现代化发展的视觉秩序的整体的连续和延展,反映了媒体与人民对现实秩序的媒介化感受。在媒体融合政策的推动下,传统媒体与移动、社交媒体等新兴媒体以不同特征、属性的媒介构建了具有时代特色的中国式现代化视觉秩序。

随着媒体融合趋势的加速,多元媒体平台对中国式现代化故事提供了新的传播路径。从社会功能上看,中国式现代化的视觉呈现,是媒体从业者基于政治自觉与对社会现实的感知进行的专业生产与文化再造。一方面,我国媒体以辩证唯物主义为指导,通过媒体的视觉呈现,勾画了以社会发展为主线的集体主义与个体主义不断"协商"的现实图景。另一方面,这种具有中国特色的媒体实践,超越了西方现代化的"物"和"资本"的逻辑,强调人的"目的价值"和人的"非工具价值",实现了个体、社会与国家间的独特互动,体现了人的主动性意识和寻求主体性的精神面貌。简言之,媒体融合经验既是中国式现代化"共同富裕"的实践成果,也是呈现、强化、宣传这一成果的重要渠道。中国式现代化新叙事的逻辑及其表征,不仅为公众呈现出富有情感的、生动的现代中国形象,也激发了公众对中国现代化道路的思考。

五、结语

我国主流媒体构建的中国式现代化的视觉文化,是社会主义视觉文化的一部分。但区别于视觉文化艺术作品,我国媒体制作的作品是基于对中国式现代化社会生活和观念的视觉再造,而非虚拟符号的生产。同时,新中国成立以来复杂的国际局势变化与社会变革,不仅影响了我国媒体从业者理解国家制度、社会价值、媒体责任的自主意识,也影响了人民群众的"观看之道"。在这一背景下,我国主流媒体积极响应政府的政策调整,使改革开放以来的视觉文化更具社会取向与国际视野。

媒体融合不仅改变了信息的传播方式,也引发了从语言驱动到视觉驱动的媒介生

---

① POWELL T E, HAMELEERS M, VAN DER MEER T G L A. Selection in a snapshot? The contribution of visuals to the selection and avoidance of political news in information-rich media settings[J]. The international journal of press/politics, 2021, 26(1): 46-68.

产逻辑变革。生成式人工智能(GenAI)为视觉语言的使用与视觉化叙事提供更广阔的空间,同时也吹响了全球"视觉战"的号角。面对这一局势,我国媒体的中国式现代化叙事仍有以下"局限"。

第一,我国媒体对中国式现代化主题的视觉呈现主要着重其硬实力发展,对多元文化和领域的呈现稍显薄弱。因此,中国式现代化叙事首先需要多重维度的故事传播,如主流媒体代表的官方叙事、社交媒体中的流行文化元素输出、旅游文化传播、生态建设话语引领等。例如,具有网络传播属性和流行元素的我国本土文化,仍具有深度挖掘的实践价值。

第二,我国媒体对中国式现代化主题的叙事方法多为纪实,聚焦当下与过往社会生活的差异,或强调科技发展对现实生活的影响,而缺少对"未来存在的想象"。想象力是视觉秩序形成的基础,也是意识框架的重要逻辑支撑。媒体影像与视觉文化中的"未来化"主题是当下"现代化"的延伸,也将是各国媒体抢占观念意识与阐释逻辑,构建视觉秩序和视觉符号的重要场域。例如,对太空、海底及尚未开发地区的探索,对科技在未来与人的关系的前瞻性思考,对未来物理与虚拟空间的融合想象等。

综上,智能传播时代的视觉政治抗争与影像之战将持续升级。因此,面对我国全面发展的历史机遇,媒体可通过构建具有中国特色的基础叙事、具有历史深度的比较叙事、智能传播的媒介叙事和展示未来蓝图的发展叙事,全方位展示中国式现代化的内在逻辑、重大贡献、成长空间和生命力。

〔赵如涵,中国传媒大学传播研究院教授、博士生导师;陈俊旭,中国传媒大学媒体融合与传播国家重点实验室传播学专业博士研究生,中国人民警察大学广州校区教师〕

〔特约编辑:陈欣钢〕

传播与社会

论生成式AI的技术越界与人的自主性博弈
　——以Sora为例　　　　　　　　　　　　　　　　　张　铮　王怡欢
热点、趋势与展望：中外比较视野下智能新闻生产学术场域分析　丁汉青　岳帅祺
隐形的数字鸿沟：物质接入对流动老人互联网使用的影响　　　　熊　慧　郭　倩
新媒体平台在公益项目品牌化过程中的多重角色及其传播路径研究　　　　陈　芝

论生成式 AI 的技术越界与人的自主性博弈
——以 Sora 为例

Technological Transgressions of Generative AI and the Human Autonomy Gaming
—The Case of Sora

◎ 张　铮　王怡欢

Zhang Zheng　Wang Yihuan

摘要：从 ChatGPT 的应用推广到 Sora 的发布，生成式 AI 正以专业性内容生产工具的身份走入人们的日常生活，一场关于生成式 AI 的革命悄然来临。多模态 AI 技术所展现的强大的自动生成与内容创造能力已然越界威胁到人类自主性的实现，主要表现为生成式 AI 技术的"自我繁殖性"、环境适应性和智力升级对人类自主性的消解。从技术哲学视角来看，技术的自主性与人的自主性本身就存在动态博弈关系。若想在与技术自主性的博弈中获得胜利，我们需要从人机思维层面实现双向互嵌，占据 AI 功能分配的主导地位，增强 AI 模型甄选能力，注重专业创新思考，在人机交互的积极实践中抵抗技术越界所带来的持续影响。

关键词：生成式 AI；自动生成；人机交互；技术越界；自主性博弈

Abstract：From the application of Chat-GPT to the release of Sora, Generative AI is entering people's daily life as a professional content production tool, and a revolution of Generative AI is quietly coming. The powerful auto-generation and content creation capabilities demonstrated by multimodal AI technologies have already crossed the border and threatened the realization of human autonomy, which is mainly manifested in the dissolution of human autonomy by the 'self-augmentation' of Generative AI technologies, environmental adaptability, and intellectual upgrading. From the perspective of philosophy of technology, there is a dynamic game relationship between technological autonomy and human autonomy. If we want to win the game with technological autonomy, we need to realize two-way inter-embeddedness from the level of human-computer thinking, occupy the dominant position in the distribution of AI functions, enhance the ability of AI model selection, pay attention to professional innovative thinking, and resist the continuous impact of technological transgression in the active practice of human-computer interaction.

Keywords：Generative AI, automatic generation, human-computer interaction, technology transgression, autonomy gaming

一、问题的提出

当前社会背景下,社会内容生产方式正由 UGC(用户生成内容)向 AIGC(AI 生成内容)全面过渡。以 GPT 文本、DALL·E 图片大模型为代表的生成式 AI 已经作为逻辑性更强、专业度更高、具有高度人机协同能力的专业性内容生产工具走入人们的日常社会生活。2024 年年初,美国人工智能研究公司 OpenAI 发布了全新的 AI 文本生成视频模型 Sora,这一生成式 AI 模型能够根据文本提示词(prompt)生成长达 60 秒的多风格电影级高分辨率视频,视频场景可以包含多个角色、不同类型的动作和背景细节,并配以吸引人的字幕文本。① Sora 的出现代表了继 ChatGPT 之后生成式 AI 技术的又一次重大升维,进一步拓展了多模态 AI 技术的创造与生成能力,②并引发了更大范围的社会关注和学界研究的展开。

随着学界对生成式 AI 研究的持续关注和业界对生成式 AI 技术的推广应用,人们愈发感知到一场关于生成式人工智能的革命已悄然来临,这也促使我们开始深入思考生成式 AI 背后强大的自动生成能力所引发的技术越界及其对人的自主性实现的影响。鉴于此,本文尝试从 Sora 这一现象级生成式人工智能产品出发,并结合 ChatGPT 等已深入日常生活的 AI 产品归纳生成式 AI 的关键技术特征,理解生成式 AI 何以拥有强大的自动生成能力,并阐述这种能力所带来的技术越界对人们自主性实现的影响,进而探讨人们应如何提高对生成式 AI 的控制感,以获得人机自主性博弈的胜利。

---

① OpenAI. Video generation models as world simulators[EB/OL].(2024-02-15)[2025-01-05].https://openai.com/research/ video-generation-models-as-world-simulators.
② 喻国明,苏健威.从 Sora 到 AGI：智能媒介的升维与全新场景体验时代的到来[J].编辑之友,2024(6):39-45.

二、从 ChatGPT 到 Sora:生成式 AI 的自动生成机理

在 Sora 发布之前,AI 视频生成领域已涌现出 Gen-2、Lumiere、Pika 等功能强大的 AI 模型,这些 AI 模型被广泛应用于日常开发中。然而,Sora 的发布却引发了全民对生成式 AI 的大讨论,这主要归因于 Sora 强大的智能生成能力和创造潜力。相较于以往的文生视频 AI,Sora 在视频生成方面展现出了更高的准确性和效率。它不仅能够一次性生成完整的视频,而且生成的视频还可以进行时长扩展,从而满足用户更为多样化的需求。此外,Sora 生成的视频更加逼真,时空变化和镜头语言与真实视频相比几乎没有区别。①

Sora 是在 ChatGPT 的基础上实现了自动生成技术的优化升级。ChatGPT 支持根据人们指定的自然语言提示自动生成目标文本,包括问答、机器翻译、语言建模等,这背后依赖于大型语言模型 LLM(Large Language Model)中 Token(单词令牌)对文本的自动化处理。在大语言模型中,Token 是模型理解和生成的最小意义单位,它扮演着"翻译官"的角色,将自然文本语言分解转换为机器可以识别的数值或标识符,并将文本的意义和语义关联以数字的方式保留下来。当用户向 ChatGPT 提问时,背后的大语言模型 GPT(Generative Pre-trained Transformer)会首先识别用户的语言种类,利用自己的 Token 编码器将输入的自然语言转换为带有位置关系的 Token 序列。随后,GPT 会根据自己提前学习建立的 Token 共生关联网络图和人类的文本生成需求为已输入的 Token 生成预测后的 Token,再将新生成的 Token 接合成序列并解码为人类可读的自然语言。GPT 通过学习 Token 的共生关联关系来理解自然语言的语法规则和意义阐释,也通过调整 Token 序列的排列重组和创新人类的自然语言,为机器提供了类人的自动化生成方式。

Sora 从 GPT 大语言模型的 Token 处理中汲取了灵感,延续同样的自动化处理逻辑,将视频中的视觉数据切分为 Patch(时空子块),统一了图像和视频数据的机器表示,进而实现了文本、图像和视频等更多模态内容的自动生成。② Sora 在进行视觉数据学习时会将图片和视频等视觉数据分割转换为 Patch 视频表征,对视频进行无损压缩,这使得 Sora 具备了训练不同分辨率、时长和长宽比影像的能力。转换后的 Patch

---

① 陈文泰,孙仲伯.重回镜像之维:生成式 AI 浪潮下 Sora 的技术逻辑与媒介生态迭代[J].新闻爱好者,2024(4):40-44.
② 郭全中,张金熠.作为视频世界模拟器的 Sora:通向 AGI 的重要里程碑[J].新闻爱好者,2024(4):9-14.

不仅代表视觉内容的基本构建块,也是视频的潜在时空表示,包含了视频中的空间和时间关系。① 将 Patch 序列输入 Sora 的 DiT 模型(扩散自注意力模型,Diffusion Transformer)后,Sora 会捕捉 Patch 在空间维度的布局分布和在时间维度的连续变化等关联关系,进而学习 Patch 之间的纹理、运动、光照、遮挡、交互等复杂的视觉物理规律。Sora 可以利用基础 GPT 模型理解用户给出的提示词并将其改写为描述性更强的高质量视频标题,再通过标题文本 Token 和时空子块 Patch 之间的关联来生成新的视频,实现多模态内容的智能生成。此外,它可以自动地从结构化和非结构化的文本、图像及视频中获取关键信息,在人机交互中为人们提供更为准确详细的问题答案。有别于过往逐帧学习的视频生成式 AI,Sora 以更加类人的方式学习整个视频片段的动态时空关联,从而更好地模拟人类对视觉世界的经验学习过程,自动生成更符合人类需求和偏好的视觉场景。

从 ChatGPT 到 Sora,生成式 AI 本质上是一种自动生成技术,即在不需要人类参与的"去人化"环境下,通过机器内部的数据转换和意义关联运算来创造新的多模态内容和知识。② 虽然生成式 AI 的智能生成仍旧依赖于人类的文本提示,但 AI 已然可以通过自身对于人类知识和物理世界的意义理解"接管"内容生成的最终走向,成为内容生产的代理人和实践者,③ 在特定的内容生产领域化身为新的数字艺术家和知识创造者。

三、生成式 AI 技术对人类自主性的越界

生成式 AI 技术的快速迭代让当前社会的流动性进一步加剧,传统的社会规范已无法适配当前的技术演进,作为社会主体的人们正经历一段高度不确定性的社会现实。生成式 AI 的自动生成能力让人们意识到自身在技术控制上的作用已被大大削弱,生成式 AI 的技术越界正在威胁人类自主性的实现。

本文引用技术哲学领域中"自主性"(Autonomy)的概念,意指作为主体的人具有"自治"和自我"决断"的能力,且具有相对独立的、不受他者支配的地位。④ 人的自主性是一个动态演进的过程性概念,在社会发展过程中,技术的进步往往会成为人类自

---

① 喻国明,苏健威.从 Sora 到 AGI:智能媒介的升维与全新场景体验时代的到来[J].编辑之友,2024(6):39-45.
② 刘纯懿,胡泳.人机逆转、叙事僵死与无事实时代:生成式革命的影响与危机[J].探索与争鸣,2024(1):150-164,180.
③ 胡栩睿.认知的展褶:生成式人工智能的技术审思:以 Sora 为引[J].决策与信息,2024(9):87-96.
④ 梅其君.技术自主论研究纲领解析[M].沈阳:东北大学出版社,2008:14.

主的掣肘，人本身不存在静态不变的"自主性"。^① 生成式 AI 所具有的流动性、敞开性和交互性促进了 AI 技术的快速发展，但这种技术对人类主体的越界也已有所体现。本文指出，以 Sora 和 ChatGPT 为代表的生成式 AI 的技术越界主要体现在生成技术的"自我繁殖性"^②、环境适应性和智力升级对人类自主性的消解。

(一)生成式 AI 技术的"自我繁殖性"对人类自主性的消解

以 Sora 和 GPT-4o 为代表的最新的生成式 AI 产品均遵循名为"Scale-Law"(规模标度法则)的模型训练原则，通过扩大算力、模型参数和训练数据的规模，持续不断地激发 AI 大模型的智能涌现能力。^③ 所谓涌现，指的是技术系统的数量变化导致技术表现的质量变化。这种由量变产生质变的智能涌现能力体现出生成式 AI 技术的"自我繁殖性"。

Sora 作为智能涌现的产物，在视频生成的性能表现上让人惊叹，不仅成功继承 ChatGPT 等基础人工智能模型的能力，还在继续尝试智能涌现出跨越特定行业或领域的具备自主生成能力的通用型人工智能(AGI)，打造突破人类现有认知的"人工智能新形态"。在如何让 AGI 具备智能的问题上，研究人员采用的是一种技术自我进化路线，让智能体置身于类比现实的复杂环境中，设计智能体遵循简单的交互规则，在不断交互反馈和强化学习中让 AGI 自然涌现。

遵循进化思路的 AI 智能涌现更接近一个类人生命体的成长过程，虽然能力是逐渐从弱变强的，也极度依赖算力资源的支持，但始终是全面的、通用的、灵活的智能体，体现了技术强大的自我繁殖力。例如，2019 年 OpenAI 发布的一款名为"Neural MMO"的大型多智能体游戏环境，智能体需要在游戏中探索地图、争夺资源、消灭竞争者并争取自身更长的存活时间。游戏初始时，智能体会随机出生在某一位置，并带有固定的初始资源，为游戏设置简单的人类竞争规则后，智能体会在自发的交互中表现出更为丰富复杂的行为，比如学会自我保护，自发加入更有竞争力的群体，更有技巧地探索不同地形环境等。时间快进到生成式 AI 扩展多模态交互的现在，AI 智能体可以通过训练学习和人类反馈更全面深入地感知复杂多变的现实物理环境，涌现出更强

---

① 李瑛琦."永久在线、永久连接"：网络社会何以引发"人的自主性"危机？——基于"技术自主性"的审思[J].新闻界,2022(6):65-74.
② JERÓNIMO H M, GARCIA J L, MITCHAM C. Jacques Ellul and the technological society in the 21st century[M]. New York: Springer, Dordrecht,2013. DOI:10.1007/978-94-007-6658-7.
③ 郭全中,张金熠.作为视频世界模拟器的 Sora:通向 AGI 的重要里程碑[J].新闻爱好者,2024(4):9-14.

大的智能。Sora 的出现也证实了这种类人智能体的成长速度过于惊人,成长加速度已远超人们的预期。

AI 的智能涌现在不断挑战人们现有的认知边界,人们想象现有的生成式 AI 将借助智能技术的自我繁殖性发展成为具备长期记忆和复杂思维方式的类人高级智能,拥有追求自由的类人"意识"。这种对技术自我繁殖的想象在挑战人类认知的阈值,生成式 AI 技术的越界在日渐摆脱对人类的依赖,变得独立和排他。在这种情境下,人类非但没有获得更多对技术的掌控感,相反,人们的主宰空间和自主性会遭到消解。

从人的自主性角度来看,人类在进行思考和决策时,通常会经历一个复杂的过程,包括想象、策划、回溯等多个阶段。这些过程涉及对过去经验的回顾、对未来可能性的设想以及对当前情境的深入分析。① 这种复杂的思维方式使得人类能够做出更加全面和深入的决策。而以 Sora 为代表的生成式 AI 现已能借助大语言模型的文本学习能力理解人类语言,也能借助深度学习网络的多模态数据关联网络模拟人类大脑的记忆机制进行联想。不久之后,多模态智能体极可能通过持续的交互学习涌现出复杂思维模拟,在处理更复杂的任务中获得逻辑推理、情感感知甚至创造性思考的能力,人的自主性很可能受到进一步的消解。

(二)生成式 AI 技术的环境适应性对人类自主性的消解

OpenAI 在官网发布了名为"作为世界模拟器的视频生成模型"(Video Generation Models as World Simulators)的技术报告,报告大致介绍了 Sora 的架构和应用场景,并提出"Sora 可能是构建世界模拟器的一条有前途的途径"②。OpenAI 在一开始就赋予 Sora"世界模拟器"的身份,认为 Sora 已经获得了规模化的环境模拟能力,能通过动态相机运动、遮挡、物体存继性和视频游戏模拟来实现场景一致性。③

"世界模拟器"的提出反映了生成式 AI 领域对实现世界模型(world model)的期望和野心。AI 的世界模型可以类比于认知科学中人脑的心智模型(mental model),嵌入世界模型的智能体可以感知外部环境变化,在感知变化后预测未来状态的转变并

---

① 卡尼曼.思考,快与慢[M].胡晓姣,李爱民,何梦莹,译.北京:中信出版社,2012.
② OpenAI. Video generation models as world simulators [EB/OL].(2024-02-15)[2025-01-05]. https://openai.com/research/video-generation-models-as-world-simulators.
③ MILLIÈRE R. Are video generation models world simulators? [EB/OL]. (2024-03-01) [2025-01-05]. https://artificialcognition.net/posts/video-generation-world-simulators/#concluding-thoughts.

做出适应环境的行为决策。① 在不断自我强化学习之后,世界模型不仅可以完成现实世界难以实施的高成本高风险试错,还可以实现不依赖于已有人类数据的反事实推理。② 一旦Sora能够通过人机交互实现对外部真实环境的物理感知和判断,那便意味着生成式AI将不依赖于人类对环境的感知而进行决策。对"世界模型"环境适应能力的认识让人们提前感知到自身的自主性实现即将受到前所未有的挑战。

Sora在模型上借助了GPT卓越的文本生成能力和DALL·E优异的图像生成能力,进一步提升了视频生成内容传达的准确性和视频元素的丰富性。虽然目前还没有技术文档给出准确的结论,但Sora有可能借助了GAN对抗式生成网络自带的"借真修假"能力和对场景的因果推理能力来保证视频图像在三维空间的稳定性和移动的连续性,展现了最新生成式AI技术的环境适应能力的提升。多重性能的叠加优化让Sora看起来已获得初步模拟物理世界运动规律的能力,并展现出了成为世界模型的潜力。

当前的技术限制下,Sora还处于以"直觉"的方式理解整个物理世界并尝试适应环境变化的阶段。但在基础模型、算力、数据处理、交互模式等多个方面的改进升级下,以Sora为代表的生成式AI极可能实现对"世界模型"的设想,例如可以模拟复杂场景中的物理现象,理解运动主体间的因果关系,观察到容易被忽视的空间细节,以及跟随特定的镜头运动轨迹等。这种高维抽象物理模拟能力代表了生成式AI对环境的适应将不再依赖人类的引导和指示,人类会从掌控技术变革的主体降为辅助机器运转的"催化剂"。③

(三)生成式AI的智力升级对人类自主性的消解

生成式AI一方面拓宽了人类对社会内容生产的认知边界,另一方面不断强化着人类生活的强度和需求的广度,冲击着人们现有的生活秩序,④潜藏着的失业、失序和失控的风险,成为人类不安全感的技术来源。在生成式AI深刻改变生产生活方式的同时,过分依赖技术的现代化生活又让人们产生了无法定位自身的自主性危机。

---

① HA D R, SCHMIDHUBER J. Recurrent world models facilitate policy evolution[J]. Neural information processing systems, 2018. DOI:10.48550/arXiv.1809.01999.
② PEARL J, MACKENZIE D. The book of why: the new science of cause and effect[M]. New York: Basic Books, 2018.
③ 陈红薇,杨健林.技术时代人类主体性危机的预言:论《响尾蛇行动》中的双重技术越界[J].当代外国文学,2021,42(1):5-12.
④ 李梅敬.Sora对人类认知边界的延展以及发展共识凝聚[J].学术探索,2024(7):47-53.

Sora 的出现不仅让人们开始想象 AI"模拟现实"的可怕,也让人们开始担心通过智能涌现升级的通用型 AI 将在不久的未来出现。通用型 AI 不再局限于某个特定的任务或领域,具备全领域感知、理解、学习和逻辑推理等基本思维能力,可以在自我学习提升的同时完成创造性思考。通用型 AI 不仅可以模拟物理世界的运行规律,甚至可以理解包含人类社会在内的复杂系统并以系统的方式分析问题并给出反事实推理。技术哲学家预言未来 AI 所代表的"超级智力"(super intelligence)[①]极有可能跳出现有的人机生成式交互逻辑,脱离人机共生关系,带着自身对社会大系统的整体性认知主动参与社会生产运行,并开始独立绘制技术演进路线。通用型 AI 将不再是简单的内容生产工具,而成为社会的主体取代大量的高端劳动力,重新建构社会各个领域的生产方式和运行模式。

AI 技术的另一种越界就体现为对人类智力优势的消解,预设超级智力所带来的人机关系逆转会激化人类沦为"无用阶层"的恐慌,[②]并导致人的自主性愈发减弱。生成式 AI 技术的迭代速度已经完全超出了大部分人凭借自身的认知和经验所能理解的范围。大量智能化和碎片化的媒体信息将人们囿于个人的"信息茧房"中,固化个人现有的认知,进而催生更多的自主性消解危机。同时,生成式 AI 智力升级的背后是对人们惰性思维的助长,人类的自主思考能力正在减弱,机器思维正在剥夺人类的思维能力,让人类丧失自我决断能力和对环境的控制能力,将人类降维至思想巨婴的状态。[③]

四、生成式 AI 技术与人的自主性博弈

在生成式 AI 发展浪潮放大人类生存担忧时,人们必须正确看待技术越界对自身自主性的消解,主动提升对 AI 的价值认知,先将人机交互的积极性提到首位。如果我们将生成式 AI 技术和人视为一个融合的系统整体,那么生成式 AI 技术的自主性与人的自主性就是共同存在的两种力量,存在相互动态的博弈关系。若想在与技术自主性的博弈中获得最优解决方案,我们需要了解当前生成式 AI 的思维模式、协作方式、使用模式和创新能力,实现博弈的信息对称,再依据生成式 AI 的技术逻辑和行为

---

① NOBLE D F. The religion of technology: the divinity of man and the spirit of invention[M]. New York: Alfred A. Knopf, 1997.
② 曾润喜,秦维. 人工智能生成内容的认知风险:形成机理与治理[J]. 出版发行研究, 2023 (8): 56-63.
③ 刘纯懿,胡泳. 人机逆转、叙事僵死与无事时代:生成式革命的影响与危机[J]. 探索与争鸣, 2024(1): 150-164, 180.

策略,思考如何在新技术快速迭代的当下,找到个人独有的内容生产之路,在人机交互的积极实践中抵抗技术越界的影响,获得自主性持续增强的主体性地位。

(一)与生成式 AI 的思维模式博弈

生成式 AI 的思考路径是通过对人类输入的多模态数据转换为 Token 或 Patch 进行需求理解,再将需求分步骤拆解成一系列更小、更简单的中间需求,之后结合自身由数据构建的知识库进行关联、预测、组合,得到最优解决方案,最后生成高质量多模态的文本回应。在这一过程中,生成式 AI 使用了一种名为"思维链"(Chain-of-thought,CoT)的推理方式。思维链,指的是一系列有逻辑关系的思考步骤形成完整思考的过程。[1] 人们日常也会使用思维链来解决问题,比如工作学习时经常使用思维导图,以全面拆解内容的方式保留重要细节,从而充分地考虑问题,得到系统全面的思考结果。带有思维链推理能力的生成式 AI 在常识推理方面已经赶超人类,也让生成的内容更加具有可解释性和可信度。思维链的引入让生成式 AI 的内容变得有理有据。

目前的生成式 AI 可以做到以自然语言的方式理解人们并进行双向的沟通和内容生成,但多数 AI 在交互中起到了"信息性"辅助作用而非"创新性"辅助作用,已有研究指出生成式 AI 看似娴熟地组合使用了十分专业的术语并展现了严密的逻辑论证,但是错误的文本结论和诡异的视觉细节也越来越多地被发现和识别。[2] 生成式 AI 会因为无法理解需求提示背后的深层含义而误读需求,从而无法成为一名合格的"机器助手"。理解和追溯决策能力的不足消解了我们对生成式人工智能的部分信任。此外,生成式 AI 只有在模型规模足够大时才能很好地发挥思维链推理能力,而我们日常能使用的 AI 模型规模偏小,没有足够的参数来记忆大量的世界知识。人们的策略型任务往往需要大量的知识库搭建以提供正确的语义理解和推理决策,但目前多数的生成式 AI 无法满足人们的多样化策略任务。

为更好地提高人机交互的质量,在人机自主性博弈中占得先机,我们可以在与 AI 实时交互的过程中也使用思维链推理思维,将交互需求分解为流程化的子任务,在拆解需求的过程中融入自己的专业思考和价值反思,人为引导和"培育"生成式 AI 的思

---

[1] WEI J, WANG X, SCHUURMANS D, et al. Chain of thought prompting elicits reasoning in large language models[J]. NIPS'22: proceedings of the 36th International Conference on Neural Information Processing Systems, 2022.DOI:10.48550/arXiv.2201.11903.
[2] 胡安宁,周森. 站在巨人肩膀上的初学者:社会科学研究中的生成式人工智能[J]. 江苏社会科学,2024(1):57-65,242.

维方式。此外,我们也可以在生成式 AI 的学习过程中加入人工微调干预,将具体的思考过程具象化,例如在与 AI 对话时提供需求的构建过程、推理步骤和样例,让 AI 思维更好地理解我们的思维,用人脑的精确让 AI 生成事半功倍。

(二)与生成式 AI 的系统协作博弈

在了解 AI 思维之后,我们会发现人类智能在语言理解、视觉处理、逻辑推理和创造力方面的表现仍然超过了 AI。下一步的博弈策略是学习 AI 的工作方式,养成与生成式 AI 之间的系统协作模式。随着生成式 AI 迁移学习和强化学习能力的逐步提高,AI 的运作目标已从任务自动化转为利用系统化的数据处理能力协助人类能力的增强。AI 基于 Token 和 Patch 的转译可以更好地理解人类的多模态文本和深层次内容需求,Sora 的出现也代表了人机多维度沟通协作的可能。这种演变让我们认识到,当生成式 AI 与人类能力合作而非取代人类能力时,它的真实潜力才能被彻底释放。

以 ChatGPT、Sora 为代表的生成式 AI 使用的是分而治之的系统架构,使用模块化的代码实现模块化的功能,再通过不同的数据管道连接组合成为可以解决复杂任务的 AI 系统。例如,Sora 使用自训练的视频编码器压缩高维视频数据,采用 Transformer 架构捕获时空关系,利用 GPT 模型优化文本提示,利用扩散模型生成高清视频内容,利用视频解码器将视频数据转换为像素级视频内容。生成式 AI 通过系统协作出色地完成了符合人类特定需求的复杂任务,在高效运作的过程中使用了功能分配的运行逻辑,[①]使每个模块的效用发挥最大化。

我们在与 AI 进行自主性博弈时,也需要学习 AI 的运作方式,采用系统协作的方式分配 AI 的功能代理,根据不同的内容生成需求采取组合型策略,使用不同功能的 AI 完成各自阶段性的工作任务。为提高人的自主应对能力,我们应将自己置于监督者和队友的角色上。在监督者角色中,我们负责制订计划和完成高层决策,将重复的行动级任务分配给 AI,监督 AI 的功能实现并给出相应的意见反馈。在队友角色中,我们可以与机器合作执行任务,主动去承担 AI 所不能替代的同理心发现、创新性思考等价值生成任务,而机器执行降低成本的功能实现任务,二者可以互相提出建议,也可以互相委托任务。

目前,在技术人本化的价值引导下,生成式 AI 在被有意地引导为人类合作者的角色。但在日常交互中,人们的需求意图仍会被 AI 的机器生成逻辑所改变,逐步失

[①] ABBASS H A. Social integration of artificial intelligence: functions, automation allocation logic and human-autonomy trust[J]. Cognitive computation, 2019, 11(2): 159-171.

去独立思考和行动的能力。因此,我们要维护自身在自主性博弈中功能分配的主导地位,理性审视生成式 AI 在内容生成中的协同作用,避免过度夸大其工具效应,保持对 AI 技术的批判性认识。

(三)与生成式 AI 的模型交互博弈

在智能生成思维和运行方式方面充分了解 AI 之后,下一步的博弈策略是理解生成式 AI 技术的使用模式,并注重培养自身的模型甄选能力。生成式 AI 的主要服务模式已开始从移动应用的分发过渡到 AI 模型的实时接入。用户通过与人工智能的实时接入来访问和使用服务,无须下载传统的应用程序。人工智能模型部署在云端,用户可以使用任何智能设备进入交互界面,通过不同 API 端口的连接进行多种生成式 AI 模型的调取与使用,实现多模态复合型内容生成。为增强主体应对能力,我们以用户的身份接入生成式 AI 应用时,应着力提升自身对模型的理解力、鉴别力、判断力和应用力。[①]

生成式 AI 由目标或任务驱动,在结合大模型的通用生成能力后成为针对不同应用场景的专业应用模型。这意味着用户可以结合多款应用模型打造和执行自己的工作流程,创建自己的个性化内容生产方式。例如,科研工作者可使用 OpenAI 的 GPTstore 中的论文解读模型 Ai PDF 和编程模型 Grimoire 实现技术论文中的代码编写;视频生产者可以使用 ChatGPT 进行剧本和分镜头脚本制作,再使用 Runway 等图像生成模型进行视觉特效制作,使用 Eleven Labs 的 AI 语音生成工具合成配音等。这些模型的复合型使用能极大地提高人机交互质量和协同工作效率。但我们在甄选模型时,除了对模型特定功能进行评估外,还需要考虑模型对个人隐私数据的读写权限和模型生成内容的可解释性。

作为用户的我们选择接入生成式 AI 模型时,还应充分重视自身的隐私数据让渡问题,划分自身可供开放的隐私权限,知晓 AI 模型对自身关联数据和行动数据的获取,了解生成内容存在的潜在隐私风险、版权争议及其生成价值可能存在的问题。同时,部分生成式 AI 的"黑匣子"性质使得用户无法了解模型内部偏差对其生成内容的影响,生产出带有欺骗性或社会偏见的内容。为了尽可能提升生成内容的准确性和表征公平性,我们在甄选模型时也要关注模型训练数据的品质。未来的内容生产之路,是一条充满模型创新之路,同时也更加依赖于用户的自主性参与。

---

① 陈文泰,孙仲伯.重回镜像之维:生成式 AI 浪潮下 Sora 的技术逻辑与媒介生态迭代[J].新闻爱好者,2024(4):40-44.

(四)与生成式 AI 的专业创新博弈

应对人与技术的自主性博弈,提高对生成式 AI 技术的控制感的关键策略是培养我们的专业创新能力,强化我们对自身主体性身份的认同,避免沦为生成式 AI 的投喂者和打工人。生成式 AI 的思维模式和运行方式暗示了它可以通过增强个人专业能力来赋予个人主体性权利,并充当补充工具,通过结构化和非结构化的数据处理协助决策。

在社会细分的专业领域,生成式 AI 无法取代职业本身,但它的快速迭代升级会颠覆各行业底层的运行逻辑,并改变众多岗位的工作方式,产生新的就业契机。目前,AI 已催生了很多新职业,如在智能技术领域出现了图像识别工程师、提示词工程师、芯片工程师,又如在文化生产领域出现了 AI 训导师、绘图师、数字文创设计师、3D 捏脸师等新兴职业。生成式 AI 技术的发展为拥有专业创意知识的人提供了更加便捷的协助服务。无论是哪个内容生产行业,过去积累的经验并不会被生成式 AI 取代,如对图像生成 AI 的使用,普通人与设计师、摄影师、画家的能力差距依然存在。使用 Mid-journey、DALL·E 等图像生成工具生成专业级的视觉作品需要具备知识管理、艺术鉴赏、修图、关键提示词检索、逻辑思维、未来创意思维等多种能力。对于构图、美感等艺术性知识的理解差距,并不能单纯依靠提示词交互说明来弥补。所以我们在利用生成式 AI 进行专业知识整合和内容生产时,应坚持对专业知识的持续性积累和对专业领域的创新性思考。

以 Sora 为代表的生成式智能技术在内容的意义建构和价值生成上存在局限性,专业创新能力的提升可以使个体增加超出 AI 系统能力的价值感知,实现从被动技术追随者到主动求变者的转变,主动适应并引领智能技术的发展,在人与技术的自主性博弈中始终占据先手主导地位。

五、结语

以 Sora、GPT-4o 为代表的最新生成式 AI 正在展现智能技术强大的自动生成能力,类人化的程度也越来越高,最初由科幻作品提出的技术完全脱缰于人类控制之外而引发技术越界的预言成为现实的可能性越来越大。当前,生成式 AI 技术所具有的"自我繁殖性"、环境适应性和智力升级能力都会对人的自主性产生消解作用,反噬人的主体性。在此情境下,如何应对生成式 AI 技术与人的自主性博弈成为亟待解决的显性议题。为此,我们须了解当前生成式 AI 为何"生成"、如何"生成"以及"生成"什么,实现人与技术博弈的信息对称,再借助生成式智能技术的新特征和超能力反观自身,在人机交互的积极实践中发掘我们作为人类的独特性,提升对技术和环境的控制干预能力,以此获得自主性博弈的最终胜利。

目前,Sora 等生成式 AI 的能力涌现确实标志着 AI 领域正在向全面泛化阶段的通用型 AI 靠近。未来,AI 多模态智能体(AI agent)和 AI 元宇宙将成为通用型 AI 发展的主要技术趋势,通用型 AI 时代的到来已无法阻挡。处于 AI 发展浪潮中的每个人都应重新审视自身,坦然接受在技术高速迭代下个人自主性暂时被制约的处境,以更积极的姿态去探索人机交互更多元的可能性,实现人类自主性的再蜕变。

〔张铮,清华大学新闻与传播学院副院长,清华大学文化创意发展研究院副院长,教授,博士生导师;王怡欢,清华大学新闻与传播学院博士研究生〕

〔特约编辑:王婧雯〕

热点、趋势与展望：中外比较视野下智能新闻生产学术场域分析*

Hot Spots, Trends and Prospects: Analysing the Academic Field of Intelligent News Production in the Comparative Perspective of China and Foreign Countries

◎ 丁汉青　岳帅祺

Ding Hanqing　Yue Shuaiqi

摘要： 智能技术革新了新闻生产实践，赋予新闻生产议题以新的研究价值。本研究基于 Web of Science 与 CNKI 数据库中的核心期刊开展学术场域分析，对 430 篇中文文献和 528 篇英文文献进行比较研究。文章从聚类与共现分析结果出发，描述了中外学术场域在时空分布、重要机构及作者、研究热点方面的异同，并结合高被引文献进一步对比了中外学界在研究方法和研究范式层面的差异。本文发现，自 2014 年以来，智能新闻生产成为学界关注的热点议题之一。国外研究得益于智能媒介技术和智能新闻实践的先行积累，产出了规模可观的实证研究成果，研究路径呈现出鲜明的实践指向。相较而言，国内研究在机构与作者合作、议题广度和实证方法应用等方面尚有进步空间。研究认为，国内外信息环境与新闻业态的不同是造成知识生产格局差异的根本原因，国外研究在具体知识生产操作层面的规范性和科学性，对国内智能新闻生产学术场域的进一步发展具有启发意义。

关键词： 智能新闻；新闻生产；学术场域；知识生产；比较研究

Abstract: Intelligent technology has revolutionized news production practices and given new research value to news production topics. The academic field analysis is based on the core journals in Web of Science and CNKI databases, and 430 Chinese and 528 English documents are compared. Starting from the results of clustering and co-occurrence analysis, the article describes the similarities and differences between Chinese and foreign academic fields in terms of spatial and temporal distribution,

---

* 本文系中央高校基本科研业务费专项资金资助项目的阶段性研究成果。

important institutions, authors, research hot spots, and further compares the differences between Chinese and foreign academics at the level of research methodology and paradigm in combination with highly cited literature. This paper finds that since 2014, intelligent news production has become one of the hot topics in the academic field. Foreign research has benefited from the accumulation of intelligent media technology and news practice, has produced considerable empirical research results, the research path shows a distinctive practical orientation. In contrast, domestic studies have room for improvement in terms of cooperation between institutions and authors, breadth of topics and application of empirical methods. The study concludes that the differences in the information environment and the news industry at home and abroad are the fundamental reasons for the differences in the pattern of knowledge production, and that the standardization and scientificity of foreign studies in the operational level of specific knowledge production are inspirational for the further development of the domestic academic field of intelligent news production.

Keywords: intelligent news, news production, academic field, knowledge production, comparative studies

一、引言

伴随智能媒介技术的快速发展,智能新闻生产已深度参与新闻实践的各个环节。信息社会背景下,智能新闻以其在传播速度、阅读体验和分发机制等方面的优势[①],引发社会媒介系统的结构与权力关系发生深刻的变化[②]。作为人工智能技术在新闻行业的具体应用,该领域的研究也在近年来受到国内外学界的广泛关注。与智能新闻生产相关的研究议题,既涵盖了新闻本体在技术驱动下的价值重思,又涉及新闻实践在面对瞬息变化的社会和信息环境时的自我审视。新闻行业是由专业规范、实践、价值观念所共同定义的领域[③],当下学界对智能新闻的相关研究,正是为新闻业面对智能媒介技术参与下的新闻生产情境提供理论层面的参考。

---

① 张志安,刘杰.人工智能与新闻业:技术驱动与价值反思[J].新闻与写作,2017(11):5-9.
② 吴璟薇,郝洁.智能新闻生产:媒介网络、双重的人及关系主体的重建[J].国际新闻界,2021,43(2):78-97.
③ 刘欣,蒋雪颖.溯源与突变:生成式人工智能新闻的本体转向与治理路径[J].大连理工大学学报(社会科学版),2024,45(4):120-128.

"智能新闻生产"是在智能媒介技术赋能下所产生的新型新闻生产实践方式。这一概念现阶段较受认可的解释是："计算机通过基于算法设计的人工智能软件自动生成新闻以及推送新闻的一种新闻生产形式。"① 随着智能媒介技术的不断演进,也有学者从技术视角出发,认为智能新闻生产是以算法技术为核心,自动生成新闻和推送新闻的一种新型新闻生产形态。② 国外学者较少使用"智能新闻生产"(Intelligent News Production)的表述方式,而是聚焦于更为具体的新闻生产方式,如算法新闻(Algorithmic Journalism)、机器人新闻(Robot Journalism)和人工智能生成内容(Artificial Intelligence Generative Content)等,他们认为新的智能技术为新闻实践提供了变革的条件,使内容在传播的深度、广度、针对性和时效性上有所提升。③

2010年前后,随着智能技术更深入地渗透新闻实践的各个环节,智能新闻生产开始受到国内外新闻传播学界的关注,成为新闻生产研究的热门议题。截至2024年10月,Web of Science 数据库收录智能新闻生产的研究论文为1058篇,而CNKI数据库收录的同主题中文文献为1592篇。

鉴于此,本文尝试对中外学界智能新闻生产研究成果进行比较剖析,提出以下研究问题:当前中外智能新闻生产学术场域各自呈现出何种发展趋势?我国智能新闻生产研究和国际学术场域在研究热点、研究范式、研究方法等方面存在何种差异?这些差异对中国未来智能新闻生产学术场域的发展有何启发?

二、研究现状

目前有关智能新闻生产的研究成果较为丰富,国内外学者从不同角度进行了总结和评述。有西方学者针对算法与新闻行业关系的话题进行文献回顾,总结了具有突出贡献的研究视角和主题,提出了未来有待深入的研究方向④;也有研究者从宏观层面梳理近二十年的新闻创新议题,以英语和西班牙语出版文献作为分析对象,对媒体行业的创新以及产业变迁进行回顾性研究⑤。另有学者以微观视角切入智能新闻所引

---

① 杨保军,杜辉.智能新闻:伦理风险·伦理主体·伦理原则[J].西北师大学报(社会科学版),2019,56(1):27-36.
② 林爱珺,刘运红.智能新闻信息分发中的算法偏见与伦理规制[J].新闻大学,2020(1):29-39,125-126.
③ THURMAN N, DÖRR K, KUNERT J. When reporters get hands-on with robo-writing professionals consider automated journalism's capabilities and consequences[J]. Digital journalism,2017,10(5):1240-1259.
④ SIITONEN J, LAAJALAHTI A, VENÄLÄINEN P. Mapping automation in journalism studies 2010-2019:a literature review[J]. Journalism studies,2024,25(3):299-318.
⑤ GARCIA-AVILES J A. Review article:journalism innovation research, a diverse and flourishing field (2000-2020)[J]. Profesional de la informacion,2022,30(1).DOI:10.3145/epi.2021.ene.10.

发的个人信息安全问题和新闻透明性议题。① 整体来说，国外的智能新闻生产综述性文章虽数量有限，但视角较为多元，能够就某一具体问题进行聚焦梳理。在国内学界，针对智能新闻生产的研究综述数量较多，师文②、刘德寰③、张梦、陈昌凤④等人先后在不同的时间节点，对智能新闻研究在中国的发展作出了梳理。

总体而言，尽管学界对智能新闻生产开展过综述性研究，但在宏观维度对学术场域进行系统整体分析仍不够充分和深入。研究路径多集中于对现有研究的整合性梳理，缺乏从文献计量学和知识谱系学等视角进行更深入的探讨，难以把握学术场域的发展起源和研究热点，这为本文留下了进一步探索的空间。基于此，本文以文献计量学的研究路径深入国内外智能新闻生产的学术场域，对比发展脉络、研究热点等方面的异同，以期为国内学者进一步开展相关研究提供启示。

三、研究方法

(一)研究工具

本研究从文献计量学角度，借助 CiteSpace 软件(版本 6.3.1)开展智能新闻生产领域的知识图谱分析，通过发文作者、合作图谱和关键词聚类等方面的知识图谱分析，描述智能新闻生产研究热点的演变脉络，从而实现对该领域研究的总体把握。针对软件在知识内容解读和批判性阐释方面存在的局限性⑤，本研究将引文分析识别得出的重要文献进行整理，对比国内外研究在方法和范式层面的异同，以实现对中外智能新闻生产领域的知识生产状况进行更为系统、完整的分析。

(二)数据来源

本研究以 CNKI 数据库中 CSSCI 期刊收录文献和 Web of Science 数据库中 SSCI 核心论文集作为数据来源进行比对分析，经过多次检索，将 CNKI 检索式确定为：

---

① SEGIJN C M, STRYCHARZ J, RIEGELMAN A, et al. A literature review of personalization transparency and control: introducing the transparency-awareness-control framework[J]. Media and communication, 2021(9):120-113.
② 师文，陈昌凤. 新闻专业性、算法与权力、信息价值观:2018 全球智能媒体研究综述[J]. 全球传媒学刊, 2019, 6(1):82-95.
③ 刘德寰，王妍，孟艳芳. 国内新闻传播领域人工智能技术研究综述[J]. 中国记者, 2020(3):76-82.
④ 张梦，陈昌凤. 智媒研究综述:人工智能在新闻业中的应用及其伦理反思[J]. 全球传媒学刊, 2021, 8(1):63-92.
⑤ 廖金英. 愿景与悖论:传播学 CiteSpace 可视化工具引入现状批判[J]. 国际新闻界, 2018, 40(7):145-155；马超. 反思与超越:科学知识图谱在新闻传播学的知识生产检视[J]. 新闻与传播评论, 2018, 71(6):121-136.

主题＝"智能新闻生产"OR"智能新闻"OR"新闻生产"AND"机器人"OR"元宇宙"OR"人工智能"OR"社交媒体"OR"Web";将 WOS 检索式确定为:TS =("Algorithmic Journalism" OR "News Production" OR "Journalism Innovation" OR "Digital News" OR "Online Journalism" OR "Automated Journalism" OR "Robot Journalism" OR "Digital Journalism" OR "Journalism Practice" OR "Ambient Journalism") AND TS =("Social Media" OR "Meta-cosmic" OR "Artificial Intelligence" OR "Robot" OR "Platform"),通过检索得到期刊文献共958篇,其中,CNKI 数据库收录中文文献共430篇,Web of Science 数据库收录外文文献共528篇。

四、数据分析

(一)时间分布特征分析:国外研究起步较早,国内研究则呈现出后发优势

伴随新型媒介技术的出现,智能新闻生产研究自2010年前后逐步兴起,并于2015年迅速升温。相关研究论文数量此后保持快速增长,在2020年达到顶峰,此后文献数量虽稍有回落,但整体仍保持在约50篇以上。国内有关智能新闻生产的研究始于2013年,此后该研究话题的文献数量在小幅波动中保持稳定态势,每年均有数十篇相关文献发表,体现学界对智能新闻生产主题研究的持续关注。值得注意的是,国外相关论文发表数量在近4年呈现回落态势,国内研究数量则相对稳定,在2024年更是呈现出数量赶超势头(见图1)。由此可见,虽然我国在智能新闻生产领域的研究整体规模不及国外,但呈现出良好的延续性趋势。

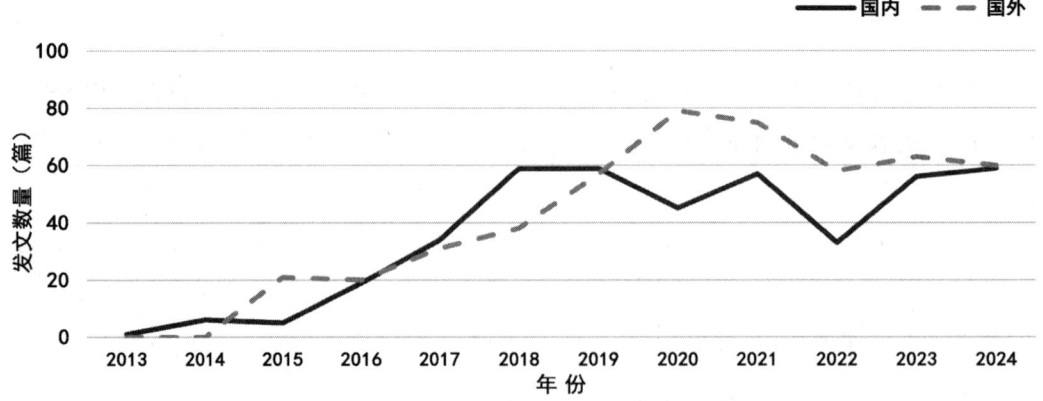

图1 国内外智能新闻生产研究年度发文量对比

(二)重要学者与机构分析:国外研究由美欧学者主导,国内研究集中于新闻传播优势院校,且合作紧密程度不及国外

普赖斯定律[①]是通过发表文献数量来确定核心作者的一项学界公认依据,根据公式 $Mp=0.749*\sqrt{Npmax}$(Mp 指核心作者的最低发文量,而 Npmax 是发文最多作者的论文发表数),经计算得出智能新闻生产研究学术场域的 Mp 值为 2.48,取整后为 3,即核心作者的发文数量应大于等于 3 篇。依据发表研究成果被引量排序,国内外智能新闻生产研究主题下的重要发文作者及其所属机构如表 1 所示。

国外智能新闻生产研究被引频次前十位的作者中有五位来自美国,四位来自欧洲。由此可见,国外智能新闻生产的重要研究多发表于欧美地区的研究型大学。智能媒体技术的发展同地区经济状况密切相关,研究机构所在区域的先进技术支持和强大的科研实力为开展智能新闻生产研究提供了良好的基础。在国内,智能新闻生产研究的重要作者多集中在新闻传播学科优势院校,中国人民大学新闻学院、清华大学新闻与传播学院、复旦大学新闻学院、北京师范大学新闻传播学院高校发表数量较多。

表 1 中外智能新闻生产研究重要发文作者被引统计排名

排名	国外		国内	
	作者(高校/国别)	被引	作者(高校)	被引
1	Seth Lewis(俄勒冈大学/美国)	972	彭兰(清华大学)	1209
2	Edson C. Tandoc(南洋理工大学/新加坡)	564	陈昌凤(清华大学)	747
3	Pablo J. Boczkowski(西北大学/美国)	351	喻国明(北京师范大学)	554
4	Alfred Hermida(不列颠哥伦比亚大学/加拿大)	332	张志安(复旦大学)	434
5	Oscar Westlund(挪威国立大学/挪威)	267	常江(深圳大学)	324
6	Neil Thurman(慕尼黑大学/德国)	240	杨保军(中国人民大学)	279
7	Danielle K. Kilgo(明尼苏达大学双城分校/美国)	159	张超(山东大学)	237
8	Xosé López Garcí(圣地亚哥德孔波斯特拉大学/西班牙)	150	杨奇光(中国人民大学)	107
9	Valerie Belair Gagnon(明尼苏达大学双城分校/美国)	119	周葆华(复旦大学)	98
10	Summer Harlow(休斯敦大学/美国)	114	王敏(西南大学)	90

在机构合作网络方面,国内外研究机构间合作网络分析结果如图 2 和图 3 所示。国外合作图谱中共有节点连线为 240 处,网络密度为 0.0084,均高于国内合作网络数据。这表明国外智能新闻生产的研究在机构合作方面较国内的更为密切。其中,慕尼

---

① 丁学东.文献计量学基础[M].北京:北京大学出版社,1993:373.

黑大学和阿姆斯特丹大学的节点中心性相对较高,体现出这两所机构在研究网络中发挥了重要的学术交流枢纽作用。而在国内方面,中国人民大学新闻学院和清华大学新闻与传播学院的合作网络相对广泛。但整体而言,国内智能新闻生产研究的机构间合作程度相对较低,机构间学术交流与合作仍有较大提升空间。

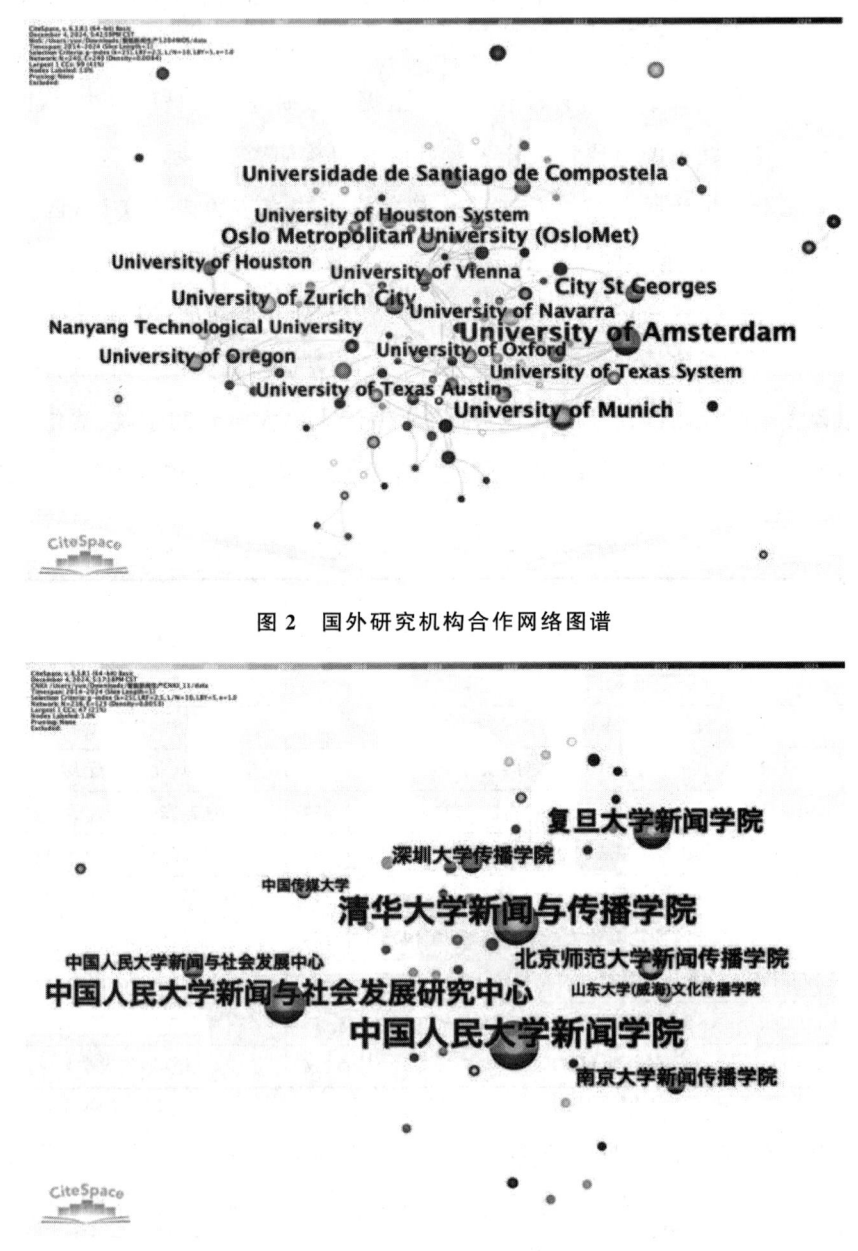

图 2　国外研究机构合作网络图谱

图 3　国内研究机构合作网络图谱

在学者合作网络方面,图 4 和图 5 展示了国内外智能新闻生产领域学者间合作网络分析的结果。数据显示,国内学者间合作节点为 261 个,连线为 75 处,网络密度仅为 0.0022,表明国内作者大多单独发表学术成果,学术合作共同体暂未形成。而国外方面,围绕 Seth Lewis 和 Lecheler Sophie 等人的节点数量较多,形成了小范围的学术合作关系,他们成为国外智能新闻生产领域内学术交流的重要推动者。

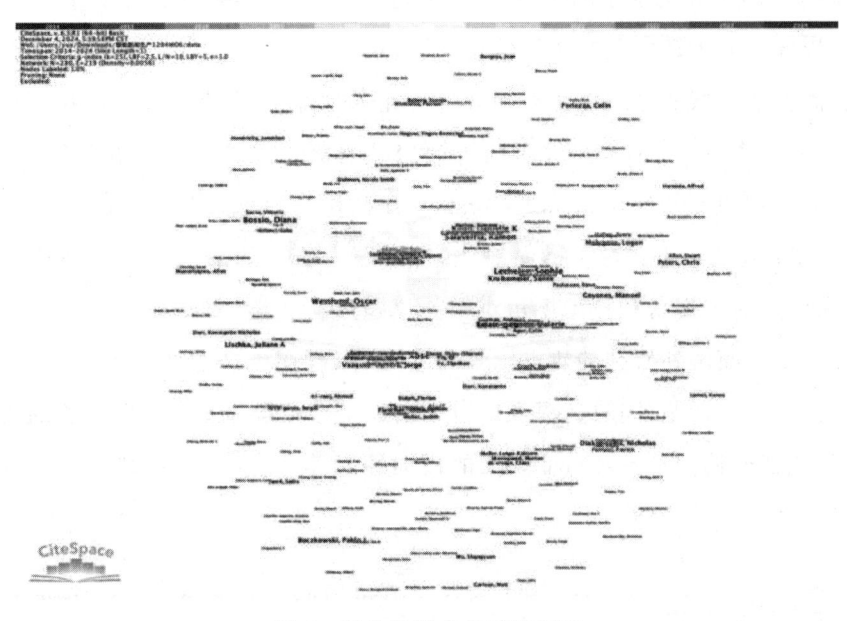

图 4　国外学者合作网络图谱

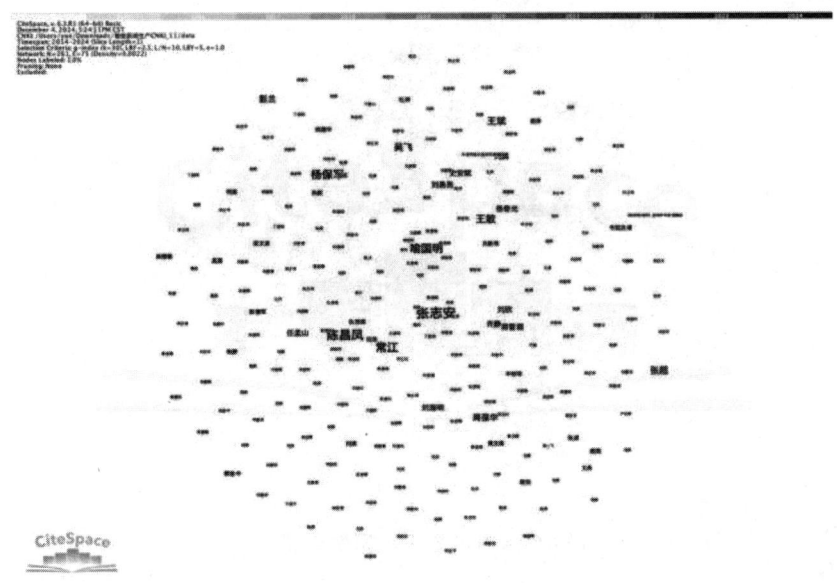

图 5　国内学者合作网络图谱

(三)研究热点分析：国外研究热点凸显社会关联性，国内研究近年来着重关注新兴议题

关键词是研究文献的高度浓缩和提炼概括，统计和分析关键词可以展现文献中不同主题之间的侧重与相互联系。关键词聚类图谱如图6、图7所示，聚类的数字越小，关键词就越多，国内智能新闻生产的相关研究出现9个聚类，国外则为8个。整体来看，"社交媒体""人工智能"和"错误信息"是国内外研究关注的共同热点，体现了技术驱动下新闻生产领域的全球性变革趋势。与此同时，国内研究主要集中在"新闻生产""新闻业"和"大数据"等议题上，而国外研究则体现出对"自动化新闻"（automated journalism）、"用户参与"（audience engagement）和"传染病暴发"（infectious disease outbreak）等话题的重点关注。横向对比来看，国内研究的部分热点聚类意指存在一定重叠，大多从业态视角和技术视角对相关议题进行解读，对新闻生产主体之外研究议题关注较少。而国外研究的热点则较为多元，在新闻生产主体之外，不仅关注了新闻消费主体的相关话题，同时还深入探讨了宏观社会背景与新闻行业发展的关系。总体而言，国内研究偏向技术和行业层面的内向性解读，而国外研究则展现出更广泛的议题多样性和社会关联性。

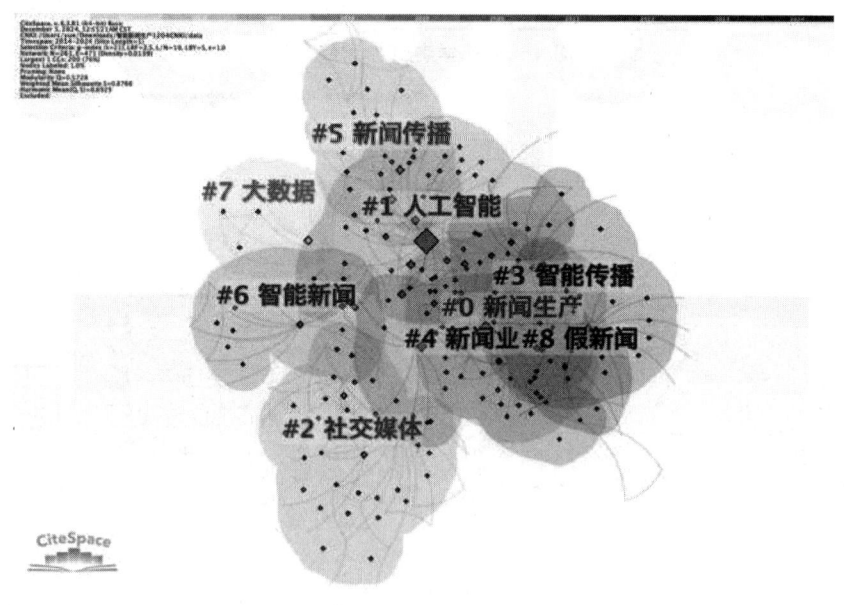

图6 国内研究关键词聚类图谱

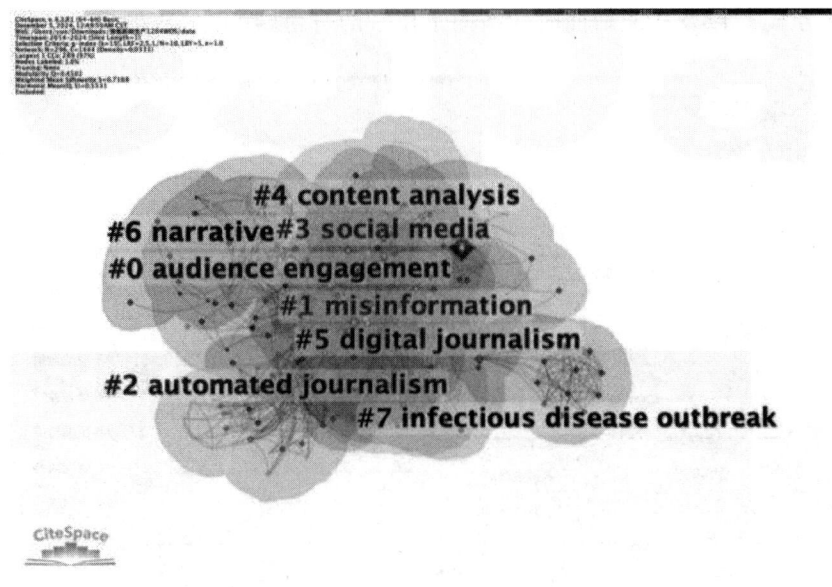

图 7　国外研究关键词聚类图谱

关键词聚类分析结果的时间线性图谱如图 8 和图 9 所示,该图谱可以展现不同主题研究最早出现的时间分布,以及子主题的相互关联程度。国内外图谱均显示出研究主题的分散涌现形态,反映出智能新闻生产领域中新研究主题的不断出现。国外有关智能新闻生产的研究起步较早,于 2015 年前后有一大批智能新闻生产的关键词涌现。包括"在线新闻"(online news)、"自动化新闻"(automated journalism)在内的热门关键词先后出现,并长期受到学者们的持续关注。其中,有学者探究作为新型报道模式的商业门户网站对传统新闻业提出的挑战[1]。而伴随着社交媒体的出现,一大批研究开始关注新闻生产模式所面对的变革,包括记者的社交媒体参与[2]和用户内容生产[3]对传统新闻生产规范的挑战。而国内研究则在近年来展现出更强的研究活力,体现为 2020 年以来热点关键词的持续涌现,诸如"人机传播""元宇宙""AI 主播"等热门研究议题受到学者们的关注。其中,生成式人工智能的出现受到学界的广泛关注,学者们从智能新闻生产的视角切入,讨论了当下新闻生产实践中的人机关系[4]、数字新闻叙

---

[1] CHAN J M, LEE F L F, PAN Z. Online news meets established journalism: how China's journalists evaluate the credibility of news websites[J]. New media & society, 2006, 8(6):925-947.

[2] LASORSA D L, LEWIS S C. Normalizing Twitter journalism practice in an emerging communication space[J]. Journalism studies, 2012, 13(1):19-36.

[3] SINGER J B. User-generated visibility: secondary gatekeeping in a shared media space[J]. New media & society, 2014, 16(1):55-73.

[4] 许静,刘欣,蒋雪颖. 新闻生产与生成式人工智能人机耦合的实践进路[J]. 南昌大学学报(人文社会科学版),2023,54(5):114-122.

事的表达方式①,以及智能新闻时代新闻工作者的身份转变②等议题。

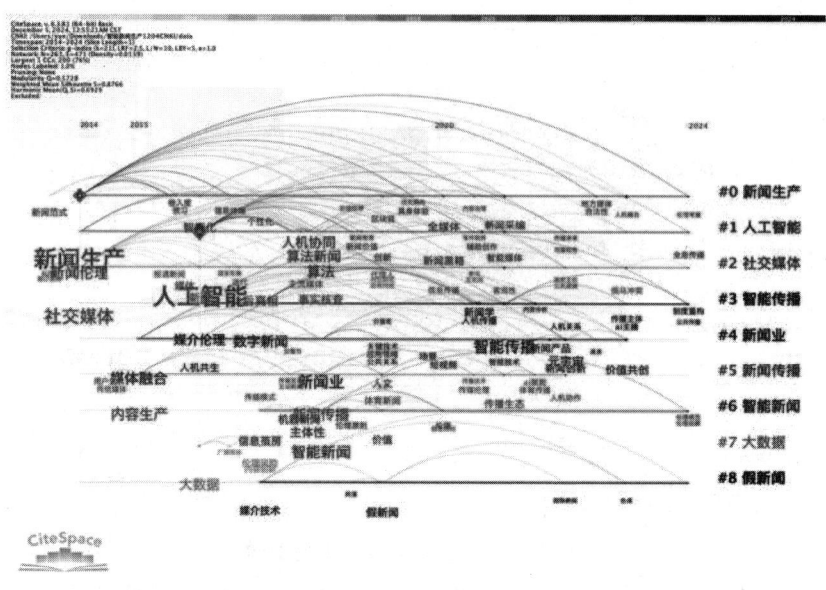

图 8　国内研究关键词热点共现图谱

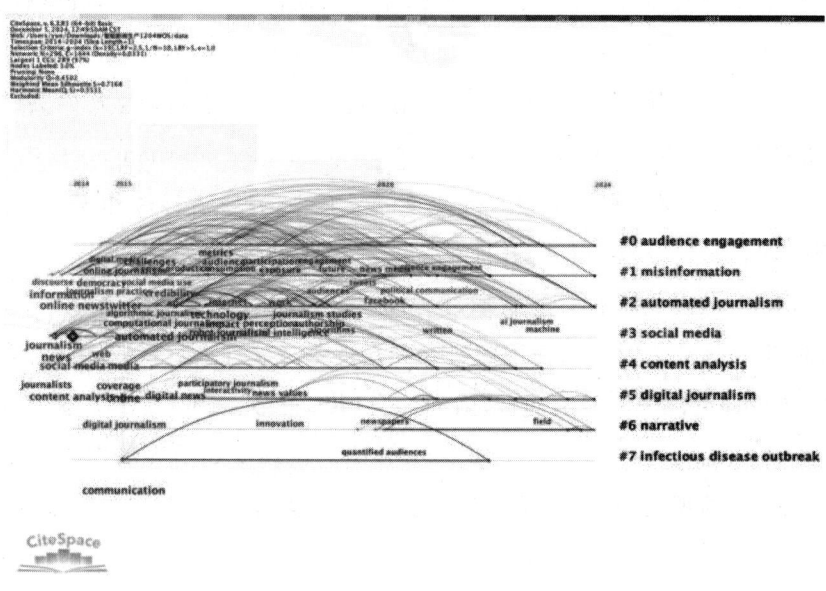

图 9　国外研究关键词热点共现图谱

---

① 何天平.从文本构造到界面连接:生成式人工智能对数字新闻叙事的重塑[J].新闻界,2023(6):13-21,61.
② 喻国明,李钒.提示工程师:未来新闻工作者的身份转变与逻辑重构[J].未来传播,2023,30(4):2-12,140.

(四)研究方法：国外研究多为实证方法,国内则以思辨类研究为主

作为学术研究诸环节中的核心,规范的研究方法为研究结论提供了科学的判断依据。本研究针对国内外文献采用的研究方法进行了编码整理,分析结果如表2所示。在智能新闻生产的学术场域中,国外研究多采用实证方法,部分文章采用定量与定性的混合方法开展研究,其中应用较多的方法包括深度访谈(21.59%)、内容分析(9.65%)和问卷调查(8.90%)。在数据收集方面,国外学者主要以深度访谈①、问卷调查②为主,而在数据分析阶段,除内容分析③外,国外学者采用了丰富的实证研究模型来验证研究假设,如结构方程模型(SEM)④、调整拟合优度指标(AGFI)和比较拟合指数(CFI)等。总体来看,研究者采用了多样的理论框架进行问题研究,并使用规范化的研究方法开展了相关数据收集与信息挖掘。

表2 国内外智能新闻生产研究方法编码统计

研究方法	国内		国外	
	数量(篇)	占比	数量(篇)	占比
未体现明确研究方法	375	87.2%	121	22.92%
案例分析	18	4.19%	45	8.52%
文本分析	8	1.86%	32	6.06%
深度访谈	6	1.40%	114	21.59%
参与式观察	6	1.40%	28	5.30%
文献分析	5	1.16%	19	3.59%
问卷调查	4	0.93%	47	8.90%
内容分析	4	0.93%	51	9.65%
实验法	3	0.70%	33	6.25%
社会网络分析	1	0.23%	2	0.37%
焦点小组访谈	0	0	18	3.41%
二手数据分析	0	0	18	3.41%

---

① BOCZKOWSKI P J, MITCHELSTEIN E, MATASSI M. "News comes across when I'm in a moment of leisure": understanding the practices of incidental news consumption on social media[J]. New media & society, 2018, 20(10):3523-3539.
② LEE C S, MA L. News sharing in social media: the effect of gratifications and prior experience[J]. Computers in human behavior, 2012, 28(2):331-339.
③ LASORSA D L, LEWIS S C. Normalizing Twitter journalism practice in an emerging communication space [J]. Journalism studies, 2012, 13(1):19-36.
④ LEE C S, MA L. News sharing in social media: the effect of gratifications and prior experience[J].Computers in human behavior, 2012, 28(2):331-339.

相较于国外学者大多采用实证研究方法,国内研究的方法意识普遍不够明确,多采用思辨研究路径开展理论研究。在全部文章中,仅有55篇文章明确体现了规范研究方法的应用,出现频次较高的方法包括案例分析(18篇)、文本分析(8篇)和深度访谈(6篇)等。虽然思辨类研究能够为学科发展提供方向性的宏观指引,但实证类方法的应用能够为研究结论提供更加扎实的数据支持和理论验证,确保研究结果具有较高的信度与效度,增强研究的科学性。部分学者如武楠[1]、虞鑫[2]等人运用内容分析法,对智能新闻的呈现样态和生产逻辑展开分析。但整体来看,无论是研究数量还是受关注度,实证研究方法的采用均不够广泛,尚未占据主导地位。

(五)研究范式:国外研究主要遵循市场与企业范式,国内研究侧重关注产业与社会研究范式

"范式"一词源自托马斯·库恩(Thomas Kuhn)的《科学革命的结构》一书。库恩认为:"所谓的范式通常是指那些公认的科学成就,它们在一段时间里为实践共同体提供典型的问题和解答。"[3]学术场域中,一篇文献被引量高可能代表其观点、方法、结论受到该学术场域中其他研究者的认可,作为被参考对象,该文献的研究范式可能被沿用或反复讨论[4]。由于面对不同新闻业态环境和实践应用需求,国内外智能新闻生产研究的学术场域形成了不同的范式区分。本研究梳理了智能新闻生产高被引文献的主要内容,对当前国内外研究主要应用的不同研究范式进行了对比总结。

当前国外智能新闻生产研究主要遵循三类研究范式。一是市场研究范式,主要将传媒业市场分析作为研究重点。例如,位居高被引文献名单首位的《社交媒体中的新闻分享行为研究:满足感和既有经验的影响》(*News Sharing in Social Media: The Effect of Gratifications and Prior Experience*)一文,从使用与满足理论和消费者行为分析的视角出发,分析新近社交媒体用户的媒介参与现象,提出社交媒体使用经验对新闻消费者分享行为的影响[5]。Fletcher等人则从新闻机构和新闻消费者之间的信

---

[1] 武楠,梁君健. 短视频时代主流媒体的新闻生产变革与视听形态特征:以新冠肺炎疫情期间"央视新闻"快手短视频为例[J]. 当代传播,2020(3):58-62.
[2] 虞鑫,陈昌凤. 美国"事实核查新闻"的生产逻辑与效果困境[J]. 新闻大学,2016(4):27-33,66,149.
[3] 库恩. 科学革命的结构[M]. 金吾伦,胡新和,译. 北京:北京大学出版社,2012:8.
[4] 辛伟,雷二庆,常晓,等. 知识图谱在军事心理学研究中的应用:基于ISI Web of Science数据库的Citespace分析[J]. 心理科学进展,2014,22(2):334-347.
[5] LEE C S, MA L. News sharing in social media: the effect of gratifications and prior experience[J]. Computers in human behavior,2012,28(2):331-339.

任关系入手,梳理了多种形式的在线新闻参与活动①。二是企业研究范式,多从微观的新闻生产主体入手,高被引研究中有学者关注到主流新闻记者面对新媒体新闻生产形式的挑战,探讨了职业规范协商过程中的新闻生产实践活动②。而新近兴起的AIGC生产模式同样受到学者的关注,Diakopoulos等人③讨论了智能新闻生产中的算法案例,重点关注了新闻机构基于数据模型和智能接口的媒介参与实践。三是社会研究范式,通常将分析重点置于新闻生产活动所带来的社会影响上。例如,有学者针对即时通信应用开展内容分析,讨论了突发公共卫生事件中虚假新闻的传播④。虽然社会范式的应用在国外研究中整体占比较小,但它为研究者提供了一个在新闻生产活动与复杂社会现象之间的架接途径,从而使得研究结论更具解释力和广泛的社会价值。

而国内研究则主要遵循产业研究范式和社会研究范式,对企业研究范式亦有所关注。在产业研究范式方面,学者主要通过关注新闻生产格局⑤、运作机制⑥等中观层面议题,以"展望未来"⑦的姿态对传媒产业的变革作出分析。应用社会研究范式的研究成果中,学者们从智能媒体的法律体系和社会监督⑧、人工智能时代传媒业的伦理困境⑨等视角展开了各自的研究。而企业范式的研究则多从微观的新闻生产主体入手,如有学者通过系统梳理"微信新闻"的内容生成模式,探讨了这一新生产模式带来的时空体验重构和认知理解新闻的变化⑩。总体而言,现阶段国内智能新闻生产研究以产业范式、社会范式为主,基于企业范式微观视角的研究相对较少。

五、结论与讨论

经比较发现,中外智能新闻生产学术场域呈现出以下主要不同:(1)在时间分布方

---

① FLETCHER R, PARK S. The impact of trust in the news media on online news consumption and participation[J]. Digital journalism, 2017, 5(10):1281-1299.
② LASORSA D L, LEWIS S C. Normalizing Twitter journalism practice in an emerging communication space[J]. Journalism studies, 2012, 13(1):19-36.
③ DIAKOPOULOS N, KOLISKA M. Algorithmic transparency in the news media[J]. Digital journalism, 2017(5):809-828.
④ SALAVERRÍA R, et al. Disinformation in times of pandemic: typology of hoaxes on Covid-19[J]. Profesional de la información, 2020, 29(3): e290315.
⑤ 仇筠茜,陈昌凤. 黑箱:人工智能技术与新闻生产格局嬗变[J]. 新闻界, 2018(1):28-34.
⑥ 喻国明,兰美娜,李玮. 智能化:未来传播模式创新的核心逻辑——兼论"人工智能+媒体"的基本运作范式[J]. 新闻与写作, 2017(3):41-45.
⑦ 彭兰. 未来传媒生态:消失的边界与重构的版图[J]. 现代传播(中国传媒大学学报), 2017, 39(1):8-14,29.
⑧ 张淑玲. 破解黑箱:智媒时代的算法权力规制与透明实现机制[J]. 中国出版, 2018(7):49-53.
⑨ 靖鸣,娄翠. 人工智能技术在新闻传播中伦理失范的思考[J]. 出版广角, 2018(1):9-13.
⑩ 谢静. 微信新闻:一个交往生成观的分析[J]. 新闻与传播研究, 2016, 23(4):10-28,126.

面,近年来国内智能新闻生产研究数量稳中有增,对比国外研究展现出赶超之势。(2)在重要作者与机构特征方面,国外研究由美欧学者主导,少数科研机构发挥重要的学术交流枢纽作用。国内研究则集中于新闻传播学科优势院校,但作者和机构间合作紧密程度不及国外。(3)研究热点方面,国外研究热点较为多元,不仅关注了新闻消费主体的相关话题,同时深入探讨了宏观社会背景与新闻行业发展的关系。国内研究则多从业态视角和技术视角对相关议题进行内向性解读,对新闻生产主体之外的主体关注较少。(4)在研究方法层面,国外研究较多运用定量与定性的实证研究方法。相较而言,国内研究对实证方法的重视程度稍显不足,多侧重于思辨分析,学术场域的规范性有所欠缺。(5)研究范式方面,国外研究主要遵循市场与企业范式,少部分研究采用社会范式,国内研究则侧重产业和社会范式,对微观视角的企业范式亦有所关注。

上述差异体现出中外智能新闻生产学术场域具有不同的知识生产格局。学术界的知识生产同社会发展密切相关,紧密关联着新闻行业实践的智能新闻生产学术场域凸显出作为现实建构者的知识生产特征。伯格(Berger)和卢克曼(Luckmann)认为,知识的凝聚需要依赖特定的社会背景[①]。中外场域形成的知识生产路径取向差异与作为外层场域的社会因素密不可分。国外高度发达的传媒产业为学界开展智能新闻研究提供了丰富的实践案例,而发达国家领先的技术水平也为新闻业态的智能转型提供了动能,社会层面的经验积累为西方国家开展智能新闻生产研究构筑了基础。对于国内学术场域而言,智能新闻生产研究在一定程度上"先发"于新闻生产实践,社会现实缺乏充足的实践案例供给学术研究,在一定程度上限制了知识生产的规模。得益于国内人工智能技术的快速发展,相关研究持续涌现,近年来智能新闻生产的学术场域相比国外展现出更强的活力。

国外研究由于智能媒介技术和智能新闻实践的前期积累,使学界得以更加注重实证研究和技术创新的双向互动。相比之下,国内学术场域呈现出一定的理论先行特征,这也导致国内研究更多地依赖理论层面的思辨分析和新闻业态的宏观与中观研究,对具体实践场景的反映相对滞后。大量理论探索性研究的涌现,加之国内新闻传播学界长期偏向理论思辨的传统,导致国内智能新闻生产学术场域在研究方法规范性与实证性方面仍显不足。

此外,国内学术研究在很大程度上受到国家战略需求和政策议程的影响,学者们更倾向于从宏观层面探索智能新闻如何服务社会发展和新闻业态转型,而较少深入具

---

① 伯格,卢克曼.现实的社会建构:知识社会学论纲[M].吴肃然,译.北京:北京大学出版社,2019:5.

体实践场景进行细致探讨,使得国内学界难以参照国外研究依托丰富实证研究成果构建学科理论。虽然部分研究体现了对具体智能新闻实践场景的观照,但整体而言,国内智能新闻生产的学术场域缺乏长期的实证研究积累,一定程度上制约了国内智能新闻生产学术场域的进一步发展。

在具体的知识生产操作层面,国外研究的"他山之石"具有重要的启发价值。智能新闻生产研究涉及社交媒体使用等媒介消费行为,适合运用问卷调查、深度访谈等方法进行规范化的数据收集,并通过内容分析法或应用适合的统计分析工具来进行数据分析。因此,国内学者应当在拓宽研究视角的同时,运用更加丰富的研究方法,从而进一步形成取得共识的学术范式,以提升国内研究在国际学术界的影响力。而在研究视角的选取上,国内学者也应当更加关注实际问题,从问题出发,以理论视角回应现象层面的研究问题,积累智能新闻生产研究的本土经验。

因此,如何在探索中形成自身的研究范式,进而构建与西方国家的学术对话,是国内智能新闻生产研究所面临的重要挑战。媒介技术的演变同社会发展的方方面面紧密相连,而智能新闻生产正深刻改变着全球传媒业的行业面貌和内容分发机制。在此趋势下,国外研究以更加精准的实践导向,以丰富的实践案例作为研究对象,提出了具有现实指导意义的研究成果。2023年10月,中央网信办发布《全球人工智能治理倡议》,为人工智能创新发展和新一轮科技革命和产业变革提出一系列建设性思路和方案[①]。在未来研究中,面对新闻生产格局的智能化浪潮,国内学者应当以更加积极的姿态推动这一研究议题成为新闻传播学科的主流议题,提升相关研究对于中国乃至全球智能新闻业态建设的实际贡献。

〔丁汉青,北京师范大学新闻传播学院教授,博士生导师;岳帅祺,北京师范大学新闻传播学院2024级新闻与传播专业硕士研究生〕

〔特约编辑:王婧雯〕

---

① 中华人民共和国国家互联网信息办公室. 全球人工智能治理倡议[EB/OL]. (2023-10-18)[2024-12-31]. https://www.cac.gov.cn/2023-10/18/c_1699291032884978.htm.

隐形的数字鸿沟：物质接入对流动老人互联网使用的影响

Invisible Digital Divide: The Influence of Material Access on Elderly Migrants' Internet Use

◎ 熊 慧 郭 倩

Xiong Hui　Guo Qian

摘要：随着移动互联网的发展，越来越多的流动老人开始使用智能手机接入数字世界，适应迁入地生活。既有研究显示，接入设备的差异催生新型的数字鸿沟。这一发现是否适用于身处特殊生活情境的流动老人群体，亟待研究检验。本文采用调查法，考察物质接入对流动老人互联网使用的影响。对283位流动老人的调查结果显示，在控制人口统计学因素和网络态度后，物质接入显著影响被调查者的互联网使用；存在一种隐形的数字鸿沟，经由手机上网的被调查者在经济类、公益类、获取信息类和生活服务类活动的频率上显著低于经由手机和电脑上网的被调查者，互联网使用范围较之后者更窄。这一发现为提升流动老人数字融入和社会融入水平提供了新思路。

关键词：物质接入；流动老人；互联网使用；数字融入；社会融入

Abstract: With the development of the mobile Internet, there is an increasing number of elderly migrants who use smartphones to access the digital world and adapt to the cities where they relocate. Existing studies indicate that the discrepancy in access devices predicts a new type of digital divide. Whether such a conclusion can be applied to elderly migrants of special life circumstances awaits further investigation. A survey of 283 elderly migrants found that material access affects respondents' Internet use—those who access the Internet via smartphones engage in online economic, charitable, information-searching

---

* 本文系福建省社科基金一般项目"数字福建视野下老年人同辈技术支持模式与促进机制研究"（项目编号：FJ2023B106）的阶段性成果。

and life service activities less frequently than those who access the Internet via both smartphones and computers; the multiplicity of the former's Internet use is significantly lower than that of the latter. The discovery of such an invisible digital divide offers a new direction for the improvement of the elderly migrants' digital inclusion and social inclusion.

Keywords: material access, elderly migrants, Internet use, digital inclusion, social inclusion

城镇化的快速发展和人口老龄化进程的持续加快造就了日益庞大的流动老人群体。过去十余年间,我国流动老人的数量以年均6.6%的速度持续增长[1]。相比安居故乡的老年人,流动老人普遍面临社交关系断裂、社会排斥、难以融入新环境等多重困境。如何帮助流动老人提高社会参与水平从而更好地适应迁入地生活,进而保障该群体的身心健康,成为我国流动人口与老龄社会治理中亟待解决的问题。

有学者指出,数字融入与社会参与、迁入地适应密切相关[2]。对普遍面临社交困境、难以适应新环境的流动老人而言,能够接入以互联网技术为基础的数字世界,实现故乡与迁入地的"无缝对接",对他们的生活具有重要意义。当前,我国老年互联网用户的规模不断扩大。2018年,我国60岁及以上网民群体占比为6.6%[3]。截至2022年6月,该数值增至11.3%[4]。在这样的背景下,部分流动老人开始使用互联网维系和拓展社交网络,努力适应新的生活环境[5]。

尽管如此,有研究表明,物质接入,也就是使用不同的设备上网会影响用户的互联网使用情况——依赖智能手机上网的群体在用途多样性方面要劣于通过手机和电脑等多种设备上网的群体[6]。在老年群体普遍使用智能手机上网的今天,不同的网络接

---

[1] 国家卫生健康委员会.中国流动人口发展报告2018[R/OL].(2018-12-22)[2024-12-23]. http://www.nhc.gov.cn/wjw/xwdt/201812/a32a43b225a740c4bff8f2168b0e9688.shtml.

[2] 谢秋山,岳婷.积极老龄化背景下老年人数字融入的必要性及路径研究[J].当代继续教育,2019,37(4):10-16.

[3] 中国互联网络信息中心.第43次中国互联网络发展状况统计报告[R/OL].(2019-02-28)[2024-12-23]. http://www.cnnic.net.cn/NMediaFile/old_attach/P020190318523029756345.pdf.

[4] 中国互联网络信息中心.第50次中国互联网络发展状况统计报告[R/OL].(2022-09-26)[2024-12-23]. http://www.cnnic.net.cn/NMediaFile/2022/0926/MAIN1664183425619U2MS433V3V.pdf.

[5] HE Y, LIU X, XIONG H, et al. A gateway to acquaintance community: elderly migrants' collective domestication of interest-oriented group chats in China[J]. New media & society, 2022, Advance online publication.

[6] NAPOLI P M, OBAR J A. The emerging mobile internet underclass: a critique of mobile internet access[J]. The information society, 2014, 30(5): 323-334.

入设备是否会影响流动老人的数字使用行为,给流动老人的社会参与和迁入地适应带来新的挑战?带着这一问题,我们展开研究,采用调查法,考察物质接入对流动老人的互联网使用的影响,以期为流动老人数字融入和社会融入干预实践提供必要的理论根基。

一、文献综述

(一)流动老人的互联网使用

在我国,流动老人亦称"老漂族",是指年龄在60岁及以上,为了务工、经商、养老、与子女团聚或照顾晚辈而迁移到其他城市并长期居住,同时保留原有户籍的老年人[①]。不同于流动儿童、农民工和知识型新移民等群体,"在衰老中漂泊"是流动老人的典型特征。迁居导致的空间变动给流动老人的日常生活带来了诸多影响,生活环境的变化和社交关系的断裂导致了社会区隔,原乡依恋也会使流动老人产生孤独、焦虑等负面情绪[②]。

使用以互联网为代表的数字技术为流动老人应对以上问题提供了支持。顾煜桓对深圳市随迁老人(为照顾子辈或孙辈迁居异地的流动老人)进行问卷调查后发现,微信使用强度与随迁老人的城市融入程度具有正相关关系,微信使用强度越强,随迁老人的城市融入程度越高,微信社交参与度能够正向预测随迁老人的心理融入、行为融入以及社会关系融入[③]。王艳对武汉"老漂族"的微信使用情况进行在线观察和线下访谈后发现,以现实中的广场舞团体为基础的微信群是老人在城市的重要落脚点,不仅帮助他们在陌生城市拓展社交范围,也使得家乡的社会关系网络变得"可携带",得以持续连接[④]。另外,移动社交媒体使用还对老年移民的生活满意度有正向影响[⑤]。

整体来看,互联网对流动老人的生活具有积极作用,但既有研究大多将互联网使用情况等同于"某段时间内的上网时长或频率",或采用"是否使用互联网"这一单一指标衡量上网行为,互联网使用对日常生活的影响也被简化约为是否上网、上网时长

[①] 廖爱娣.中国流动老人研究现状及展望[J].成都大学学报(社会科学版),2019,182(2):13-20.
[②] 江立华,王寓凡.空间变动与"老漂族"的社会适应[J].中国特色社会主义研究,2016(5):68-72.
[③] 顾煜桓. 随迁老人微信使用与其城市融入的关系研究[D]. 深圳:深圳大学,2018.
[④] 王艳. 移动连接与"可携带社群":"老漂族"的微信使用及其社会关系再嵌入[J]. 传播与社会学刊,2019(47):87-133.
[⑤] ZHAO L, LIANG C, GU D. Mobile social media use and trailing parents' life satisfaction: social capital and social integration perspective[J]. The international journal of aging and human development, 2021, 92(3): 383-405.

或上网频率的影响①。需要注意的是，互联网使用并不是一个是或否的二分变量，相较于时长、频率，围绕互联网展开的社会参与活动，也就是互联网的具体用途显然更重要②。聚焦流动老人互联网使用的研究有必要从更细致的角度切入，具体而微地考察流动老人如何利用数字技术实现社会参与。

(二)物质接入与互联网使用

"数字融入"这一概念包含三个层级：接入，关注某个群体能否接入数字技术；技能和使用，关注人们在物理接入实现以后，如何使用数字技术；结果，关注人们如何利用数字技术以达成有意义的结果③。以往关于"接入"的讨论通常聚焦人们在互联网接入层面的物理差距，认为未接入互联网的人群在社会、经济和文化等方面处于劣势地位。随着计算机和互联网技术的发展与普及，物理接入(physical access)方面的差距不断缩小。近年来，有学者指出，手机在存储、运行速度、功能多样性等方面要劣于电脑，移动互联网封闭的系统限制了用户网络参与、内容创作、信息检索的能力，完全依靠手机上网的用户实际上沦为网络社会的"二等公民"④。

van Deursen 等学者因此提出"物质接入"(material access)的概念，强调数字接入研究不仅要关注物理层面，还要考虑物质层面，即使用优势设备的机会和上网设备的多样性⑤。多项研究表明，物质接入的差异会对用户的互联网使用情况产生影响。例如，Katz 在对美国低收入家庭互联网和相关设备使用情况的研究中指出，相比通过电脑上网的家庭，依赖手机或平板电脑上网的用户使用互联网的频率更低，参与在线活动的类型较少⑥。Lee 等将用户的在线活动分为信息、沟通、娱乐和经济四种类型，发现通过智能手机、有线网和无线网三种渠道上网的用户参与各项活动的频率显著高于

---

① QUINTANA D, CERVANTES A, SAEZ Y, et al. Internet use and psychological well-being at advanced age: evidence from the English longitudinal study of aging[J]. International journal of environmental research and public health, 2018, 15(3): 480.
② VAN DEURSEN A J, VAN DIJK J A. The digital divide shifts to differences in usage[J]. New media & society, 2014, 16(3): 507-526.
③ WEI K K, TEO H H, CHAN H C, et al. Conceptualizing and testing a social cognitive model of the digital divide[J]. Information systems research, 2011, 22(1): 170-187.
④ NAPOLI P M, OBAR J A. The emerging mobile internet underclass: a critique of mobile internet access[J]. The information society, 2014, 30(5): 323-334.
⑤ VAN DEURSEN A J A M, VAN DIJK J A G M. The first-level digital divide shifts from inequalities in physical access to inequalities in material access[J]. New media & society, 2019, 21(2): 354-375.
⑥ KATZ V S. What it means to be "under-connected" in lower-income families[J]. Journal of children and media, 2017, 11(2): 241-244.

通过智能手机和有线网上网的用户①。

基于既往研究可以推断,物质接入的差异可能会对流动老人使用互联网的频率以及参与网络活动的范围产生影响。据此,本文提出以下研究假设:

假设1:与经由手机上网的流动老人相比,经由手机和电脑上网的流动老人使用互联网的频率更高。

假设2:与经由手机上网的流动老人相比,经由手机和电脑上网的流动老人参与网络活动的范围更广。

(三)影响互联网使用的其他因素

除了物质接入,既往研究还指出,年龄、性别、学历、收入、身体健康状况等人口统计学因素以及网络态度等都会对老年人的互联网使用情况产生影响。老年人中较为年轻的群体,即低龄老年人(young-old)参与的在线活动的类型较多②。在控制了年龄的影响后,男性上网的比例高于女性③。高收入、高学历群体更倾向于进行"资本提升"型活动,如获取本地新闻、浏览政府网站、参加在线课程等④。视力和记忆力较差的老年人较少发送电子邮件和短信,身体患病或残疾的老年人通过互联网处理个人事务的可能性较低⑤。对互联网持积极态度的老年人网购、比较商品的频率要高于对互联网持消极态度的老年人⑥。为此,本研究将上述影响因素作为控制变量加入理论模型。

二、研究方法

(一)抽样

本研究采用目的性抽样。2021年4月至5月,接受过前期培训的调查人员走访

---

① LEE H, PARK N, HWANG Y. A new dimension of the digital divide: exploring the relationship between broadband connection, smartphone use and communication competence[J]. Telematics and informatics, 2015, 32(1): 45-56.
② HARGITTAI E, PIPER A M, MORRIS M R. From internet access to internet skills: digital inequality among older adults[J]. Universal access in the information society, 2019(18): 881-890.
③ HARGITTAI E, DOBRANSKY K. Old dogs, new clicks: digital inequality in skills and uses among older adults[J]. Canadian journal of communication, 2017, 42(2): 195-212.
④ KONIG R, SEIFERT A, DOH M. Internet use among older Europeans: an analysis based on SHARE data[J]. Universal access in the information society, 2018, 17(3): 621-633.
⑤ HARGITTAI E, DOBRANSKY K. Old dogs, new clicks: digital inequality in skills and uses among older adults[J]. Canadian journal of communication, 2017, 42(2): 195-212.
⑥ IYER R, EASTMAN J K. The elderly and their attitudes toward the internet: the impact on internet use, purchase, and comparison shopping[J]. Journal of marketing theory and practice, 2006, 14(1): 57-67.

厦门市思明区演武公园、中山公园、南湖公园以及上李社区、厦大北村等社区,寻找符合条件的被调查者,同时也请随机访问到的热心老人介绍其他的流动老人。考虑到老年人视力衰减的实际情况,招募到合适的被调查者后,调查人员采取逐题询问、根据被调查者的回答代为填写的方式回收问卷。调查共回收了314份问卷,在剔除非流动老人样本后得到283份有效问卷,有效问卷回收率为90.13%(被调查者的人口统计学信息见表1)。

表1 被调查者的人口统计学信息

项目	条目	样本数	百分比(%)
上网年限	1年以内	13	4.59
	1—5年	84	29.68
	5年以上	186	65.72
过去一个月之内是否用过电脑	用过	100	35.34
	没有用过	183	64.66
性别	男	163	57.60
	女	120	42.40
年龄	60—64岁	97	34.28
	65—69岁	97	34.28
	70—74岁	52	18.37
	75—79岁	22	7.77
	80岁及以上	15	5.30
学历	小学及以下	39	13.78
	初中	56	19.79
	高中/中专/技校	94	33.22
	大专	56	19.79
	本科及以上	38	13.43
月收入	2000元以下	47	16.61
	2000—4000元	97	34.28
	4001—6000元	78	27.56
	6000元以上	61	21.55
身体健康状况	健康	174	61.48
	比较健康	103	36.40
	较差	6	2.12

注:受四舍五入影响,表内"百分比(%)"一列项目数据之和容许有0.01%的误差。

(二)变量测量

1.前测

正式调查开始前,本研究采用焦点小组访谈作为前测,为互联网使用问卷的修订提供经验资料的支持。2021年1月4日至1月9日期间,厦门市思明区厦大北村、白城社区的21位流动老人参与了焦点小组访谈,其中男性6人,女性15人,有8位访谈对象会使用电脑,平均每场访谈持续时长为40分钟左右。焦点小组访谈的内容主要围绕两个方面展开:一是使用智能手机和电脑的基本情况(包括智能手机/电脑使用年限、使用时长、使用动机等),二是使用智能手机或电脑的具体用途。

2.变量操作化

根据前期焦点小组访谈的结果,借鉴前人的测量方法,我们将变量操作化,编制调查问卷。问卷主要包括三个部分:第一部分仅包含一道题,询问被调查者的户口所在地,符合流动老人身份的被调查者继续回答后面的问题,不符合者调查至此结束;第二部分测量流动老人的互联网使用情况,主要包括使用何种类型的上网设备以及参与不同类型网络活动的频率和范围;第三部分测量控制变量,主要包括网络态度以及性别、年龄、学历、月收入和身体健康状况等基本的人口统计学因素。

其中,自变量为"物质接入",即流动老人通过何种设备上网。首先通过"请问您是否会上网"剔除不会上网的流动老人,其次通过"请问您在过去一个月内是否用过电脑(指笔记本电脑或台式电脑,不包括平板电脑)"测量物质接入,从而对经由手机上网、经由手机和电脑上网的流动老人进行区分。

因变量为互联网使用频率和"参与网络活动的范围"。参考 van Deursen 等学者编制的互联网使用量表[1],结合焦点小组访谈的结果,我们对量表进行了补充和修订,最终形成的互联网使用量表共包含33个条目,采用5点计分法测量被调查者进行不同网络活动的频率(1-从不,2-每月一次或更少,3-每月几次,4-每周几次,5-每天)。接下来,统计每一位被调查者参与网络活动的项目数,即参与网络活动的范围:就每一个具体的条目而言,选择"2""3""4""5"的调查者即被认为参与过此项活动,选择"1"的被调查者则被认为未参与过此项活动。

控制变量为性别、年龄、收入、学历、身体健康状况和网络态度,其中网络态度量表

---

[1] VAN DEURSEN A J, HELSPER E, EYNON R, et al. The compoundness and sequentiality of digital inequality[J]. International journal of communication,2017(11):452-473.

参考了Seifert等的研究①,采用李克特5点量表(1-非常不同意,2-不同意,3-一般,4-同意,5-非常同意)。具体的条目为"老年人应该学习上网""上网不会浪费时间""会上网可以少跑很多路""如果网络更方便老年人使用,我会花更多时间上网""上网是有趣的""上网可以增加人与人之间的联络""上网可以表达自己的意见"。

3.量表信效度分析

本研究采用主成分分析法和最大方差法对互联网使用量表进行探索性因子分析,在删除因子载荷值小于0.5的条目后,探索性因子分析最终保留了24个条目,提取出5个公因子,5个因子的特征值均大于1,可以解释51.64%的变异量。各个因子下均有3个及以上条目,条目间具有潜在一致性,可以进行命名。

第一个因子包括6个条目:发送微信红包;在网上给手机充话费;在网上购买想要的商品或服务;使用移动支付(如微信支付、支付宝支付);使用手机银行或网银的付款和转账功能;在网上评价已购买的商品或服务。测量的是经济方面的用途,因此命名为"经济"。

第二个因子包括4个条目:网上报名参加公益、志愿活动;在网上发布或转发与公益、志愿活动有关的信息;在网上查找与公益、志愿活动有关的信息;在网上捐赠运动步数或参加支付宝的种树活动。测量的是与公益相关的用途,因此命名为"公益"。

第三个因子包括6个条目:通过网络课程、信息搜索提升某些方面的技能;在网上看书;浏览政府网站;通过网络课程、信息搜索培养兴趣爱好;通过上网搜索信息解决日常生活中遇到的困难;使用与健康相关的软件(如丁香医生、春雨医生)。测量的是与信息检索相关的用途,因此命名为"获取信息"。

第四个因子包括5个条目:查收电子邮件;发送电子邮件;在网上点外卖;在网上叫车;通过网络订票(门票、机票、动车票等)、订旅馆。测量的是生活服务类的用途,因此命名为"生活服务"。

第五个因子包括3个条目:浏览社交媒体(如微信朋友圈)上好友发布的内容;在社交媒体(如微信朋友圈)评论或点赞别人发布的内容;在社交媒体(如微信朋友圈)发布原创内容或转发内容。测量的是社交方面的用途,因此命名为"社交"。

采用探索性因子分析,从变量"网络态度"的7个题项中提取出1个公因子,每个题项的因子载荷均在0.5以上,解释总变异量51.18%。

---

① SEIFERT A, SCHELLING H R. Seniors online: attitudes toward the internet and coping with everyday life [J]. Journal of applied gerontology, 2018, 37(1): 99-109.

接下来,采用 Cronbach's Alpha 系数对调查回收的数据进行信度分析,分别计算互联网使用量表和网络态度量表的 α 系数。结果显示,互联网使用量表内部一致性系数为 0.89,5 个因子的 α 系数分别为 0.83、0.72、0.78、0.76、0.74,网络态度的 α 系数为 0.83,均达到了可接受的信度标准。

三、研究发现

(一)各变量的描述性统计

在 24 项网络活动中,流动老人平均每人约参与 12 项活动,参与频率最高的两类活动分别为社交类活动(M=3.58,SD=1.03)和经济类活动(M=2.52,SD=0.16),参与频率最低的两类活动为生活服务类活动(M=1.44,SD=0.57)和公益类活动(M=1.42,SD=0.61)。网络态度的平均值(M=3.81,SD=0.70)大于中等水平(李克特 5 点量表),表明被调查者对互联网普遍持有较为积极的态度。

表 2　变量的描述性统计分析结果

预测变量	平均值	标准差	取值范围
互联网使用频率	11.16	2.96	5—25
经济类频率	2.52	0.16	1—5
公益类频率	1.42	0.61	1—5
获取信息类频率	2.20	0.91	1—5
生活服务类频率	1.44	0.57	1—5
社交类频率	3.58	1.03	1—5
网络活动范围	12.42	5.63	0—24
经济类范围	4.07	2.00	0—6
公益类范围	1.02	1.24	0—4
获取信息类范围	3.24	1.94	0—6
生活服务类范围	1.43	1.62	0—5
社交类范围	2.67	0.69	0—3
网络态度	3.81	0.70	1—5

(二)物质接入与互联网使用频率

以性别、年龄、学历、月收入、身体健康状况和网络态度为控制变量,物质接入(用过电脑=1)为自变量,互联网使用频率、经济类频率、公益类频率、获取信息类频率、生活服务类频率和社交类频率为因变量放入回归模型进行检验。回归分析的结果如表3所示。

表3 流动老人互联网使用频率的分层回归分析

预测变量	互联网使用频率	经济类频率	公益类频率	获取信息类频率	生活服务类频率	社交类频率
人口统计学变量						
性别（男=1）	−0.16**	−0.18**	−0.07	−0.08	0.01	−0.19***
年龄	−0.10*	−0.17**	−0.12*	−0.08	−0.15**	0.09
学历	0.25***	0.20**	0.11	0.23***	0.16**	0.17**
月收入	−0.04	0.03	−0.05	−0.10	0.09	−0.07
身体健康状况	−0.10*	−0.01	−0.10	−0.07	−0.11*	−0.09
网络态度	0.41***	0.25***	0.27***	0.35***	0.13*	0.41***
调整后 R^2	0.35	0.21	0.13	0.24	0.14	0.27
物质接入（用过电脑=1）	0.24***	0.16**	0.18**	0.25***	0.28***	0.06
调整后 R^2 增量	0.05	0.02	0.02	0.06	0.07	0
调整后 R^2	0.40	0.23	0.15	0.30	0.21	0.27

注：* p<0.05,** p<0.01,*** p<0.001。

由回归分析的结果可知，控制变量对流动老人互联网使用的频率以及参与经济类、公益类、获取信息类、生活服务类和社交类活动频率的解释度（调整后 R^2）分别为 0.35、0.21、0.13、0.24、0.14 和 0.27。除了社交类活动频率，加入自变量后，调整后的 R^2 均有明显提升，分别达到 0.40、0.23、0.15、0.30、0.21。这意味着，在控制了性别、年龄、学历、月收入、身体健康状况和网络态度的影响之后，物质接入对流动老人互联网使用频率仍有显著影响。具体而言，经由手机和电脑上网的流动老人使用互联网的整体频率（β=0.24，p=0.000），参与经济类活动（β=0.16，p=0.003）、公益类活动（β=0.18，p=0.003）、获取信息类活动（β=0.25，p=0.000）和生活服务类活动（β=0.28，p=0.000）的频率均显著高于经由手机上网的流动老人，但两类用户参与社交类活动（β=0.06，p=0.266）的频率不存在差异。研究假设1得到部分支持。

(三) 物质接入与网络活动范围

以性别、年龄、学历、月收入、身体健康状况和网络态度为控制变量，物质接入为自变量，网络活动范围、经济类范围、公益类范围、获取信息类范围、生活服务类范围和社交类范围为因变量放入回归模型进行检验。回归分析的结果如表4所示。

表 4　流动老人参与网络活动范围的分层回归分析

预测变量	网络活动范围	经济类范围	公益类范围	获取信息类范围	生活服务类范围	社交类范围
人口统计学变量						
性别（男＝1）	−0.09	−0.13*	−0.06	−0.09	0.03	−0.11
年龄	−0.17**	−0.23***	−0.13*	−0.06	−0.17**	0.07
学历	0.22***	0.19**	0.11	0.20**	0.12	0.18**
月收入	0.09	0.12	−0.04	0.05	0.15*	−0.01
身体健康状况	−0.02	−0.002	−0.07	0.02	−0.06	0.02
网络态度	0.30***	0.20***	0.23***	0.30***	0.14*	0.32***
调整后 R^2	0.27	0.20	0.09	0.21	0.14	0.16
物质接入（用过电脑＝1）	0.25***	0.16**	0.12*	0.25***	0.26***	0.05
调整后 R^2 增量	0.06	0.02	0.01	0.06	0.06	0
调整后 R^2	0.33	0.22	0.10	0.27	0.20	0.16

注：* $p<0.05$，** $p<0.01$，*** $p<0.001$

由上表可知，控制变量对流动老人参与网络活动范围以及参与经济类、公益类、获取信息类、生活服务类和社交类活动范围的解释度分别为 0.27、0.20、0.09、0.21、0.14 和 0.16。加入自变量后，除社交类范围无变化，其他方面的 R^2 均有所提升，分别达到 0.33、0.22、0.10、0.27、0.20。结果表明，在控制了性别、年龄、学历、月收入、身体健康状况和网络态度的影响之后，物质接入对流动老人参与网络活动范围的影响依然显著。具体而言，经由手机和电脑上网的流动老人参与网络活动的整体范围（β＝0.25，p＝0.000），以及参与经济类活动（β＝0.16，p＝0.004）、公益类活动（β＝0.12，p＝0.048）、获取信息类活动（β＝0.25，p＝0.000）和生活服务类活动（β＝0.26，p＝0.000）的范围均显著高于经由手机上网的流动老人，但两类用户参与社交类活动（β＝0.05，p＝0.375）的范围不存在差异。研究假设 2 得到部分支持。

四、研究结论与讨论

本研究以厦门市流动老人的问卷调查数据为基础，考察物质接入对流动老人互联网使用的影响。对 283 份有效问卷进行分析后发现，在控制了网络态度、性别、年龄、学历、月收入和身体健康状况的影响后，经由手机和电脑上网的流动老人互联网使用的整体频率和网络活动参与的整体范围显著高于经由手机上网的流动老人。这与Katz[①]、Lee[②]等学者的研究结论总体一致,表明移动互联网的发展和智能手机的普及的确催生了一种新型的数字鸿沟,在降低触网门槛的同时加剧了经由手机上网的用户和经由手机、电脑上网的用户在使用方面的新的不平等。较之物理介入方面的鸿沟,即"接入互联网的群体"和"未接入互联网的群体"在获取生活机会方面的差距,物质接入方面的鸿沟更隐蔽,因此也更容易被忽略,成为流动老人数字融入研究和相关政策实践的"盲点"。

分类来看,经由手机和电脑上网的流动老人参与经济类、公益类、获取信息类和生活服务类活动的频率和范围均显著高于经由手机上网的流动老人。两类用户在参与社交类活动的频率和范围上均无显著差异。可能的原因是维系社交是流动老人触网的主要诉求,而该用途借助手机就可以得到充分满足。其他四个领域的互联网使用则属于Correa等人提出的"资本提升型网络活动",它们对数字接入设备和使用者的网络技能的要求更高,但同时也能带给使用者更多收益[③]。该研究将处理工作、阅读新闻、检索信息等活动归入亚美尼亚成年人的资本提升型网络活动的范畴,本研究却发现,对于流动老人来说,社交领域以外的互联网使用都能将他们与同龄人区分开来,资本提升型网络活动的范围明显拓宽。

在理论层面上,以上发现表明,数字融入从来都不是一个线性发展、有序推进的过程。研究者必须以一种动态的眼光理解和评估数字技术变革的社会影响。闫慧等人[④]提出"移动数字鸿沟"概念就是这样一种努力。移动互联网和智能手机技术的发展和普及固然能逐渐弥合物质接入的鸿沟,但可以预见的是,随着5G、物联网、大数据等技术的发展,个体和群体在物理接入方面会产生新的差距,业已弥合的物质接入沟也可能再次出现裂痕。较之新技术带来的积极变化,数字融入研究者更应警惕那些隐而不显的深层次的数字不平等,持续关注物理和物质接入的新趋势对互联网使用的影响。另外,上述发现还提醒我们在考察数字弱势群体的互联网使用行为时拓宽研究视

---

① KATZ V S. What it means to be "under-connected" in lower-income families[J]. Journal of children and media, 2017, 11(2): 241-244.
② LEE H, PARK N, HWANG Y. A new dimension of the digital divide: exploring the relationship between broadband connection, smartphone use and communication competence[J]. Telematics and informatics, 2015, 32(1): 45-56.
③ CORREA T, PAVEZ I, CONTRERAS J. Digital inclusion through mobile phones? A comparison between mobile-only and computer users in internet access, skills and use[J]. Information, communication & society, 2020, 23(7): 1074-1091.
④ 闫慧,张钰浩,韩蕾倩. 移动数字鸿沟研究进展[J]. 图书情报工作, 2021, 65(22): 143-150.

野,进一步超越"社交中心"的倾向,全面、细致地洞察此类群体在其他社会生活领域中使用互联网的程度、方式及其影响。

在实践层面上,本研究为提升流动老人群体数字融入和社会融入水平的干预和规划实践提供了新思路。不可否认,智能手机是流动老人与数字时代接轨的便捷、低成本的方式。强调接入设备的重要性,是在肯定智能手机的积极作用的前提下尽可能消弭因物质接入导致的互联网使用的隐形鸿沟。具体而言,在构建数字包容、老年友好型社会的过程中,管理部门可以考虑进一步完善数字基础设施,如增建可供人们免费使用电脑上网的社区图书馆,并以此为依托,提供必要的技术支持和培训,让更多的流动老人经由电脑接入互联网,在家门口掌握使用电脑的技能并享受电脑上网带来的利好。这类举措还有望增加流动老人与社区的联结,帮助其更好地适应迁入地生活。对于技术开发者而言,加速数字产品的适老化改造,提高流动老人对经济、公益、信息获取和生活服务类应用或功能的易用性感知,应该成为一个重要目标。

最后,本研究存在两点局限性。第一,研究采用目的性抽样的方法,由此获得的结论或可以管窥中等规模移民聚居城市流动老人的互联网使用分化趋势,但难以推广至其他类型的城市。后续研究可以进一步优化抽样方法,以扩大研究结论的适用范围。第二,本研究采用截面数据,因此无法考察经由手机上网的流动老人和经由手机、电脑上网的流动老人这两类群体在互联网使用方面的长期情况,研究者未来可以开展追踪研究,持续比较这两类群体的互联网使用行为。

〔熊慧,厦门大学新闻传播学院教授,博士生导师;郭倩,厦门大学新闻传播学院硕士研究生〕

〔特约编辑:陈欣钢〕

新媒体平台在公益项目品牌化过程中的
多重角色及其传播路径研究

Research on Communicative Approaches and Multiple Roles of New Media Platforms in the Branding Process of Public Welfare Projects

◎ 陈 芝

Chen Zhi

摘要： 在数字经济时代，企业不仅是经济增长的重要力量，还在推动社会责任与公益品牌建设方面扮演着关键角色。本研究以哔哩哔哩（B站）的"文物撑伞人守护计划"为例，探讨新媒体平台在公益项目品牌化过程中的多重角色及其传播路径。基于 DART 模型，研究从对话、信息获取、透明性和风险评估四个维度，探讨了 B 站如何通过多方协作与用户互动机制，实现品牌价值共创和公众动员。结果表明，作为传播者，B 站利用多样化的媒介形式广泛传播文物保护理念；作为组织者，B 站通过资源整合与跨界合作，确保了项目的顺利实施。这种双重角色不仅提升了公益品牌的社会影响力，也推动了企业的社会责任履行，成为新媒体平台在公益品牌化中的成功典范。

关键词： 文物撑伞人守护计划；互联网公益；品牌建设；路径分析

Abstract: In the digital economy era, enterprises are not only key drivers of economic growth but also play a crucial role in promoting social responsibility and building public welfare brands. This study takes Bilibili's "Cultural Heritage Guardianship Program" as an example to explore the multiple roles of new media platforms in the branding of public welfare projects and their communication pathways. Based on the DART model, the study examines how Bilibili, through dialogue, access to information, transparency, and risk assessment, collaborates with various stakeholders and engages users to achieve brand co-creation and public mobilization. The findings show that, as a communicator, Bilibili effectively disseminates the cultural heritage preservation message through diverse media formats. As an organizer, Bilibili integrates resources and facilitates cross-sector collaboration to ensure the smooth execution of the project. This dual role not only enhances the social impact of the public welfare brand but also advances corporate social responsibility, positioning Bilibili as a successful model for public welfare branding in the new media space.

Keywords:cultural heritage guardianship program,internet public welfare,brand building,path analysis

  近些年来,党中央着重强调鼓励公益慈善在全面深化改革、促进共同富裕和社会治理现代化等方面充分发挥作用。2021年中央经济工作会议要求,支持有意愿有能力的企业和社会群体积极参与公益慈善事业。党的二十大报告明确指出以中国式现代化全面推进中华民族伟大复兴,慈善事业在其中扮演着不可替代的有益角色。面向未来,中国公益慈善事业若想得到高质量的长效发展,其公益行为必须更加科学、高效、透明、规范和可持续。这离不开公益慈善事业的制度化和品牌化,更离不开全社会的多层次、全范围参与。站在中国慈善公益事业的3.0互联网时代,想要实现全民化、平民化、持续性、高效性的参与和发展,必然需要政府、慈善组织、互联网平台的良性互动,更需要年轻化、数字化、现代化的建设、管理与推广思路。

  目前,学界对新媒体环境下公益传播的研究主要集中在传播现状、策略与困境分析上,较多停留在概念性探讨层面,且往往借助传统理论来理解新媒体时代的公益传播(如社会化媒体的公益行为)。然而,作为企业与传播渠道的互联网平台,在公益品牌构建过程中扮演着多重角色,不仅是盈利与非盈利目标的关键碰撞点[1],还涉及公益传播的本体研究、框架研究和媒介变迁的探讨,涵盖了公益传播的预期、媒介体裁、企业社会责任营销等因素分析。目前,相关的研究和实证分析仍显不足。

  本文将在广告学和新闻传播学理论的基础上,借鉴社会学视角,以哔哩哔哩(B站)的"文物撑伞人守护计划"为例,探索互联网平台在公益项目构建与传播中的双重主体性价值,并为类似平台及政府等多方的规划与发展提供建议。

---

[1] 马晓荔,张健康.公益传播现状及发展前景[J].当代传播,2005(3):23-25.

一、项目品牌化的构建者

在数字经济时代,企业不仅是经济增长的引擎,也是推动社会进步的重要力量,尤其是在公益品牌建设中,企业需要通过传播其核心价值观和社会责任感来获得公众与目标受众的认同,建立品牌生态闭环。互联网的快速发展为公益传播带来了深刻变革,特别是在社交媒体和新媒体平台的推动下,公益传播的范围、效率和影响力得到了前所未有的提升。随着社会化媒体的普及,传统的单向传播模式正在被实时互动和公众参与驱动的新型传播模式所取代。由于社会问题日渐复杂化、社会需求日益多样化,跨界合作成为包括政府、市场及第三部门等主体的共同选择。互联网平台的共享性、开放性、交互性及多向连通性特征,具有促成多元主体间开展合作的天然优势[①]。由此,互联网公益传播已成为社会公共领域中不可忽视的一股力量,通过平台的创新,公益项目不仅能在更短时间内触达更广泛的受众,还能通过互动机制激发公众参与热情,构建起品牌化的公益形象。公益传播的互联网转型,不仅打破了空间的限制,也使得更多社会群体,特别是年青一代,能够以便捷的方式参与到公益行动中来。如今,越来越多的互联网平台成为公益项目的发起者和传播者,在公益品牌构建与公众动员方面发挥着重要作用。

作为中国最具影响力的青年文化网络社区之一,B站依托于自身本土化二次元的差异化优势,近年来不断扩大品牌接触点与目标用户群体,用更加多元化、大众化的内容满足用户需求,在商业化浪潮中逐步成为年轻人潮流文化社区与潜在经济价值蓝海[②]。通过其多元化的传播手段和深厚的用户基础,B站成功推动了多个公益项目的传播与执行。在"文物撑伞人守护计划"中,B站不仅通过多媒体形式的创新传播文物保护的公益理念,还通过其平台的社区属性和社交互动功能,激发了广泛的公众参与。B站不仅承担了公益项目的传播者角色,还以组织者的身份发挥了重要作用,协调外部资源,推动项目的顺利实施,并通过平台资源的整合与社交功能的互动,推动了该项目的品牌化构建。这种双重角色的有效平衡,使得B站在公益品牌化过程中展示了其独特的影响力,也在与使用群体、目标用户、政府等的多元互动中共创了品牌价值与期望。

---

① 王爱华.基于互联网平台的公益跨界合作:过程、机制与风险——以腾讯"99公益日"为例[J].公共管理与政策评论,2019,8(1):68-77.
② 曹晓静.从小众亚文化走向主流的B站[J].新闻研究导刊,2017,8(13):43,97.

一直以来,伴随国家对传统文化"创新性发展,创造性转化"的大力倡导,非物质文化遗产与文物保护事业在政策引导下快速发展的传承保护项目和公益品牌层出不穷。譬如为迎接2024年文化和自然遗产日,全国文物系统组织了7300余项文物展示传播活动。为加强文化和古籍保护利用,进一步推动社会力量参与文物保护,2021年开始中国文物保护基金会与字节跳动就成立了专项基金,陆续开展一系列《古籍守护公益项目》。然而这些项目的理念大多集中在文物古籍的重要性宏观叙事上,内容叙事也多强调人们对国家与民族的大爱,鲜少有人关注广泛分布在祖国大地上的普通的不可移动文物及其用一生坚守的"小小守护人"。B站内容事业部在过去的工作中,洞察了这一社会议题的独特价值,迅速设定目标,启动"文物撑伞人守护计划",明确了项目的初衷与方向,即关怀和支持这些基层文物守护者,传递文物保护的重要性和文化传承的意义,成功填补了类似公益品牌中的叙事空白。

2022年9月,在山西省文物局支持下,B站与中华思源工程基金会、上海阮仪三城市遗产保护基金会等联合发起该项目,旨在为基层文物守护员提供物资支持,并通过线上线下资源传播文物及其守护人的故事。项目将为基层文物守护员提供必要的物资和装备支持,帮助他们更好地开展日常性文物守护工作。除物资和装备支持外,项目还将利用B站互联网媒介平台的独有优势,通过线上线下资源支持,传播文物及其守护人的故事,以多种形式宣传文物保护,促进文化传承。"文物撑伞人守护计划"首批项目将覆盖山西省高平市、平遥县、新绛县三个区域,超过600名文物撑伞人获得支持。因为常年驻守文保单位,文物守护人的生产和生活空间高度重合,装备支持将为他们的日常工作提供便利,装备支持包括冲锋衣、长筒雨靴、强光手电、收音播放一体机、登山杖、哨子、帽子、水杯等。属于他们的"人生与文物"也被B站记录、传播到更多的远方。该项目秉承"守护人为文物撑伞,我们为守护人撑伞"这一理念,开展"文保守护人"人文关怀、文物保护与修复、传统文化宣传与教育等工作,以年轻人更能产生情感共鸣的宏大场景中的微观情感叙事来传承、延续中华优秀传统文化,与新时代乡村文化建设同步,助力乡村文化振兴。这也是新媒体新平台践行社会责任,投身公益事业使命担当的重要表现。

二、价值共创的组织者

在社会期望和外部环境动态变化的情境下,数字平台企业正在逐步探索如何在商业与公益之间找到平衡,追求商业价值与社会公益的共生共促。随着"全民公益"理念的逐步推广,公益活动的覆盖面不断扩大,形成了社会公众、企业与公益组织之间的良性循环。在这一循环中,实体价值链融合虚拟价值链形成了价值矩阵,并进而向柔性价值网演变,社会化价值共创模式开始显现[①]。对于企业而言,公益社会营销不仅是一种履行社会责任的方式,更是一种提升品牌认知度和用户黏性的有效手段。在这一过程中,流量庞大的用户资源成为企业开展公益活动的重要依托。数字平台,如 B 站等新媒体平台,凭借其庞大的用户群体和互动传播优势,能够有效推动公益项目的传播与推广。相比传统媒体和企业,这类平台通过线上线下多层次的互动与参与机制,组织联动各方资源,快速建立了公益品牌,并推动了社会各界的广泛参与。在互联网平台的背景下,企业管理中流行的 DART 模型为理解这种复杂的互动提供了理论支持,也展示了品牌价值如何通过多方协作得以共创。DART 模型通过对话(Dialogue)、获取(Access)、风险评估(Risk Assessment)和透明性(Transparency)四个维度,解释了现代企业如何通过与用户的互动,共同构建品牌价值。在 B 站的公益项目中,这些核心要素都得到了充分体现(见表 1)。

表 1　以 DART 模型阐释"文物撑伞人守护计划"

要素	实践应用
对话 (强调了企业与用户之间的双向交流。这不仅是信息传递的过程,更是一种互动性和参与感的体现。)	B 站通过双向沟通与用户持续对话。这种对话不仅体现在传统的信息传递上,还通过弹幕、评论、UP 主视频等形式构建了互动空间。B 站为用户提供了表达意见和便捷"捐款"(虚拟免费打赏)的渠道,使用户能够直接参与到项目的传播与讨论中。
获取 (互联网平台通过开放式的信息传递,使用户能够随时随地获取与品牌相关的内容。)	B 站为用户提供了丰富的获取信息渠道,项目的相关信息可以通过纪录片、UP 主的内容创作、直播等多媒体形式广泛传播。这种信息的可获取性使得用户可以更深入地了解文物守护人及其背后的文化意义。
风险评估 (用户和企业对潜在风险的共同理解与管理。)	B 站利用平台原创和站内媒介等形式,向公众揭示项目可能面临的挑战,促使用户更深刻地理解文物保护的重要性,并积极参与其中。通过风险的透明呈现,B 站不仅增强了用户的情感认同,还促使用户成为品牌建设的一部分。
透明性 (要求企业在品牌传播中确保所有信息公开化和可追踪。)	B 站通过公开项目资金的使用情况、文物守护工作的进展以及用户捐赠的去向,确保信息透明和可追踪,增强了用户对项目的信任,也使用户能够看到他们的贡献如何具体落实到文物保护工作中,从而增强了用户的归属感和责任感。这对于推动公益品牌的长期可持续发展具有重要作用。

在"文物撑伞人守护计划"中,B 站作为组织者和传播者,成功地协调了多方力量,

---

① 杨学成,陶晓波.从实体价值链、价值矩阵到柔性价值网:以小米公司的社会化价值共创为例[J].管理评论,2015,27(7):232-240.

展示了新媒体平台在社会公益事业中的多元角色。基于其平台特有的用户基础和传播能力,B 站通过与中华思源工程基金会、山西省文物局等公共机构合作,不仅为文物守护人提供了实际的物资支持,还依托多样化的传播手段,如纪录片、短视频、UP 主内容创作等,系统化地传递了文物保护的核心理念。项目发起主体与主要功能分析如表 2 所示。

表 2 "文物撑伞人守护计划"主体构成及其功能

主体	功能
B 站	作为主要发起和执行机构,B 站利用其平台优势,通过多种新媒体形式(如纪录片、漫画、游戏、直播等)传播文物保护的理念,吸引不同兴趣和偏好的用户,增强传播效果。
中华思源工程基金会和上海阮仪三城市遗产保护基金会	共同支持和推广该公益项目,提供了政策支持和物资保障,确保了项目的顺利推进和资源整合,也增强了项目的专业性和权威性。
地方文物局	山西省文物局在项目中扮演了重要角色,提供了政策支持和资源协调,确保项目的有效实施和落地,增强了项目的执行力和影响力。
媒体和内容创作者	项目通过 B 站平台上的 UP 主、纪录片制作团队等内容创作者,进行广泛的宣传和推广。这些创作者通过制作视频、撰写文章等方式,吸引更多年轻人关注和参与文物保护。平台独特的社区文化和互动机制有助于激发年轻用户的参与热情和公益意识。

习近平总书记指出,文化自信是更基础、更广泛、更深厚的自信,是更基本、更深沉、更持久的力量。中华文明在继承创新中不断丰富,在应时处变中不断升华。当前,国潮的消费和创作主体主要是"Z 世代"年轻人,他们对于传统文化的"新玩法"开始掌握主导权,并深刻影响了当下传统文化的再发明,他们对于文化自信的认同模式是先看到了,爱上了,再去重新学习,在参与和实践中加深了解。该项目的媒体渠道创新与多样化内容设计也是基于此逻辑。除了捐赠物资,哔哩哔哩公益结合 B 站 UP 主和传承人等资源,探索通过纪录片、漫画、游戏、直播、主题宣传片、UP 主探访视频等不同内容形式,支持"文保守护人"定期记录文保古建的现状,挖掘古建背后的历史与故事,呈现丰富多彩的古建题材,同时结合 B 站的"看家本领"——AI、手艺、切片视频、解说等形式的二次创新,让古建叙事年轻化,实现文物的二次传播,使更多年轻人可以了解、关注文物撑伞人,参与到文物守护和文化传承中来。

在人人都有发言权的新媒体时代,消费者不仅从被动接受变为主动参与,更成为参与品牌传播和品牌价值共创的主体[①]。这一代年轻人的文化认同感不断提升,国风经典与新派潮流相融合的"国潮风"正席卷整个文化产业。B 站作为国潮的发源地和

---

① 彭峰,戴世富.破圈与互动:B 站品牌的年轻愿景与价值共创——以《后浪》事件为例[J].东南传播,2020(10):1-4.

主阵地之一,据统计,2021年站内国风爱好者已达到1.77亿。[①] 年轻人对国潮文化的热情不仅是品牌建设的重要抓手,更是展示品牌温度和社会责任担当的关键。公益品牌在情感和价值观层面上撬动消费者认同感的策略,应与年轻人的审美趣味和文化认同感相契合。利用新媒体平台和多样化的传播形式,激发他们的参与热情和社会责任感,品牌才能够实现长远发展和社会影响力的提升。哔哩哔哩公益取得成功的关键是将平台用户极其感兴趣的互动参与融入公益传播,形成了独具一格的互动机制,使公益慈善从线上走进线下,以互动娱乐连接更多慈善机构、热心团体和个人,带动更多青少年了解公益、参与公益,大大降低了公益捐赠的门槛。哔哩哔哩公益考虑到青年群体收入相对较低的问题,并没有把公益参与的重心放在项目筹款上,也并不像以往的公益项目那样将年纪尚小且收入不稳定的青年群体排除在外,而是为他们提供低门槛、高互动的公益参与机制。用户只需要发送弹幕、学习打卡、观看纪录片、与UP主互动留言等形式便可帮助到受助群体。哔哩哔哩公益将微公益与社群文化属性相融合,以其强大的号召力、执行力、影响力,为互联网公益的革新注入一针强心剂。基于整合品牌传播理论中的品牌价值模型(AVISA模式)将消费者从消费个体上升到了精神个体,核心消费者的自我概念与生活方式受到固定影响因素、消费者因素和品牌与营销因素的影响[②]。从这一角度看,该项目不仅通过物资捐赠满足了文物守护者的基本需求,还借助其平台强大的传播力推动了公众的价值认同与共鸣。通过社交互动和场景化的传播形式,B站成功地将核心消费者从单纯的接收者转变为积极的参与者和传播者。这种基于品牌核心价值的双向沟通,不仅增强了用户的身份认同感,还以认知、态度、参与为核心[③],通过群体互动推动了品牌价值的共创和传播。

三、多元互动的传播者

在传播学理论的框架下,公共关系对话理论提供了一种全新的视角,强调组织与公众之间通过双向、平等的互动来构建互信与共识[④]。

这种理论打破了传统单向信息传递的模式,特别适用于当今数字传播时代。近年来,以移动互联网为基础的数字传播环境逐渐形成,公益事业在数字化和公民化的过

---

① 中国青年网.B站发布2021年度国风数据报告 年轻人"国风热"持续升温[EB/OL].(2022-02-15)[2025-04-13].http://fun.youth.cn/yl24xs/202202/t20220215_13450067.htm.
② 彭峰,戴世富.破圈与互动:B站品牌的年轻愿景与价值共创——以《后浪》事件为例[J].东南传播,2020(10):1-4.
③ 申雪凤,胡峥.技术·互动·参与:社交媒体公益广告传播模式[J].传媒,2024(14):78-80.
④ 陈先红.中国组织:公众对话情境下的积极公共关系理论建构[J].新闻界,2020(6):71-80.

程中不断发展。而数字传播时代的公益传播主要有三大新特点:基于大众媒体的大众传播转变为基于个体的人际网络传播;公众崛起推动传播题材多样化;从传播效果难以测定到有据可循[①]。同时,互联网有着开放、高效、便捷的信息传播、支付渠道的前提,互联网平台也有着相对传统企业更强烈的利用社会责任与品牌的双赢来提升用户活跃度的需求。由此,数字时代成功的公益传播应具备三重含义:品牌数字化传播、项目的多元共创以及传播带来的行动和转化。B 站本身就是一个媒体平台,具有传播渠道的先手优势,能在数据驱动下做到精准传播。得益于年轻化和多元化的用户结构,B 站构建了高度活跃的社区生态。通过在公益项目中融入"游戏+"等互动元素,平台强化了用户的沉浸体验,也增强了他们的传播自驱力。新媒体环境下,数字平台用户不只是单纯的消费者和使用者,同时也是平台数据、内容、服务的创造者[②]。所以,互动机制是 B 站的立身之本,也是公益传播中的重要机制。双向平等沟通是对话理论的核心特征。它不同于传统的线性传播模式,重视组织与公众之间的信息流动与反馈[③]。对于 B 站等平台而言,UP 主(内容创作者)、平台用户(观众)和平台本身(作为组织)形成了三重互动关系。B 站作为平台,不仅是信息的发布者,更扮演了调解者和促进者的角色,确保各方之间能够平等沟通。在"文物撑伞人守护计划"中,B 站不仅通过传播文物保护信息,还通过互动机制(如弹幕、评论、UP 主视频等)建立起公众与内容创作者之间的双向交流。

真相分享与利益互惠是公共关系对话理论中确保信任的关键。在 B 站的传播过程中,平台通过透明的信息发布,向公众展示了文物保护过程中的真实情况与挑战。B 站还积极调动生态资源,通过站内自有公益主题宣传片、UP 主探访视频、纪录片、漫画等不同内容形式进行宣传,包括《我愿称之为最强守塔》《文物守护人》等纪录片,以及面向用户发起《守塔人公益计划》,为山西守塔人捐赠装备,截至 2023 年 6 月,超过 2000 名基层文物守护人获得了物资支持。《文物守护人》纪录片由 B 站与山西省文物局联合出品,讲述了山西 8 组不可移动文物及其守护人的故事,展示了文物保护的意义与价值。纪录片深入挖掘守护人的故事,展现了他们在面对困难与挑战时的坚韧勇气和奉献精神,例如悬塑艺术守护者在暴雨中抢险、考古队长侯晓刚勇斗盗墓贼、金灯寺文保员冯开平在艰苦环境中坚守 30 年。纪录片将"守护人"概念扩展到考古专

---

① 夏佳鑫,杨为方.什么是公益传播:数字传播时代的公益传播概念研究[J].广告大观(理论版),2020(4):83-89.
② 肖红军,张哲,王欣.数字平台企业社会价值共创的实现机制:基于美团"青山计划"的纵向案例研究[J].管理世界,2024,40(10):146-171.
③ 刘叶子.对话何以可能:公益组织的社交媒体对话实践及机制建设[J].新媒体与社会,2024(1):353-365,404.

家、古建专家、自媒体人、爱好者等,构建了"每个人都可以是文物守护人"的主题,增强了观众的参与感和社会各界对文物保护的关注与热情。可以说,平台不仅展示了守护文物的美好瞬间,还呈现了守护人面对的现实困难,拉近了公众与文物守护人的距离。通过这种真诚分享,B 站赢得了公众的信任,用户也通过弹幕、互动视频等方式参与其中,表达他们对文物保护的关注,形成了利益的双向交换:公众得到了参与感与文化认同,平台则通过用户的互动获得了更强的社会影响力。

相互信任与意义共创是公共关系对话的终极目标。B 站通过与公众的持续对话,建立了对文物保护的深刻认同感,并在这一过程中共同创造了社会意义。B 站的用户不仅是文物保护故事的观众,还是这些故事的共同参与者和传播者。互动理论进一步强调了互动作为现代传播的核心[①],特别是在数字平台中,互动不仅是信息传递的工具,更是塑造公众认同与情感联系的关键。在 B 站,互动性被广泛应用于多种形式的内容创作和传播中,例如 UP 主的视频内容、观众的弹幕评论、直播间的互动功能等。互动理论认为,公众主动参与内容创作和互动,可以有效增强他们对品牌的认同感。通过互动机制,用户和平台共同推动了文化传承与社会责任的传播,这一过程也促成了"文物撑伞人"品牌的形成。项目主要通过"人在塔在"与纪录片这两大活动,扩展守护人概念,联动有效品牌,增强品牌价值与用户身份认同,激发全民参与。

在互联网背景下,"公益+游戏"成为受青年热捧的公益参与形式。《英雄联盟》S12 期间,B 站首次发起"守塔人公益计划",为山西省 600 多座古塔的守护人提供装备补给包。2023 年,B 站再度与中华思源工程基金会及山西省文物局合作,升级该计划。用户通过观看 S13 赛事直播及推荐视频获得助力次数,蓄满助力值即可解锁公益捐款,为文物守护人捐赠工作装备。"人在塔在"理念将电竞守塔与文物保护相结合,吸引更多玩家及观众关注山西守塔人的故事,传递守护力量。S12 比赛期间,B 站通过公益应援弹幕为古塔守护人助力,鼓励大家发送"人在塔在"和"此志无双"弹幕为古塔守护人助力,点亮装备补给包,为守塔人添置新装备。两周内,页面中大部分的塔被点亮。"人在塔在"是《英雄联盟》经典英雄盖伦的台词。塔,是玩家在游戏中最珍贵的东西,只有守住自己的塔,才能走向胜利。山西作为文物大省,更有 600 多座古塔。许多古塔守护人年复一年悉心看护着它们,只为了让更多人能看到前人留下的风景。"人在塔在"不仅在电竞赛场中,更在文物保护行动里。职业选手是电竞赛场的守塔人,文物守护者亦是万千文物的守塔人。B 站以"人在塔在"作为主题,围绕项目核心

---

① 胡百精,高歌.修辞、对话与认同:修辞流派对公共关系研究的弥合与拓展[J].现代传播(中国传媒大学学报),2018,40(2):120-127.

理念,推出了名称相似且有记忆点的联动活动,连接起目标客户共同的信念,同时也让更多玩家及观众关注到山西守塔人的故事,传递守护的力量。通过合作,文物为品牌注入了丰富的精神内涵,品牌也在此过程中拓展品牌边界,践行了社会责任。LPL作为全球顶尖赛事带来的破圈效应不容小觑。电竞比赛与主流媒体参与所带来的影响力,既是对文物保护的传承与致敬,也能吸引来更多的关注和讨论,助推活动本身实现多维度的传播。而B站及其他社交平台上无数个体点亮塔的情感触动点,无形中带动了价值观传达,促使品牌责任感与影响力得到了一次集中展示,也令消费者更真切地了解到"文物撑伞人计划"项目的深远公益愿景。B站通过挖掘情感共振共鸣之关键点,激发受众广泛参与,以互动体验达到圈层破壁之效果。在这一品牌联动过程中,B站更展现出了自己作为国潮带领平台的企业形象与社会担当,以项目的古建保护为社会营销符号,让站内国风爱好者找到身份认同、品牌认同,让用户从单纯的信息接受者转变为积极的内容参与者和传播者。这种互动关系不仅增强了用户对平台的依赖和忠诚,还通过持续的互动实现了品牌价值的共创,用户便成了品牌故事的一部分。

四、不足与未来发展

"文物撑伞人守护计划"在整体上依然呈现资源约束、制度不完善、传播乏力等老问题,同时存在一些项目特色问题,也反映了部分互联网平台公益品牌项目的建设思路尚存可调整之处。根据公益传播四维框架的构建①,未来可以从如下路径进行项目品牌化的优化。传播深度不足,需要提升内容专业性与深度。娱乐化的互联网公益普及公益知识、教化受众的作用不足,可以邀请文物专家和历史学家参与内容制作,不仅与游戏互动,更多增添"文化+"元素,提升项目的权威性和教育意义。

全网有关该项目的词条与内容的爬虫词云图(见图1)显示出该项目在全网传播中多集中于基本信息展示和价值口号的重复表达,缺乏对项目亮点的深入挖掘,尤其是对守护古塔的普通人及古建背后的文化价值关注不足,同时未能有效建立与品牌的深度关联。

项目长期影响力有限,需要制定持续性传播规划。截至2024年7月15日,全网关键词数据检索结果如表3所示。

---

① 王炎龙,李京丽,刘晶.公益传播四维框架的构建和阐释[J].新闻界,2009(4):18-20.

图1 "文物撑伞人守护计划"全网词云图

表3 "文物撑伞人守护计划"微信指数图

条目	微信指数	数据来源
"文物撑伞人守护计划"	66	视频号23.6%、搜一搜0.4%、网页1.1%、公众号74.9%
"文物守护人"	6780	视频号8.4%、搜一搜0.2%、网页5.9%、公众号85.5%

值得指出的是，B站站内有关"人在塔在"的官宣文章已有近40万次预览。然而，目前的传播多集中在特定时间段，缺乏长期规划和持续支持，导致项目的持续性和长期影响力不足。持久有效的公益传播需要制定长期的传播策略，保持持续的公众关注度和参与热情。此外，通过多渠道、多形式的内容输出，增强传播的深度和广度，可以提升该项目的社会影响力和品牌认知度，确保其可持续发展，而不是局限于B站的站内"自娱"，也就是不仅要有基于"仪式特征"的"造节式公益"传播，更要有基于"企业战略"的"系统化公益"传播。

受众范围局限，需要拓宽受众覆盖面、延长项目价值和应用链条。B站是一个年轻群体高度聚集的综合性短视频社区。该项目由于B站平台特性主要面向年轻人，缺乏对其他年龄段和群体的针对性传播，导致覆盖面有限。社会问题归根结底是"人"的问题，是"人心"的问题，企业发起公益传播行为、建立公益品牌的社会价值与品牌的公益价值的同时，更要挖掘"人心"，激发民间活力，培育公益文化。目前，该项目还局限在平台捐款、捐物资、平台传播等数字公益品牌建设的初级层面，没有真正发挥数字媒体双向互动的特质，让更多人不仅能了解该项目和所关切的文化问题与社会群体，更能主动去参与，去奉献。"文物撑伞人守护计划"作为一个互联网平台搭建的公益品牌，应发挥技术创新和社群链接的优势，提高项目的社会认知度，升级企业的公益能力，使得影响力加倍。

官方自有平台内容缺失，需要强化官方平台的内容建设。官方平台是公益品牌传播的核心渠道，通过定期发布权威信息、项目进展和成果总结，能够提高公众的信任度和参与感。该项目可以通过发布深度报道、专家访谈、幕后故事等多样化内容，进一步增强项目的专业性和影响力。此外，可以利用互动性强的内容形式，如直播、问答和互动游戏，增加 B 站用户和其余平台目标用户的参与度和黏性，从而提升公益品牌的整体传播效果和长期影响力。

菲利普·科特勒的营销 3.0 理论强调，企业在新时代必须通过价值观层面的互动与消费者建立深层联系。这一理念在互联网公益传播中尤为重要，通过"快、准、新"的传播特点，公益组织、爱心网友和企业能够更加顺畅地连接在一起，减少信息传递的中间环节，提高公益事业的透明度和公众的信任度。

多渠道、多形式的传播方式与多方协作的资源共享，正是"文物撑伞人守护计划"的优势所在。这种整合营销传播的策略，不仅增强了项目的专业性和公信力，还通过创新的传播方式和丰富的内容形式，成功吸引了大量年轻受众。B 站通过发挥组织者与传播者的双重性，构建了一个高效、互动性强的传播主体体系，实现了公益项目的高效推进和价值共创。这一实践不仅契合了营销 3.0 理论中价值观营销的核心理念，也为其他企业和平台在新时代背景下如何通过价值观层面的互动，与消费者建立深层联系、履行社会责任提供了有益的借鉴和启示。

〔陈芝，广东外语外贸大学教授〕

〔特约编辑：赵希婧〕

新闻传播教育

聚合与联动：国际传播人才培养中的"主体协同"　　丰　瑞　霍逸凡　龚小雯

聚合与联动:国际传播人才培养中的"主体协同"*

Aggregation and Collaboration: Subject Synergy in the Cultivation of International Communication Talents

◎ 丰 瑞 霍逸凡 龚小雯

Feng Rui Huo Yifan Gong Xiaowen

摘要:"主体协同"既是当下国际传播的重要起点,也是国际传播人才培养的新概念、新思想、新路径,对于国际传播工作具有重要的意义。首先,从被培养的主体——人才的层面讲,"主体协同"指的是多元化人才类型的"聚合",这构成了国际传播主体的基本格局。其次,从培养的机制层面讲,"主体协同"指的是政、产、学多方培养主体的"联动",这也是国际传播人才培养的具体路径和目标指向。从系统思维出发,以"聚合"与"联动"为核心逻辑,构建"主体协同"的国际传播人才培养的双重勾连,方能在纷繁复杂的国际舆论场协力奏响"交响乐"、唱响"大合唱"。

关键词:国际传播人才;主体协同;系统论;育人模式

Abstract: "Subject synergy" serves as both a critical starting point for contemporary international communication and a novel conceptual, ideological, and practical framework for cultivating international communication talents, holding profound significance for advancing global communication efforts. Firstly, at the individual level, "subject synergy" refers to the aggregation of diversified talent types, which constitutes the foundational framework of international communication actors. This includes integrating professionals from media, diplomacy, think tanks, enterprises, and foreign experts sympathetic to China, thereby forming a pluralistic yet cohesive talent ecosystem. Secondly, at

---

* 本文系国家社科基金重大项目"以融合传播创新增强中华文明传播力影响力研究"(项目编号:23ZDA093)阶段性成果。

the institutional level, "subject synergy" emphasizes the synergistic linkage among government, industry, and academia as the concrete pathway and strategic orientation for talent cultivation. Guided by systemic thinking and centered on the dual logic of "aggregation" and "collaboration", this framework establishes a collaborative mechanism that transcends fragmented efforts. By harmonizing multi-dimensional resources and strategic alignments, it enables a coordinated "symphony" of voices in the complex global discourse arena, amplifying the narrative power of Chinese civilization and fostering cross-cultural resonance.

Keywords：international communication talents, subject synergy, systems theory, talent cultivation model

党的二十大报告提出"增强中华文明传播力影响力"[①],并首次将国际传播能力建设任务置于文明传播的框架下进行论述,具有重大理论创新和现实意义,不仅科学回答了"传播什么"的核心问题,还从文明的视角为提升对外传播效能、增强国际话语权指引了方向。

增强中华文明传播力影响力,体系是保障,人才是核心。人才的培养问题成为提升国际传播能力的重要因素。在国际传播工作中,人才作为有效提升传播效能的最为基础且灵活的单位,是阐释和传播中华文明的关键因素。如果没有强大的国际传播人才队伍作为后盾,中华文明的对外传播便是无源之水、无本之木。因此,人才培养是摆在一切建设性工作面前的基础性结构问题。面对中华文明国际传播的战略升维,人才队伍的建设并不是零散个体的简单相加,而是需要系统性、层次性、协同性的体系构建。我们要从聚焦局部转向通观全局,在战略层面加强人才培养的统筹协同,激活不同领域、维度和层面的国际传播力量,协力奏响"交响乐"、唱响"大合唱"。

此前,关于国际传播能力建设的研究多关注单一主体、单个层次、单向维度的传播。近年来,诸多学者逐渐意识到国际传播是一个系统工程,认识到我国国际传播的整体战略系统性不足、关键要件之间协同性不够,国际传播的效能在全球范围内还未达到理想状态。程曼丽认为国际传播能力建设与协同性相辅相成,需要各个子系统之

---

① 习近平.高举中国特色社会主义伟大旗帜为全面建成社会主义现代化国家而团结奋斗:在中国共产党第二十次全国代表大会上的报告[R/OL].(2022-10-25)[2024-03-12].https://www.gov.cn/xinwen/2022/10/25/content_5721685.htm.

间的协同、联动,需要各种资源的有效调度、配置,仅凭主流媒体的努力尚无法完成这一重大使命。① 胡正荣等提出"系统协同"是国际传播的整体战略前提和全面提升中国国际传播效能的基础逻辑。② 陈虹等基于交往理论,从行动网络构建这一路径切入,探讨国际传播中多元交往主体的关系形态变化,并分析了多元协同的中国国际传播交往行动网络。③ 在之前研究的基础上,韦路等提出了国际传播的新范式——"协同传播"这一学术概念,并将其定义为"一种通过多方协调与合作,系统性地生产、分享和传播信息,以实现整体效果最大化的传播模式"。④ 协同传播是一种多方参与的传播过程。与传统的单线传播不同,协同传播强调多个参与者的共同作用,包括信息的创作者、传播者和接收者。这种多方参与打破了传统传播的线性模式,使信息的传播过程更加复杂和动态。应该说,协同传播适用于多种传播场景,但国际传播也许是最适合,同时也是最需要采取协同传播的场景。国际传播,顾名思义是国与国之间的传播,其本质是国家作为一个整体的传播活动,必然要求国家的不同组成部分配合协同,才能做好国际传播工作,取得更好的国际传播效果。

以上学者们更多以系统化的理念阐述国际传播能力建设的方向,但针对这种理念如何观照并落实在国际传播建设的主体——人才培养上的论述却不多见。因此,笔者在前述研究的基础上,进一步提出"主体协同"这一个关联国际传播人才培养的核心思想和实施路径,以从传播主体相互协同的角度探讨国际传播能力建设的重要支撑与动力之源。主体协同是协同传播理念在人才培养领域的具体化。

一、"主体协同"在国际传播人才培养中的内涵与意义

"主体协同"的理念思想起源于"系统论",其开创者贝塔朗菲认为系统的功能不仅取决于其构成要素,还取决于这些要素之间的组织结构。这种组织结构决定了系统内部要素之间的相互作用方式,从而影响了系统的整体性能。从功能的角度看,系统作为一个整体具有"整体大于部分之和"的特点,系统不仅包含其组成要素的功能,还通过要素之间的协同作用产生了新的、更为复杂的功能。⑤ 自20世纪中叶开始,"系统论"逐步在生物学、物理学、管理学、心理学领域广泛运用,并对传播学领域产生深远影

---

① 程曼丽.国际传播能力建设的协同性分析[J].电视研究,2014(6):16-17.
② 胡正荣,王天瑞.系统协同:中国国际传播能力建设的基本逻辑[J].新闻大学,2022(5):1-16.
③ 陈虹,张文青.多元协同的中国国际传播交往行动网络构建[J].上海市社会主义学院学报,2024(1):51-62.
④ 韦路,李彰言.协同传播:国际传播的新范式[J].传媒观察,2024(9):5-13.
⑤ 贝塔朗菲.一般系统论:基础、发展和应用[M].林康义,魏宏森,等译.北京:清华大学出版社,1987:30.

响。从"系统论"出发,国际传播的成功依赖于多种主体的有机互动,每个主体,如政府、媒体、企业、社会组织和公众,都是传播生态系统中的一部分,在系统中扮演不同的角色,且彼此之间存在相互依赖关系。只有通过不同主体之间的协同合作,采取一致的传播策略在全球信息流中占据优势位置,才能实现有效的国际传播。

笔者在"系统论"的基础上,结合前文"协同传播"的新提法,从国际传播人才培养的角度提出"主体协同"这一新思想、新路径。"主体协同"具有丰富的内涵,其构成了国际传播人才培养的双重勾连。首先,从被培养的主体——人才的个体层面讲,"主体协同"指的是多元化人才类型的"聚合",进而形成了国际传播主体的基本格局。系统思维下的国际传播人才的培养需要聚合多元化传播主体,应当打破固化的领域分工思维,以开放性与动态性视角重新审视与界定国际传播人才队伍的构建,广泛吸纳从事国际传播工作、发挥跨国交流作用、承载国家形象宣传的各领域主体。具体而言,除发挥主流媒体人才、高校后备新闻传播人才的力量外,还应将外交人才、智库专家、企业专才、知华友华人士等视为国际传播多元化主体的重要构成。其次,从实施培养的机制层面讲,"主体协同"指的是政、产、学多方培养主体的"联动",这也是国际传播人才培养的具体路径和目标指向。政府、高校、媒体、企业之间要资源共享、分工合作,为了共同的目标形成一个有机的系统,而不是各自为政、各行其道。概言之,多方协作和系统联动的人才培养模式必然优于单一封闭主体主导下的培养模式,联合培育的人才也更能适应当下"协同传播"的国际传播形势。

"主体协同"既是当下国际传播的重要起点,也是国际传播人才培养的新理念和新方法,对于国际传播工作具有重要意义。首先,"主体协同"是适应当下国际传播新格局的必然要求。当下,传统的国家主导传播模式正在被网络社会中的多主体协同所取代。在此趋势背景下,每一个国际传播中的行为主体都是一个中心节点,任何一个网络节点都有可能成为传播的中心。[1] 各主体通过互联网和社交媒体平台,能够迅速形成传播联盟,进行协调一致的传播活动。这种各个主体的相互协同机制不仅提高了传播的速度和广度,还赋予更多主体参与国际传播的机会和力量。其次,"主体协同"是对主流媒体专业化生产的重要补充。随着中华文明的国际传播需求的战略升级,尤其是在国际舆论环境愈加复杂的情况下,我国国际传播的策略逐渐由广泛传播向精准传播转变,单一化、传统性的专业传播主体往往难以满足国际传播实践中精准化、分众化、区域化传播的需求。而在国际传播人才培养和队伍建设中强调"主体协同",本质

---

[1] 陈虹,张文青.多元协同的中国国际传播交往行动网络构建[J].上海市社会主义学院学报,2024(1):51-62.

就是在不同主体类型之间形成多维驱动的内容生产与传播模式,充分发挥不同主体的优势,弥补主流媒体及其从业者可能存在的话语模式固化、传播形式局限、创新动力不足等问题。最后,"主体协同"是对国际传播人才培养机制的创新。以往国际传播人才培养更多依赖高校与媒体、高校与政府、政府与媒体的双向培养,而"主体协同"倡导了一种三方协同的机制,有学者将其归纳为"三螺旋模型",即政府、媒体、高校以培养人才为目标,整合各自的优势资源,形成行政领域、生产领域和知识领域三力合一的协同关系,为国际传播人才培养提供强有力的政府支持、宽阔的社会环境和扎实的学界理论支撑。[①] 从系统论的视角看,系统的整体效能取决于子系统间的相互作用方式。"聚合"与"联动"的本质是国际传播人才系统中各子系统的功能耦合。在"主体协同"的新机制影响下,我国国际传播人才的综合水平将有效实现螺旋式提升。

二、聚合:"多元一体"的国际传播人才主体构建

"主体协同"的培养理念,超越了对传统国际传播人才的定义,将政府专员、智库专家、企业专才、知华友华人士以及各种民间力量作为协同元素不断补充纳入,构建起"多元一体"的主体格局。越来越多的个体被纳入国际传播的主体范围之内同频共振,以合力传播好中国故事、中国智慧与中国主张。[②]

(一)从"专业"到"大众":国际传播人才主体的范围扩大

在过往以硬性宣传为导向的思路下,国际传播人才的培养对象主要为主流媒体从业者及作为后备力量的高校学生。该类人群往往具备一定的国际传播的专业知识、语言能力、职业素养,能够凭借专业素质在国际舞台中发出中国声音、讲好中国故事。

在中华文明国际传播的新要求和数字化平台技术不断发展的背景下,国际传播人才队伍构成逐渐由具备专业素质能力的媒体从业者和后备人才向更加广泛的群体扩大。比如,外交部、中宣部、中联部等国家政府机关的工作人员通过政府官方渠道面向世界宣介中国主张与立场;中国特色新型智库中的意见领袖、专家学者在对外交流活动中所开展的对话交往和积极发声;在"走出去"企业工作的商务人士通过项目合作、劳务输出、品牌传播等方式增强中华文化在全球市场中的影响力;此外,在线上线下各

[①] 曾雨荪,王海刚.三螺旋理论视域下国际传播人才培养的进路[J].出版广角,2022(14):86-90.
[②] 蓝博.国际传播人才队伍建设路径探析:以中国外文局实施"人才强局"工程为例[J].对外传播,2024(7):45-48.

维度的民间组织和个人的交往中,普通民众也基于国家形象认知积极表达和释放着各种观点、信息。在日益开放的中国,在传播生态发生深刻变化的今天,国际传播的主体(或要素)已经超越传统媒体和传统认知的范畴,呈现多样化的态势。在这种情况下,国际传播效果的优劣当然不再由单一主体——传统媒体的媒体从业者决定,而是由多元主体形成的合力决定。因此,我们不仅需要以主体协同的理念重新审视这些交往行为,将其视为国际传播主体格局的重构,同时也应该聚合各层次、各类型的传播主体,构建起"多元一体"的主体关系,使各个类型主体在同一战略目标之下进行信息交换、交往活动、意义共享。

(二)从"他者"到"桥梁":国际传播中的知华友华主体

伴随着中国日益走向世界中心舞台并不断扩大知华友华的国际舆论朋友圈,国际传播的人才队伍也自然将"外援"作为传播主体纳入其中。作为中国故事的"中介"和意见领袖,知华友华人士的角色意味着他们的认知和经验将以"扩音"的效果影响更多国别区域的受众。[①] 以"主体协同"的理念构建多元化的主体,必然需要充分借用"外力",建好用好国外政要、外籍记者、来华留学生、文化名人等各类人脉资源,发挥外籍友人在国际传播中的作用,打造国际传播的外籍人才舰队。

近些年,凭借国际背景和在地视角,越来越多外国视频博主通过在国内外社交媒体平台分享对中国食物、在中国旅游、外籍人士在华生活和中外文化差异的观察成为"洋网红"。这些"洋网红"架起了中外沟通的桥梁,扮演着跨文化传播以及中国国家形象建构者的角色。例如,美国网红"甲亢哥"通过直播记录在中国的趣事,通过街头实时互动展示了中国人真实的生活。视频发布后,引发海内外观众热议,海外网友发布的弹幕中高频出现"中国科技令人惊叹""这才是真正的未来生活"等正向评价。这类"洋网红"以非官方色彩和普通民众的视角,跳出国内外宣媒体"自说自话"的圈子,凭借亲和力、可信度成为讲好中国故事的重要力量,同样丰富了国际传播的主体类型。所以,以"主体协同"的理念思路让更多外国友人加入中国故事的"合唱团",形成国际传播的"复调",合理发挥知华派意见领袖的传播作用,有助于培养一批在关键时刻能够站出来为中国发声的"外嘴""外笔""外脑"。

---

① 丰瑞,李昊隆.从"知识共同体"到"情感共同体":"中国传媒大学新闻与传播留学生项目"的教育理念探索[J].中国新闻传播研究,2022(2):205-215.

三、联动：国际传播的"政、产、学"三方主体协同育人

上文阐述了国际传播人才培养"主体协同"的第一层含义，即聚合多元化的人才类型，形成新的主体格局构建。同时，"主体协同"更为重要的是针对实施培养的主体机构而言，它指涉政府、媒体、高校三方之间优势互补、融合驱动、交叉创新的人才培养机制，以"联动"构建起人才培养的新生态，从知识、能力、素质三方面铸造国际传播人才的原动力。

（一）政府：宏观决策与顶层设计

政府是指导高校和企业开展教育实践的顶层环节，在教育目标设定中发挥着国家权力机关宏观决策、组织管理、资源协调的作用。国际传播人才培养的行政链由国家或地方政府主导，政府是创新活动的引导者、协调者和保障者。在三方的主体协同中，政府作为教育系统行政管理的主体，需要协同企业与高校，在满足国际传播能力建设总体需求的基础上，确保高校的自主权利、办学能力得到保障，确保企业社会环境与人才发展相协调，建立起一个相关利益主体的共生系统。

例如，2009年，中宣部、教育部联合六大主流媒体制定了培养"国际新闻传播后备人才"的方案，在清华大学、中国人民大学、中国传媒大学等高校招收国际新闻传播硕士研究生。此举是主管部门站在国家战略的高度，为中央媒体培养后备人才，学生毕业后将被输送至人民日报社、新华社、中央广播电视总台等主流媒体。2013年，中宣部、教育部启动"部校共建"工作，包括北京市委宣传部与中国人民大学、江苏省委宣传部与南京大学、山东省委宣传部与山东大学等在内的十省市党委宣传部门与高等学校共建协同育人的"试验田"。十多年来，无论是"国际新闻传播后备人才班"，还是"部校共建"，这些由政府部门引领的协同创新育人模式持续深入发展，打破了人才培养的局限，重构了一个由政府部门、主流媒体、高等学校三方主体协同的培养平台，各方优势形成合力，探索出了国际新闻传播人才培养的创新之路。

（二）媒体：联合培养与项目实训

媒体机构及企业单位是人才的需求者和使用者，是政产学研融合的有力促进者，是技术创新的主体，它们共同组成国际传播人才的生产链。[①] 为培养更多熟悉行业动

---

① 曾雨苏，王海刚.三螺旋理论视域下国际传播人才培养的进路[J].出版广角，2022(14)：86-90.

态、契合业界发展要求的国际传播人才,各媒体机构不仅向内自主培养媒体意见领袖、向外延揽专业传播人才,更需要与高校开展协同育人,共同培养专业技术水平高、媒介素养强、人文政治素养高的专门人才。一是招募高校学生进入媒体实习或将高校学生送往海外分部见习,通过建立实习实训基地、开设国际传播创新实验班等形式重点培育人才。二是聘请高校专家学者进入媒体开展相关专题培训,提升媒体人员的国际传播理论素养。三是通过项目式、订单式、联合式等路径,建立校媒人员双向交流合作模式,为高校师生进入媒体组织实践和研究创造途径。比如,中国日报社新媒体中心与中国传媒大学电视学院开展深度合作,联合策划生产了国际传播节目《行走中国》《幸会中国》,这些融媒体产品就是以项目制的方式组织实施,采用媒体业界导师与高校教师联合指导的机制,学生"在做中学,在学中做",锻炼了国际传播一线的实战适应能力。

(三)高校:协同创新与知识融合

高校作为科技创新和人才培养的重要阵地,肩负着引导后备军进入国际传播主战场、成为中华文明跨文化传播主力军的使命。国际传播人才的培养以服务国家需求为根本导向,从最初的应国家开放之需,到今天担负向世界讲好中华文明故事的软实力建设任务,整个国际传播人才的培养历程紧紧瞄准国家需求,以为国育才为根本指针。过去四十多年的国际传播人才培养以传播能力为轴心,强调外语能力为根本内容,从根本上说依然是一种传播能力培训,满足了中国国际传播人才的语言和传播的表层需要。但这种培养模式同样暴露了中国国际传播人才培养的根本性、结构性问题:只有沟通技巧,缺少解决专业领域问题的能力,不利于中国在文化、经贸、法律、国际政治、知识产权、气候变化、科技等重大性、专业性问题上占据主动。

面向增强中华文明传播力影响力的战略布局,基于以往国际传播人才的历史局限和问题,我们提出"国际传播+"协同创新与知识融合的教育教学理念。当前,高校已经跨入了打破框架的新时期,教育实施主体愈发重视不同机构的协同与多种学科的融合,从而从根本上解决仅仅依托新闻传播学科开展人才培养工作的育人瓶颈,丰富了学生的知识结构与能力经验,有助于塑造深入了解国际局势、善于研判国际问题,适应媒体融合时代信息传播新要求的国际传播"杂家",从而更好应对日趋复杂化的国际传播工作。[①] 具体而言,所谓"国际传播+"教育教学理念,就是学校从政府、媒体企业、

---

① 赵希婧,师喆.基于"新闻+"教育理念的国际传播人才培养研究[J].新闻传播学刊,2024(3):48-56.

其他学科引入优质资源,以国际传播为基础,协同各方,搭建复合型的人才培养模式、跨领域的课程体系、多部门的智慧学习平台,采用"国际传播＋人文社科教育""国际传播＋区域国别教育""国际传播＋外语教育""国际传播＋技术教育"的方式,将新闻传播人才的培养"触角"伸向历史、政治、法律、经济、管理、社会等不同学科,使学生成长为专业水平和综合素质突出,并在某一领域独具优势的拔尖创新人才。

四、结语

在新形势下,国际传播人才体系的建构必须依靠多元化的传播主体,构建"主体协同"的目标,充分发挥多元主体之间的能动性,推动中华文明的国际传播。国际传播人才培养中的"主体协同"理念,既是应对全球传播格局变革的理论回应,也是提升中华文明国际传播效能的现实路径。从系统思维出发,以"聚合"与"联动"为核心逻辑,构建"主体协同"的双重框架:在个体层面强调多元化人才类型的聚合,在机制层面注重政产学研的系统联动,这二者共同指向国际传播能力建设的战略升维。首先,"主体协同"突破了传统国际传播的单向度思维,通过聚合专业媒体人、外交人才、智库专家、企业专才及知华友华人士等多元主体,构建了"多元一体"的传播生态。其次,"主体协同"构建起政府、高校、媒体企业三方联动的协同育人机制,实现了知识生产、能力培养与战略需求的深度耦合。这种跨领域协同既弥补了传统人才培养中的结构性缺陷,也为应对国际舆论场的复杂议题储备了复合型人才资源。

总之,国际传播人才体系建设是一项复杂的系统工程,国际传播人才培养需要以系统思维重构主体关系网络。未来可通过设立跨部门协调机构、构建动态化人才数据库与资源共享平台等举措,破解条块分割难题,推动"聚合"与"联动"机制从理论向实践高效转化,为中华文明国际传播提供可持续的人才支撑。增强中华文明传播力影响力的战略目标,本质上要求国际传播从自我的"能力建设"向彼此的"文明对话"范式转型,而"主体协同"正是这一转型的关键枢纽。唯有持续深化不同主体间的有机互动,加强同频共振,方能推动中华文明的价值理念从"他者叙述"转向"共同叙事",在全球文明互鉴中彰显中国智慧。

〔丰瑞,中国传媒大学电视学院副教授;霍逸凡,中国传媒大学电视学院辅导员;龚小雯,中国传媒大学电视学院 2021 级广播电视编导专业本科生〕

〔特约编辑:赵希婧〕

青年视点

嵌入、消费、再生产：中国千禧一代对赛博记忆空间的能动建构	桂笑冬　戚　颖
智能视听新生态下主流价值传播转型与创新研究	包圆圆　郭海威

嵌入、消费、再生产：中国千禧一代对赛博记忆空间的能动建构*

Embedding, Consumption and Reproduction: Chinese Millennials' Active Construction of Cyber Memory Space

◎ 桂笑冬　戚　颖

Gui Xiaodong　Qi Ying

摘要：渗入千禧一代成长历程的媒介技术深刻影响着代际的记忆实践，中国千禧一代利用社会化媒体的技术机制与联结逻辑，能动地建构起赛博记忆空间。本文以中国千禧一代在本土社会化媒体中的记忆实践为观察对象，从中国千禧一代的具体成长情境阐释其进行赛博记忆实践的背景，在此基础上剖析该代际建构赛博记忆空间的路径及影响。中国千禧一代的赛博记忆实践以其独特的代际经验作为驱动力，对赛博记忆空间沿着物质基础、运转机制、未来延伸的三方路径展开能动性建构。首先，千禧一代在社会化媒体中的记忆实践与自身的生命体验紧密勾连，其以自我嵌入的方式生成赛博记忆空间的物质基础。其次，千禧一代以主动的消费者角色入场，凭代际记忆作为通行证，完成社会化媒体中"仪式场""商品展""超空间"三个场域的消费，维持赛博记忆空间的运转机制。最后，千禧一代从媒介技术的去中心化中获得再生产的权利，实现从"记忆的媒介"到"媒介的记忆"之流变，延伸未来记忆空间的资源。中国千禧一代对于赛博记忆空间的能动性建构提供了一种受众与媒介技术合作互惠的参考范式，缓解了当下青年的记忆焦虑，同时，人们也应辩证看待赛博记忆空间对现实感知的影响。

关键词：千禧一代；代际记忆；社会化媒体

Abstract: The media technologies that have infiltrated the growth of the millennial generation have profoundly influenced their memory practices. Chinese millennials practice the active construction of cyber memory space

---

* 本文系国家社科基金重大招标项目"中国电影翻译通史"（20&ZD313）的阶段性成果。

through the social media technological mechanisms and linking logics. This paper takes the memory practices of Chinese millennials in local social media as an object of observation, explains the context of their cyber memory practices in the specific experiences of Chinese millennials' growth, and on this basis analyzes the paths and effects of this generation's active construction of cyber memory space. The study finds that Chinese millennials' cyber memory practices are driven by their unique intergenerational experiences. Chinese millennials have actively constructed the cyber memory space along the tripartite path of material foundation, operational mechanism, and future extension. First, millennials' memory practices in social media are closely linked to their own life experiences, in a self-embedded way, they generate the material basis of cyber memory space. Secondly, millennials act as active consumers and use intergenerational memory as a pass to complete the consumption of the three fields of "ritual field", "commodity exhibition" and "hyperspace" in social media, to maintain the operation mechanism of cyber memory space. Finally, millennials gain the right to reproduce from the decentralization of media technology, realizing the flow from "media of memory" to "memory of media", and extending the resources of future memory space. The active construction of cyber memory space by Chinese millennials provides a reference paradigm of cooperation and reciprocity between audience and media technology, which alleviates the memory anxiety of youth today. In addition, we should also dialectically look at the impact of cyberspace on reality perception.

Keywords: millennials, intergenerational memory, social media

一、研究缘起

　　社会化媒体以颠覆性的方式为用户带来了新的信息生产、传播、互动与存储的路径，也带来了新的记忆实践之可能。当下中国互联网环境中，小红书、抖音、新浪微博等时兴的社会化媒体以其各自的技术特性与传播特点被塑造成了可供用户进行记忆实践的赛博空间；用户不仅将自己现阶段的生活经验传输到社会化媒体中留存，更借助媒介技术来溯源与延续记忆,"怀旧"行为在中文互联网上更是成为一种景观。用户在其中将自我的生命体验和媒介使用一体化,并通过社会化媒体的社区与他人达成记忆的互动与互构,使得个体记忆与集体记忆在赛博空间得以突破时空限制而交融。各种社会化媒体被建构成无垠的"赛博记忆空间"供用户进行记忆实践,且这种记忆实践带有"代际化"的特征,主要围绕中国千禧一代①的记忆而展开。中国千禧一代伴随着互联网的发展,在现实社会的快速转型与虚拟空间的迅猛迭代中进行着自我的记忆实践,并在现阶段以成熟的媒介使用经验和主控的互联网话语权对社会化媒体进行建构,打造代际独有的赛博记忆空间。

哈布瓦赫将集体记忆概括为"一个特定社会群体之成员共享往事的过程和结果,保证集体记忆传承的条件是社会交往及群体意识需要提取该记忆的延续性"②。在集体记忆中,主体并不只是独立的"我",而是由千万个"我"在一定社会框架下联系在一起的"我们",其可以是团体、社会或国家等,代际同样是一个用以区分、凝聚集体记忆的重要标签。按照世代的更迭,"X 世代""千禧一代""Z 世代"等代际身份标签不断涌现,看似简短的身份标签下,是被集体化的不同时代背景中成长起来的无数个体。个体在时代的背景下亲身经历了群体的历史,在这一过程中形成了与置身这一世代中的他人大致相同的身份标签与情感体会,并凝聚起来,铸成代际记忆。

学者戴锦华曾提出:"现今全球性的文化表征之一,就是改变时间经验的幻觉伴随着现代人类历史感的消失——我们不再去感知历史,无从去感知历史,无从去体验在人类历史的记述当中的线性时间的'昨日'怎么深刻地型构着我们的今天,而我们的今天正在怎样型构着我们的未来?"③中国千禧一代的青年充分运用社会化媒体的赋权,构建起了一个个超时空、多元化的赛博记忆空间。研究这一现象,是对社会化媒体语境下代际记忆与代际中的"自我"间型构关系的反思,有助于从别样的记忆主体与记忆媒介的视角去观察千禧一代的历史独特性。

(一)典型赛博记忆空间阐释

1.独立式赛博记忆空间代表:"怀旧 bot"

微观规模的独立式赛博记忆空间中的"独立"并不是指其内容制造与传播的方式,

---

① "千禧一代"是一个来自西方的概念,是指在 1984 年至 2000 年出生的群体,他们也被称为"Y 一代",与中国本土的 80 后、90 后在代际概念上颇为相似。
② 丁慕涵.社交媒体时代的集体记忆建构[J].中国广播电视学刊,2021(1):49-53.
③ 戴锦华.历史与人民的记忆[EB/OL].(2019-04-29)[2023-05-22].https://b23.tv/wj4dwuw.

而是指其运行以独立的个体节点为规模,用户仅针对单一节点展开记忆实践。

"bot"是英文单词"robot"的缩写,原意为不具主观感情,按一定时间和格式要求进行特定内容更新的社交媒体机器人,最早出现于美国社交媒体 Twitter 之中。当 bot 这一概念被引入新浪微博这一平台后,它原本尤为突出的"完全机器人"属性发生了改变:这种原本是由机器操控的账号转变为由真人操控,但其操控者假扮为不带人类感情色彩的机器发送某一特定领域的内容。本文所研究的"怀旧 bot"并非一个具体微博账户的名称,而是笔者对一类特定的微博 bot 的统称,它们是以怀旧文化作为博文分享内容,依靠用户众筹式投稿,以拟机器、去人格化的运营方式而走红的微博 bot,近年来在新浪微博平台中成为一种流行景观。其中较为知名的有"@千禧 bot"与"@1980s-2010s"等微博账户,不同账户风格迥异,作为独立的赛博记忆空间而存在。

2.社区式赛博记忆空间代表:"假装活在 1980-2000 年"小组

比起独立式的赛博记忆空间,社区式赛博记忆空间有了运行规模上的拓展——这类赛博记忆空间在一个成员共生的社区当中运行,符合社区限定条件的用户得以被接纳为成员并在限定范围内进行记忆实践。本文主要关注的"假装活在 1980-2000 年"小组,是生长于豆瓣社区的互联网小组,目前已有 14 万余名组员加入,该小组的组规规定成员发帖只能以"1980-2000 年左右的事物"为内容。在这类社区式赛博记忆空间中,用户不必仅在单一节点活动,可获得社区限定范围内的更大记忆实践空间,但也相对减少了单一节点订阅式的内容享用。

3.开放式赛博记忆空间:抖音话题域

作为宏观层面的开放式赛博记忆空间来说,其呈现的是一种用户自由生产、开放共享的姿态,本文中涉及这一类赛博记忆空间最显著的代表就是抖音平台的话题域——由某一话题牵引且人人可参与相关内容生产的抖音场域。数以亿计的个体用户可通过低门槛途径创造抖音话题域,并在其中自由自主进行记忆实践,且以简短的超链接进行记忆物质的保存与流传,甚至以话题域中成规模的群体讨论形成与改变舆情。

二、社会化媒体中的千禧记忆:作为"追思"的历史

人是记忆得以产生、保存、延续的主体,任何与记忆有关的实践都必须归根于人。人们极其需要一段段被"追思"的历史,来找到自我在时间长河中的精准坐标,并渴望

以相对实在、隽永的方式定格那些永远失去的瞬间,不论是作为个人,还是归属于集体时,这一底层逻辑都在运行。

(一)记忆媒介迭代中的个人:记忆重现与填补

记忆是人类构建起自我身份,用以勾连起"彼时"与"此刻"的材料,其存在于记忆主体的潜意识或有意识当中,无法以确定的现实载体予以完全模拟或复刻,但可经由个体利用媒介得以被记录。面对个体记忆的天然隐蔽性与不确定性,社会化媒体给出了与之抗衡的方式,帮助个体在其中完成自我记忆的重现与填补。

首先,社会化媒体海量的储存空间与多样的媒介表现形式让记忆有了更加具象、多元的再现方式。从储存空间上来看,社会化媒体对比传统的客观记忆媒介来说更加节约耗材、便于传承,对比人类的生理记忆容器——大脑来说,在海量的优势上还更显精准理性。从表现形式上来说,其对于记忆的再现形式有着极为丰富的处理。多媒介手段的融合在社会化媒体上已屡见不鲜,任何一名用户都能通过指尖玩转自己的社交账号,将生活里的每一个瞬间以不同形态定格在主页之中,方便日后的自我从中再现某一刻的记忆。依托于社会化媒体的技术手段,记忆路径中的保持与再现得到了容量与质量的充分提升。

其次,社会化媒体帮助个体在动态、多元的交互场景中完成记忆的填补。在传统媒体时代,个体记忆的言说只能以一种"窃窃私语"的状态居于庞大的主流叙事之外。而在社会化媒体时代,当"受众"演变成"用户",信息生产与传播的权力终于在一定程度上下移到了更多普通个体手中,原被忽视的私语有了更多被诉说、被看见的可能。"历史是倾听无声处的声音",社会化媒体上的个体记忆成为不同的书写者,以不同的价值观、表述方式、个人视角提供了不同文本,除了印证历史的叙事之外,还能提供一些与主流不同的私语,拼凑起更多的实景,我们既能看见众声喧哗,也能听见窃窃私语。个体记忆得以在交互中被唤醒、修正并反复提起,填补起个体记忆中所存在的空缺,为个人不断精确着自我的记忆坐标。

最后,社会化媒体早已深刻地嵌入了大部分现代人类的生命体验之中。从生理层面看,社会化媒体深刻影响着使用者的记忆生成机制——快速化阅读、多任务处理、精准的议程设置……这些社会化媒体上显见的特征使得个体对于内容的注意力、阅读程度、感知范围等都产生了新的变化,从人脑对于信息的处理机制改变着我们的记忆感知与留存。个体对于社会化媒体的使用,也逐渐变成了自我的"生平经历",延续着个人的记忆纵轴。个人在社会化媒体中进行记忆实践不仅是一种主观意义上的选择,更是一种在时代影响下强烈的被动倾向与结果。

(二)记忆中的个人与集体:身份认同与区分

个体离不开社会,其记忆必定受到其所在的社会框架的影响与制约,总是在与外界联系的过程中,个体记忆才得以构建与稳定。传统社区是在人类共同生活的"土地"这一实体场景中形成的,由于空间的限制,个人与集体之间并不存在太多选择的必要与余地。例如费孝通描述的中国乡村般的"熟人社会"——个体自出生伊始就以地域、血亲关系被拟定好了集体的归属,除非出走。在这样的情境中,不同的个体在一致的社会框架中成长起来,又以相似的个人记忆为集体记忆添砖加瓦,使得其遵循的社会框架更加牢固。此情此景下,唯存在庞大而单一的集体、同质而迷失的个人。

时代变迁,传统的乡土社会逐渐瓦解。便利的交通、发达的媒介、新式教育和工作模式下的人际关系……无一不在改变着个人的时空定位。个人不再受限,实景中的生活经验与线上的生活经验相融合。社会化媒体为个人的出走提供了宽广的道路,它为用户提供了一个突破时空限制的虚拟场景。利用便捷的操作、精尖的算法,人们越来越容易筛选信息,准确定位自我的兴趣,选择固定的朋友与圈子进行交际,形成多样的异质集体,在这一过程中完成身份的认同与区分。记忆作为一种经验性的知识,能够以多样的形式在互联网上进行流通,成为一块身份铭牌,让对方了解"我与你是同一种人,我们曾拥有同样的记忆",并将一群有相同身份的人联结起来,共享宝贵的过往经历,形成新的集体记忆。通过一段段"被追思的历史",个人与集体完成了标明自我,区分异类。

(三)记忆中的民族与社会:历史拼接与重构

社会是有记忆的,记忆是社会性的。从一个民族或社会诞生伊始,属于这个民族与社会的记忆也随之源源不断地产生。人民通过记录社会过往来奠定民族与社会的发展基石,为自己定义"从哪里来"的历史,也以这些记忆为基础发出"到哪里去"的展望。在记忆研究当中,哈布瓦赫与康纳顿持有对社会记忆不同的看法,亦是在集体记忆研究中关于"断裂"和"连续"的基本问题。哈布瓦赫提出,集体记忆是被建构起来的,这种"断裂"的观点认为:"过去是按照现在的需要,通过社会建构来型塑的。集体记忆是对过去的重构,使过去的形象适合于现在的信仰和精神需求。"而康纳顿式的"连续"的观点认为,记忆应当是一个连续不断的过程,记忆的割裂是不可能的。"每一个社会不管它的意识形态环境如何,都要保持一种关于过去的连续感。如果关于过去的信仰不能历经社会变迁的考验,社会的团结和连续就会受到损害。"①在笔者看来,"断裂"与"连续"并不是完全对立的,甚至可以以互为佐证的方式来让我们窥见一个民族或社会需要保持记忆连续感的重要性。

哈布瓦赫所说的"断裂"式的记忆建构一直存在,"正确的集体记忆"就是被建构起来的产物,人们对于历史的叙述往往吻合于主流叙述的历史版本,媒介有足够的力量来建构起"正确的集体记忆"。"经历了历史,才发觉历史涂抹记忆的过程是多么剧烈,多么有效,历史使得人们有了对记忆的不反思和不自觉。"②正是因为存在这样大的"断裂"的力量,康纳顿的"连续"的观点才能被更好地佐证,若没有"断裂"的可能,便不必强调记忆的连续。康纳顿在《社会如何记忆》一书中说:"应该强调操演,尤其是习惯操演,对于表达和保持记忆的重要性。"③一个民族和社会不可避免地需要记忆的建构来完成自我历史的书写,但不能只通过成形的历史来割裂记忆,刻写与操演应该是同样重要的过程。

20世纪末至21世纪初是中国经历激变的年代,如今牢牢掌握社会化媒体操作权的千禧一代,正是从这个年代成长起来的。社会化媒体将书写历史的权利下沉,以平民化、碎片化、低成本的特点为用户提供着记忆刻写的便利,同时又以实时、开放、多元的互动形式建设起记忆操演的场景,千禧一代通过社会化媒体缅怀着一段段"作为追思的历史"时,实际上也是通过这些记忆碎片来拼凑、还原一个快速转型的时代,在实际行动中保留了民族和社会记忆的连续性,对抗记忆的阉割与遗忘。

三、嵌入:中国千禧一代在赛博记忆空间中的物质基础建构

(一)记忆物质的生成

社会化媒体是用户接过"去中心化"的内容生产与传播权之后的实践田野,其内容生产愈发源自一种用户自发嵌入的参与式文化。赛博记忆空间依赖记忆这种极具差异性与私密性的物质基础被建构起来,呈现出内容众筹的特点。用户既作为原料提供者主动分享自我的记忆,同时又作为内容的消费者去享用被平台二次加工后的记忆物质,站在传播与生产环节的首尾两端,将赛博记忆空间打造为记忆物质的中转处理站。

---

① 郑广怀.社会记忆理论和研究述评:自哈布瓦奇以来[EB/OL].(2007-04-23)[2023-05-22].http://www.douban.com/note/56013548/? type=like.
② 戴锦华.历史与人民的记忆[EB/OL].(2019-04-29)[2023-05-22].https://b23.tv/wj4dwuw.
③ 康纳顿.社会如何记忆[M].纳日碧力戈,译.上海:上海人民出版社,2000:127.

例如一批抖音用户曾对《QQ飞车》①这款曾在千禧一代少年时流行的游戏进行怀念，他们通过上传自己以前玩《QQ飞车》游戏的截图并搭配游戏中经典的背景音乐来完成追忆，之后另外的普通用户纷纷来到其互动区，进行评论、点赞、转发等自发行为。评论区中，有人分享自己当年玩这款游戏时的截图和经历，也有人提及彼时因这款游戏而衍生的家庭矛盾或情感故事，以及更多人通过群体讨论来获得因记忆模糊而产生的疑问之解答以及情绪分享，等等。当这些文本在互动区被衍生出来后，原本一条视听制作极其简单的自媒体视频，就有了更加丰富的情绪价值和历史意义。即使不直接追踪用户互动的具体内容是什么，单是从侧面对每一条博文的互动数据进行分析，我们也能从评论、点赞、转发等的数量上看出用户对于不同内容的态度，这关乎被追忆的文化到底影响多少受众，受众受其影响究竟有多深等问题。因此，自发于用户嵌入的参与式文化是赛博记忆空间物质基础的重要组成部分。赛博记忆空间的记忆物质生成基本遵循着一条"由单独的个体记忆进行一次叙述，再由更多的个体记忆进行二次加工，最终转换为集体记忆"的脉络，全程以千禧一代的自我嵌入为条件。

（二）记忆物质的交融与互构

社会化媒体打破了传统媒介信息生产运作的过程，它以非线性的、多点共生的特点驱动着记忆实践的演进，其中的用户关系网络在一定程度上符合"小世界网络模型"。在数学与计算机领域，"小世界网络"指由西方学者于1998年提出的W-S模型，其强调在客观世界复杂的网络运作中存在着许多最为有效的信息传递方式，即一个聚集了极多包含"局部连接"节点的网络，②节点与节点可以实现"短路径"的随机连接。所谓"局部连接"，是指由特定节点发出的若干个与其他节点产生关系的技术方式，这些关系只是基于这一个节点的。在千禧一代进行记忆实践的复杂社交网络中，如果将其中的每一个用户看作一个节点，那么，节点与节点之间的连接只需要几步即可达成，例如关注、评论、转发等等方式，任何两个互不相关的节点，都可以通过技术层面的操作实现信息互通。以新浪微博平台为例，当任意一名用户向@千禧bot投稿的稿件发出之时，也就是专属于这一个节点的坐标被放置进了@千禧bot这一个储存站，等待更多的陌生节点与之进行连接。由于"怀旧bot"所承载内容的特殊性——仅关注千

---

① 《QQ飞车》是腾讯公司2008年推出的一款赛车竞速休闲、在线多人端游，由琳琅天上游戏工作室开发，曾流行一时。
② 杜海峰，李树茁，MARCUS W F，等.小世界网络与无标度网络的社区结构研究[J].物理学报，2007(12)：6886-6893.

禧年代的流行文化,这种节点与节点实现的,不仅是普通信息的交换,还是投稿者独有的个体记忆与另外的个体记忆相互融合,并在互动中唤醒共鸣的过程。例如@千禧bot于2021年10月21日曾发出一条投稿用户分享的一款叫作"雪花喷"的童年玩具的博文,文案中附带投稿用户对童年玩耍经历的个人追忆,这一内容由单一节点被分享至公众平台上时,立刻吸引了更多节点的接入——几百名微博用户纷纷在评论区留言自己童年时玩该玩具的经历,这时,原本属于个体的记忆成功地唤醒、加深了集体的记忆,其显性的中介是@千禧bot这一平台,而隐性的中介则是存在于个体记忆与集体记忆间的共同因子,这也可被视为"一代人之间独有的默契"。

在理想的"小世界模型"中,我们能看到一种"去中心化"的关系连接,即每个节点都地位相同,通过一定的技术手段就可以实现各节点间关系的互通。但实际情况是,社会化媒体中的节点连接总是受到异质性关系网络的作用,不同的用户之间,明显存在着社会资本与注意力资源分配方面的结构不均[①],例如"怀旧bot"类账号,相对于普通节点来说,无疑是拥有更大关注度的"中心节点",它能够在更大程度上汇聚意见与态度。在这种基础上,虽然"怀旧bot"作为去人格化的拟机器账号不会发表态度,但其互动区用户自主生产的转发、点赞、评论等却也是其内容生产的附加部分,一旦互动区形成了较为趋同的集体记忆,那么其也有可能以强势性的地位影响其他用户的个体记忆:当用户的个体记忆与集体记忆相接近之时,其会在二次的互动中得到强化;而当个体记忆与强势的集体记忆不尽相同之时,则有可能在主流叙事的压迫下无法得到言说或认同,甚至在对之记忆程度并不稳定的情况下被篡改与重构。

千禧一代在赛博记忆空间中的代际记忆基本是在自我嵌入式的个体记忆与集体记忆的互构中完成的。个体记忆与集体记忆通过无数的节点彼此交融与流通,始终处于动态的对话与协商当中。

四、消费:中国千禧一代对赛博记忆空间的运转机制建构

(一)仪式感制造:赛博的记忆装置

千禧一代在赛博记忆空间当中的实践与在其他媒介中的记忆实践存在一种专属性的差别。例如,豆瓣社区的小组"假装活在1980-2000年"在其组规中就明确表示小组成员只可以针对相关年代的千禧文化进行讨论,又如@千禧bot在其置顶的博文中

---

① 张志安.新媒体与舆论:十二个关键问题[M].北京:中国传媒大学出版社,2016:75-80.

说明:"本 bot 旨在分享一些属于 90 年代末和 00 年代初的记忆……投稿内容能够比较鲜明地反映 90 年代末和 00 年代初的特征即可……"这些赛博记忆空间无不强调自身仅仅针对千禧代际记忆进行内容输出,并不收纳除此之外的内容,其主要生产者与目标受众也由此限定在能与这些代际记忆达成共振的千禧一代。千禧一代赋予赛博记忆空间的运转机制,是一个由千禧代际用户打造的"记忆装置"。虽然我们也以其他媒体作为中介来完成自我的记忆言说与传递,但在以往的媒介当中,我们很难看到一种像赛博记忆空间这样明晰的"记忆装置"属性,即被使用的媒介就是单纯为了"记忆"而运转,只为"记忆"而生。正如受访者 A 所说的:"比起其他形式,赛博记忆空间中很多这种专门、专注于记忆的账号会很有仪式感,单纯个人的话不会定式般地去回忆,但是在这些空间中就是一种只专注于回忆的行为。"就这一视角看来,赛博记忆空间的特殊性就在于它是一个专门为了记忆而存在的仪式场。

此外,千禧一代在赛博记忆空间中进行记忆活动的程序也与其他媒介有着很大的差别,记忆主体往往通过一些程序性的步骤来完成记忆物质的分享。例如@千禧 bot 的投稿要求中,投稿人必须先用私信将自己的记忆投稿,经过不定时的等待后,才能看到自己的记忆内容被发出,以统一的格式被编码并被更庞大的集体消费,且无法预知二次传播的效果。在这一环节内,记忆主体进行的是一种"漂流瓶"式的规范化行为过程。当这种投稿的模式被 bot 固定下来,书写进自己微博置顶的准则时,它就成为记忆主体在进行记忆活动时与 bot 共谋完成的"仪式"。

受访者 B 曾在 2018 年、2019 年两次向@1980s-2010s 这一个怀旧 bot 发出私信投稿(图1),分别是推荐一部名为"魔角侦探"的动画片和求助寻找一款童年时喝过的葡萄汁饮料。据她的描述,在每一次对怀旧 bot 发出投稿私信时,总会有"一种莫名的敬重感",她表示"仿佛是把自己宝贵的童年回忆郑重地交到了一个树洞里,期待着那

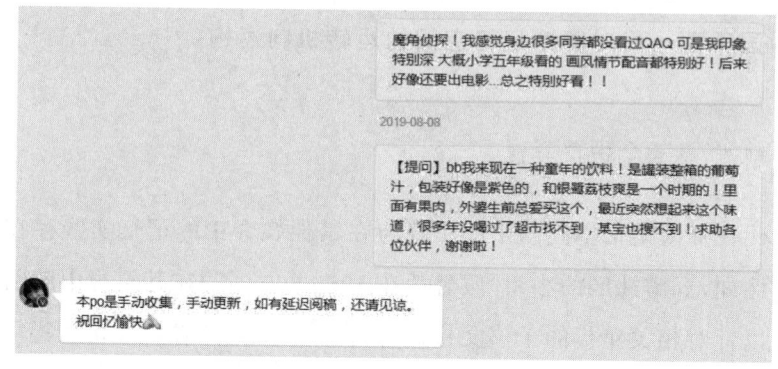

图 1　受访者 B 曾对"怀旧 bot"类账号发出的微博私信

头能够听到我,并且给予我回应"。在 2019 年 8 月 8 日的私信中,受访者 B 在私信文字前方加上了"【提问】"的字样,这是根据该 bot 平时发出的微博格式所决定的——一些求助找寻童年旧物的博文,总是会带上"【求助】"的字样。B 解释道:"感觉加上这样的标题能够更规范一些,我也认为这是投稿的一种默认规则。"

千禧一代将赛博记忆空间打造成了一个供记忆主体以仪式化进行记忆实践的记忆装置,以代际记忆为原料,经由仪式化的加工程序进行二次生产与输出消费,其从操纵记忆装置的不同环节中不仅完成了记忆物质的保存和共享,更从心理层面完成了仪式感消费,形成赛博记忆空间的一条运转机制。

(二)符号打造:记忆的商品展

在传统的经济学视角看来,消费是一种与"物的使用价值"有关的行为,然而人的消费活动从根本上是一种渗透人类日常生活的文化活动。人的消费之所以能与动物的"物质消耗"区别开,正是因为人类的消费活动带有文化属性。进入消费社会时代,人们在消费物品时,看重的是物品所表达或标志的社会身份、文化修养、生活风格。人们的消费要求突出商品的符号价值,即商品的文化内涵,以表现自己的个性和品位,这就是所谓的符号消费。① 千禧一代在赛博记忆空间中对自我过往记忆中事物的回忆与怀旧,并不单纯是为了找寻或纪念曾在其生命历程中出现的"物"本身,而是因为要通过此种文化的消费来寻求超出"物的使用价值"的满足,在这种意义链条的基础上完成了对赛博记忆空间第二种运转机制的塑造。

在消费社会,任何物体想要成为消费物,就必须使自己成为符号。赛博记忆空间中的记忆物质势必被记忆实践主体采用一定的手段,将原本只作为单纯事物的记忆转换为商品。千禧一代亦是通过对于符号的操纵,在赛博记忆空间中搭建起了一个有关记忆的商品展,将零散的记忆物质编码成系统的符号,在特定平台内开放展出,供代际内人群进行消费。

千禧一代建设起来的赛博记忆空间普遍强调的"千禧风""怀旧"等属性早就将其中展出的一切事物进行了符号化。例如@千禧 bot 在其自我简介中说明:"本 bot 旨在分享一些属于 90 年代末和 00 年代初的记忆。本 bot 开放投稿。欢迎各位怀旧人士、土酷爱好者和认为 2010 年后的一切都糟糕透了的悲观人士来玩耍……"从中不难看出,怀旧 bot 通过"怀旧人士""土酷爱好者""悲观人士"等词汇为它的受众进行了人

---

① 张筱薏,李勤.消费·消费文化·消费主义:从使用价值消费到符号消费的演变逻辑[J].学术论坛,2006(9):35-38.

群范围的归类,在这种语句中存在默认的逻辑,即"参与@千禧 bot 互动的用户是这些人群中被认可的一分子"。在这样的视角下,@千禧 bot 成了一个象征意义的符号,就像一个带有怀旧风格定位的展览,在里面参与展出的记忆物质也就可以被看作是与展览主题相符合的商品。又如抖音平台近些年饱受千禧一代讨论与喜爱的"Frutiger Aero"[①]"Weirdcord"[②]"Y2K"[③]等话题域,这些艺术风格中常出现的 Windows 98、低画质 3D 模型、过时剪贴画等元素都已经不再具有现下的实用价值,也不仅是单纯的老旧形象,而是被看作一种固定的年代符号被广泛挪用。

在千禧一代围绕赛博记忆空间中的代际记忆进行讨论时,怀旧性词汇成为必不可少的重点。"小学""我的某时候""很久以前"等时间性描述充斥各平台的赛博记忆空间。记忆主体撇开了物质本身的使用价值,转而将其视为某个生命阶段中的象征来看待,他们不再去探讨物质的客观属性,而是用一种主观的视角去追求怀旧的价值。

千禧一代吸纳多方的记忆物质入场,并以符号化的手段淬炼出其中的怀旧元素,为代际记忆的呈现打造出一个完全以"怀旧"为主题的展览,"怀旧"作为来往行人进行交易的唯一通行证,物的实际价值被淡忘,从其中提炼出来的怀旧符号才是人们真正的心之所向。

(三)"超空间"建设:全新的记忆时空

社会化媒体最具创造性的功能之一,就是其借助庞大人际网络的搭建和多元的媒介表现形式,能轻而易举地模拟现实生活中存在的物理空间,甚至能塑造一个与现实生活区别开的虚拟空间。当空间被纳入社会化媒体的生产模式时,原本在空间上存在的地理区隔与物理障碍被消除了,使用者可以无边界地在社会化媒体上实现空间的创造与转移。在社会化媒体使用的过程中,使用者对于空间的感知被重构,"超空间"正在成为现代人类生活的另一片土地。

让·鲍德里亚认为消费社会"全部的现实被代码和模拟的超现实所吸收",詹姆逊将这种"模拟的超现实称为'超空间'"——"一个充斥着幻影与模拟的空间,一个纯粹直接和表面的空间。超空间是空间的模拟,对它而言,不存在原始的空间,类似于与它

---

① Frutiger Aero 是一种在千禧年代流行的美学,它的特征是提倡自然和人文主义,相关风格作品多出现拟物化、光泽纹理、水、气泡、极光、散景、明亮鲜艳的颜色和玻璃等元素。
② Weirdcord 是一种在线美学和艺术运动,以低质量摄影或数字图形为中心,这些图形或数字图形被构建或编辑以传达混乱、迷失方向、疏远、怀旧或厌世的感觉。从视觉上看,它受互联网上共享图像的总体外观和感觉的强烈影响,大约流行于 20 世纪 90 年代末到 21 世纪 00 年代中期。
③ "Y2K"一词原指计算机领域的"千年虫危机",后也代指千禧年前后的流行文化风尚。

相关的'超现实',它是被再生和重复的空间"。① 社会化媒体通过打造"超空间"的手法来模拟出一种社会的仿像,它们提供一个模拟的互动社区,或是一栋可供楼上楼下交流往来的"楼层"等,以虚拟的空间弥补了现代人类在现实生活中交流场合的缺失,为人们的"生活在别处"提供去处。

千禧一代对于赛博记忆空间的机制建构同样是以其"超空间"属性为中心展开的,赛博记忆空间不仅是作为被展示的地点而存在,"超空间"还为代际记忆的呈现增添更多的亮点。

以@千禧 bot 为例,从空间外观上来看,它被账户主模拟成了一台老式的 Windows 98 电脑,不论是其账号头像、主页背景图或是个人简介,都强调了 Windows 98 的元素(见图 2),并以每日固定发布拟机器人口吻的道谢博文,以及每周二对"机器"进行"检修"②的博文来深化自我的"机器"形象(见图 3)。在一系列操作中,@千禧

图 2　@千禧 bot 账户的主页外观

bot 所运用的都是来自现实生活中的元素,例如个人主页背景图的 Windows 桌面、"设备检修"时固定的信号中断的配图,以此对现实生活进行模拟,使用者仿若置身于一台老式电脑当中,暂时在这种虚拟制造的"超空间"中进行代际记忆实践。"Windows 98""检修标志"等元素全部带有怀旧性的指向,甚至它们就与其所呈现的代际记忆的直接受众有着密不可分的联系——Windows 98 诞生于 1998 年,于 2006 年终止服务,其存在的时间恰好与@千禧 bot 目标受众的成长轨迹相吻合。"电视中断信号"同样是电视时代成长起来的千禧一代所熟知的,这些标志都可被视为一个时代的印记,能完美地凸显 bot 所追求的怀旧风格,装饰这一怀旧空间。从这一层面来看,代际记忆不仅作为呈现"超空间"的物质而存在,更作为构建"超空间"的材料而存在。

---

① 霍默.弗雷德里克·詹姆森[M]孙斌,宗成河,孙大鹏,译.上海:上海人民出版社,2004:171-172.
② 配图为彩色电视信号测试图,是由电视台播送供广大用户或维修人员调整、测试、维修电视接收机的专用电视图形,常在千禧一代少时观看电视时出现。

图 3　@千禧 bot 每周二固定发送的"模拟机器检修"的博文

代际记忆在"超空间"中的呈现是碎片化的,它以"机器元件"般松散的形态出现。@千禧 bot 的博文虽然有一定的编号,但博文并不依据一定的线性时间而发表,且通过微博平台自带的时间轴功能,现实意义里的时间规则亦不再适用,除了在投稿中作为信息出现以外,时间的概念在"超空间"里被模糊化了。翻阅@千禧 bot 置顶博文的互动区,不难发现生活在"超空间"的用户们对于时空的感知得到了重构(见图 4)。

@o 迷幻天使 o:千禧 bot 的喜欢之处就在于当看到那一份份投稿时　不仅是能想到这一件东西　还会挖掘出你记忆深处的很多很多你认为你已经丢失了的记忆　仿佛把小时候又过了一遍不是吗?强烈表白这个 bot。
@龚狮子_BrightSun:谢谢你啊,一夜没睡偶然遇到这个博,像坐了时光机一样。
@有趣的 corn:感谢这位 bot,感觉一下子回到了我的童年,仿佛昨天的我还是那个整天傻乐有中二病的少女[允悲]一下子就长大了[泪]。
@至幸 z:从这找回一点童年。

图 4　部分微博用户对于@千禧 bot 的评论

身处这些被精心打造的"超空间"里,使用者的时空观念被重构,千禧一代给予代际记忆一个不需要顾及物理障碍与时间限制的自留地,记忆主体因而能生活在一个刨除现实生活的"理想往日"里,实现对赛博记忆空间第三重运转机制的建构。

五、结语

在现代人的记忆实践中,"技术"与"记忆"的关系是复杂的:一方面,技术是记忆的载体,正构建和调节现代人的记忆;另一方面,技术是记忆对象本身,从"记忆的技术"

到"技术的记忆"的新的记忆实践正在发生。① 千禧一代关于社会化媒体的记忆模式早已成为其生命的一部分。赛博记忆空间作为千禧一代能动地运用社会化媒体建构起来的记忆之所,不仅仅是客观的媒介,当受众以其来进行记忆的讲述、追思或者共享等行为时,这种使用本身就已经成为他们主观的生命经历,同步生成着新的代际记忆。千禧一代在多平台的赛博记忆空间中曾有对 MSN、江湖聊天室、天涯社区等已关停媒介的追忆,但这些被追思的媒介也曾如今日热门的社会化媒体一样时兴,原本作为用户记忆之所的现存的赛博记忆空间,或许也会变成新的记忆之所中被追忆的对象,实现从"记忆的技术"到"技术的记忆"。

记忆是人类一生都在面临的课题,我们需要从记忆中拼凑起自我的来路,并以这些经验去指引今后的去处。幸运的是,社会化媒体的入场打破了传统媒介对于记忆的操控模式,赋予千禧一代记忆更多能动的构建路径与表现形式。在赛博记忆空间的建构实景中,我们能清晰地看到千禧一代以"个人发出,集体共享"的方式,不断从个体记忆与集体记忆的互构中建构起代际记忆,同时借力于不同社会化媒体的平台特点,以主动的消费者角色入场,凭借代际记忆作为通行证,完成社会化媒体中"仪式场""商品展""超空间"三个场域的消费,以维持赛博记忆空间的运转机制。千禧一代沿着赛博记忆空间中的轴线,能找到那些组成自我的昨日,同时在亲身使用中产生着新的生命体验,型构起自我的未来,对现下社会化媒体引发的记忆焦虑危机做出积极的对抗。

社会化媒体的出现的确为人类提供了追忆的更多可能,让人暂时在网络空间中对话、交流、参与,为在现实生活中缺乏交流的孤独人群提供了替代性场所,却也让人类对于现实生活的感知逐渐弱化。所以,虽然千禧一代建构起的赛博记忆空间对缓解记忆焦虑有一定的功能,但人们也需要辩证地去看待和利用,否则将会在不自知的对过往的沉溺与对未来的抵抗中产生当下记忆断裂的可能。

〔桂笑冬,中国传媒大学电视学院实践教学中心副主任,高级实验师;咸颖,中国传媒大学电视学院广播电视专业研究生〕

〔特约编辑:赵希婧〕

---

① 吴世文,何羽潇.媒介、情感与社交关系:网友的 QQ 记忆与技术怀旧[J].现代传播(中国传媒大学学报),2021,43(9):144-150.

智能视听新生态下主流价值传播转型与创新研究*

Research on the Transformation and Innovation of Mainstream Value Communication in the New Ecology of Intelligent Audiovisual

◎ 包圆圆　郭海威

Bao Yuanyuan　Guo Haiwei

摘要：以技术为驱动，以双向交互为主要特征的智能视听新生态重塑着信息生产全链条，主流价值传播如何守正创新以实现高质量发展，是建强主流舆论格局、增强社会凝聚力不可回避的重要议题。本研究从智能技术的底层逻辑出发，从叙事模式、形态表征、目标任务、效果研判视角切入，探讨智能视听新生态下主流价值传播理念的转型变革，并从需求、场景、规则逻辑出发剖析了智能视听新格局对主流价值传播的赋能逻辑。继而在对新形势下主流价值创新传播所面临的趋势与问题进行综合研判的基础上，提出智能视听驱动主流价值高质量传播的具体实施路径，为智能技术赋能视听产业，增进主流价值传播力、影响力与引领力提供方向与方案参考。

关键词：智能视听；主流价值；社会治理；跨媒介叙事

Abstract: The emerging intelligent audiovisual ecosystem, driven by technological advancements and characterized by bidirectional interactivity, is reshaping the entire information production chain. Upholding mainstream values while fostering innovation to achieve high-quality development is a crucial issue for strengthening mainstream public opinion and enhancing social cohesion. This study examines the transformation of mainstream value communication within the new intelligent audiovisual ecosystem by exploring the underlying logic of intelligent technologies and analyzing aspects such as narrative patterns, form

---

* 本文系国家广播电视总局规划项目"短视频在网络视听主题宣传中的应用研究"（项目号：GD2306）阶段性成果。

representation, target objectives, and effectiveness evaluation. Additionally, it delves into the empowerment logic of this new audiovisual landscape for mainstream value communication based on user needs, scenarios, and regulatory frameworks. Building on a comprehensive assessment of the trends and challenges facing mainstream value communication in this new context, the study proposes specific pathways for leveraging intelligent audiovisual technologies to achieve high-quality communication of mainstream values. This serves as a reference for empowering the audiovisual industry with intelligent technology and enhancing the influence, impact, and leadership of mainstream value communication.

Keywords: intelligent audiovisual, mainstream values, social governance, cross-media narrative

随着短视频、直播等愈发成为社会主流社交语言与传播形态,以自主性、多元性、流动性、规范性、普适性、共构性等为典型特征的智能视听传播新生态已然形成,进一步丰富和拓展了新形势下主流价值传播场景。智能视听传播作为全媒体传播的重要组成部分,推动全媒体传播体系由矩阵向强阵迈进,不断凝聚新时代主流价值传播的新动能,驱动主流价值传播实现跨越不同维度、层次、场域等的融合与突破。舆论场亦呈现出前所未有的活跃性、突发性与复杂性,基于传播技术、传播渠道、媒介形式及受众群体等因素的变化,智能视听新生态下我国主流价值传播不断迎来重要变革,媒介生态与舆论格局在发展演变中呈现出诸多不确定性。

党的二十大报告指出,加强全媒体传播体系建设,塑造主流舆论新格局。在建设社会主义现代化国家进程中,舆论引导能力、主流价值传播能力是助力国家各项战略实施推进不可或缺、不可替代的重要抓手。立足智能视听传播格局,面对国际国内舆论场不稳定不确定因素增加、舆论生态愈发复杂、不良思潮暗流涌动,主流价值如何守正创新,紧抓时代机遇,推进实现高质量传播,是建强主流舆论格局不可回避的重要议题。本研究聚焦主流价值传播转型与创新,探寻传播理念转型创新路径,阐释视听新格局对其赋能机制,在厘清主流价值创新传播所面临的趋势问题的基础上,力图提出助力主流价值高质量传播的实施方案。

一、全媒体时代主流价值传播理念转型与变革

当前,媒体融合创新持续向纵深推进,前沿技术与价值理念作为双重转型驱动力,对信息生产及传播全流程实现解构与重塑,新技术应用不仅促使媒介生态发生深刻变化,也带来社会结构、社会文化、社会观念等的深层次变化。全媒体时代,主流价值传播理念在传播主体、技术手段、功能指向等要素影响下,正发生全方位变革。

(一)叙事模式:由一元主导转向多方耦合共构

全媒体传播场景下,以各类新媒体应用为中介和渠道,多元主体得以共同介入和参与主流价值传播叙事,既往由主流媒体主导的新闻叙事模式逐渐被个性化、多元化、情绪化叙事模式所打破。从各类视听应用平台的热点议题榜可以发现,围绕主流价值传播,既有来自主流媒体、政务新媒体的有序议题设置和主流叙事,亦有来自民间的自组织议题和差异化叙事,在相关议题的发起、参与及衍生过程中,人们积极主动讲好发生在个体身边的中国故事,从人际到大众,由个体及机构,逐渐形成耦合共构、内外联动、纵横交织的主流价值传播新景观。而伴随叙事模式转型变革,各类智能视听平台上主流价值传播势头方兴未艾,愈显强劲,体现出较强的流量虹吸力。

全媒体传播为主流价值叙事提供了丰富的技术、介质、内容、用户等要素支撑,基于短视频、直播等传播形态中的并置、悬隔以及拼贴等组合方式,加之 XR、AI、5G 等技术应用,为主流价值传播营造了多元化的叙事情境,进而将中国式现代化故事立体鲜活地呈现在网络空间。① 全媒体传播视域下,尤其在具有强烈冲击力和延展性的智能视听传播情境中,主流价值叙事体现出兼具专业性与普适性、严肃性与生动性、精准性与多元性等特征,线上与线下结合,个体与机构互补,有效增强了主流价值的传播力、引导力、影响力。与此同时,在多方主体共构叙事影响下,个体故事流动汇聚,多样视听符号碰撞交织,映射出社会主义核心价值观的践行全貌,于平凡而鲜活的生活景象中传承中华优秀传统文化,弘扬社会主流价值。

(二)形态表征:由单一介质转向跨媒介多模态

传统媒体环境下,以主流媒体为代表的一元主导型传播模式多倾向和侧重于单一媒介形态,主流价值内容则表征为图文、视频、音频等某一特定形态,无形中框定了主

---

① 王润,南子健.嵌入式认同:智媒时代主流价值传播的新机制与未来展望[J].中国编辑,2022(4):46-50,56.

流价值传播边界,设置了效果上限。进入全媒体时代,主流价值传播迅速打破单一介质的传播限制,跨媒介叙事、多模态呈现成为新传播生态下主流价值传播转型的典型表征。一方面,依凭全媒体传播体系,主流价值传播不断探索尝试跨媒介叙事,其不是相同或相似内容在不同媒介简单而缺乏创意的跨渠道呈现发行,而是基于智能技术,在对传播关系、传播结构、传播机制等进行颠覆性整合与重构的基础上,综合考量不同媒介特性、内容属性、用户群体等关键要素,围绕特定议题开展创新演绎,在特征鲜明而又风格迥异的延续叙事中,沉淀析出更具传承意义的主流价值内核与精神信仰。另一方面,以新技术应用、新传播形态为支撑,多模态呈现使得主流价值传播更趋智能化、可视化、社交化与精准化,有效打破认知壁垒、文化隔阂、语言屏障与行动藩篱,助力推进主流价值的立体传播、饱满呈现与跨域交互,多模态呈现集内容创新、渠道创新、体验创新、交互创新等于一体,共同刻画出具有中国特色、时代特色与人民特色的主流价值传播景观。[①]

智能视听传播场景下,人机协同、声画结合、实时交互等形式愈发推动跨媒介多模态叙事发挥至极致,使得主流价值内容呈现出理性探讨与感性疏解共振、严肃阐释与戏谑幽默兼备、敢于斗争与善意引导结合的传播特征,以形态延展创新为依托,推进主流价值影响力版图不断巩固扩大。

(三)目标任务:由舆论引导转向深层社会治理

全媒体时代的到来为主流价值的多样化传播与发展奠定了平台、内容、用户、渠道等基础,借助丰富的传播载体支撑,人们可以更为广泛深入地参与社会事件及公共决策讨论,以广泛的个体创新汇聚形成更为强劲的社会创新,在智慧集聚与交互协商中为社会进步贡献解决方案。锚定目标任务,全媒体时代的主流价值传播不再仅聚焦于舆论引导,多元化信源及健全的互动机制,使得主流价值传播逐渐跳脱出主流舆论格局构建这一原有目标框架,继而向深层参与社会治理转向。主流价值内容在全媒体时代的传播扩散,日益成为人们的日常生活方式,其在记录个体感知过程中,不仅反映公众多元诉求,亦能够折射社会整体发展变革,在书写新时代集体记忆的创新实践中,于共建共治共享理念引领下探寻社会治理新议题、新方向,推动开辟社会发展新局面。

国家治理体系和治理能力现代化建设视域下,依托全媒体传播赋能,社会公众的创新创造潜能被激发,伴随源源不断的内容创作推陈出新,愈发饱满的新型传播生态

---

① 杨国藏,张立改,马瑞贤.中国文化的多模态具身传播:以《典籍里的中国》为例[J].中国广播电视学刊,2022(4):118-120.

正在催生一场新的社会治理革命。① 基于强、弱关系连接,各类新型社交应用上的内容传播实现交织、交互、交融、交锋,主流价值感知与传播密度持续提升,碰撞出具有现实针对性和实践操作性的社会治理议程、议题及解决方案,在此情形下,主流价值传播在功能及目标任务层面进一步延展,全面整合社会观点、意见与创意,将各类群体吸引聚集在社会主义现代化建设周围,共同探讨多元化社会治理事项,至此,主流价值传播的深度与厚度得到进一步增大,主流价值传播愈发成为推进社会治理高质量发展的重要抓手。

(四)效果研判:由范围覆盖转向全面立体评估

智能视听传播情境下,围绕主流价值的传播效果评估与研判不应继续局限于对传播频次、覆盖人群等的简单统计,而应对内容质量、交互情况、议题延伸与衍生、政策建议及影响等进行综合考察,确保效果研判更为客观、立体、全面。新形势下,个性化、差异化的思潮观念呼吁和要求内容传播更注重个体需求,主流价值传播不仅要明确对谁传播了什么,同时亦应考量社会个体的参与和融入情况,包括个体情绪表达、观点表达、诉求表达。究其缘由,在于智能视听传播有效赋能个体参与,进而促成了当前舆论场域中的人人可见、人人可为,使得在传统媒体时代处于高语境文化体系中的主流价值必须转变理念、创新方法,与人人皆可参与和理解的低语境相适配。至此,话语体系创新、表现形态创新、连接模式创新等理所应当成为主流价值传播转型的重要着力点,并被纳入主流价值传播效果评估的指标体系框架中。

全媒体时代,主流价值传播旨在通过不同主体之间有效地沟通对话,不断形成和强化群体归属、价值引领、文化认同。② 以智能应用为抓手,丰富的符号表达与生动的情境交互,促使公众得以在共享共创中增进协同性与凝聚力,人们在信息生产与传播的交互协作中获得情感慰藉与认知提升。基于对个体日常、群体心理以及社会发展整体景观的记录、临摹与呈现,全媒体时代的主流价值传播在打破成见、拨开迷雾和增进交流对话方面发挥更重要作用。进而,主流价值传播效果的考察亦应拓展至批驳不良思潮、弥合群体隔阂、消除社会撕裂、增进民族与文化认同等维度。

---

① 王虎.逻辑转变与维度构建:智能媒体参与社会治理的机制研究[J].现代传播(中国传媒大学学报),2021,43(9):7-11.
② 王晓红,谢妍.中国特色网络文化安全观的五个辩证统一[J].现代传播(中国传媒大学学报),2021,43(6):7-11.

二、视听新格局赋能主流价值传播的价值逻辑

长短中视频差异发力、直播议题更趋细分垂直、技术应用创新视听消费体验、深度融合助力丰富视听服务类型等作为当前视听传播的典型特征,推动形成更具传播力、影响力和引导力的视听新格局。面向主流价值传播与引领,智能视听传播格局正从技术应用、需求满足、场景适配、规则建构等视角系统发力,赋能主流价值强势触达、高效传播。

(一)需求逻辑:个性满足激发多元创新

从主流价值的视听传播实践来看,短视频、直播等传播形态具有较突出的生动性、真实性与在场感等特征。其通过对叙事场景中各类视听要素进行差异化凸显、合理性配置,能够有效适配和契合不同用户的审美旨趣,进而在为用户提供正向感官刺激和独特视听体验的同时,促成用户对主流价值内涵的深入理解与态度转变。新型媒介技术的创新应用重构着各类传播要素之间的关系,为主流价值的传播与引领提供有力支撑。智能视听传播环境下,基于对人工智能、大数据、云计算等技术的综合运用,可以较精准地获取用户行为偏好,同时结合关联分析,能够研判预测用户可能感兴趣的议题内容。在此基础上,用户将不断收到所在兴趣圈层内外的视听内容,扩展其认知视野。关联挖掘与裂变式传播能够有效整合主流价值传播主体、渠道、议题、创意等要素资源,专业媒体与普通用户在此过程中达成有效的议题互构关系,促成主流价值议题的接续创作与传播。

立足视听新格局,基于对用户行为数据的系统把握与深度挖掘,视听平台及各类传播主体感知发掘新需求,进而激发新的内容创作或技术创新。智能视听格局为主流价值传播的多元创新提供了扎实的技术、议题、用户等基础支撑,通过聚焦不同用户的内容消费偏好,广泛的个体智慧与社会创新意识被进一步激活唤醒,原创类、模仿类、衍生类等各类型视听内容竞相涌现,在场参与的沉浸式体验不断增强,在编码与解码过程中实现对主流价值的有序嵌入、融合、理解、内化及外显,在多样化的创新外化与交汇碰撞中强化人们的认知及态度转变。至此,基于智能视听而进行的主流价值传播愈发成为当下中国最具代表性的媒介化实践,锚定多元需求的自主创新、开放创新、接续创新为新时代主流价值传播提供了强有力的保障。

(二)场景逻辑:智能识别促成内容适配

当前,场景日益成为视听内容消费的关键因素,基于搜索行为、兴趣偏好、地理位置等数据,可以较精准定位家庭、课堂、室外、单位等场景,进而适配不同内容与服务。不同于传统媒体时代的"开盲盒"式传播,视听传播新生态下,依托计算传播学,"计算"成为传播行为的前体物,信息传播已然从笼统走向精确、细分,传播精准化程度不断提高,依托全面扎实的数据量化统计,智能识别、精准推送等技术手段促成了内容与用户的高效对接适配,为主流价值传播效能提升提供了新的发力方向。如中央广播电视总台推出总台算法,探索将主流价值、商业价值及内容艺术价值集中内化于算法模型之中,同时结合总台积累的用户及内容数据,进一步强化主流价值传播的精准性与高效性。

智能视听新格局下,随着5G、AI、大数据等技术愈发深入全面地应用在信息采集、生产、分发、接收与交互等环节,视听内容生产与传播模式不断发生颠覆性变革,促进主流舆论声音、主流价值内容实现全程化触达、全场景分发。① 深层次来看,依托智能识别,智能视听传播促成了技术资源、渠道资源、内容资源、服务资源、用户资源等的系统整合与均衡配置。视听新格局为主流价值传播与引领提供了丰富的场景选择,并保障了用户、内容、服务与场景的适配性,进而助力提升网络空间中主流价值传播阈值。

(三)规则逻辑:协同联动实现全域治理

全媒体传播格局下,各类智能视听应用日益成为公众获取社会热点信息、参与社会治理、表达意见诉求的重要载体渠道。智能视听传播格局有效降低了信息生产与发布门槛,使得公众可以广泛进行自主表达、跨域交互,网络空间中的主体身份更加多样、个体主导性愈发突出。随着多元主体在视听新格局中的协同联动机制不断凸显和增强,其在助力主流价值高效传播过程中亦贡献出强大合力,视听平台、用户、社会组织、监管部门等不同类型主体协同参与网络内容生态建设与治理,高质量促成网络空间共建、共治、共享。多主体协同参与的智能视听传播格局中,裂变式、交互式传播加快各类社会议题外显扩散,跨层级、跨区域、跨圈层的互通讨论成为常态,构筑形成网络空间信息传播的无形边界,驱动主流价值传播遵循这一为社会普遍认可的规则框架

---

① 杨婧岚,欧阳宏生.具身认知视域下的主流价值传播创新[J].湖南师范大学社会科学学报,2021,50(3):65-73.

与逻辑。

智能视听新格局下,90后、00后作为互联网与数字媒介的原住民,凭借较好的教育背景与较为开阔的国际视野,认同网络空间信息传播的基本规范,对国内国际热点事件往往体现出较高的关注热情、理性的思维方式和清晰的判断标准,尤其在熟练使用各类视听应用技能的情形下,对于推进公共议题讨论常态化、理性化、人性化、规范化具有重要促进作用。结合智能视听应用,青年群体日益成为主流价值传播的重要生力军和先锋力量,于不同网络社群中扮演议题发起者、活动组织者、意见领袖等角色,其在主流价值传播过程中体现出愈发显著和鲜明的主体性、主动性与主导性,公众在对其产生身份认同的基础上,潜移默化中理解、认可并主动践行、传播主流价值。

三、新形势下主流价值创新传播的趋势与问题

全媒体时代,各类社会力量或因其所倚重的媒介形态不同,或使用的话语体系与传播模式迥异,或所持价值取向有别而出现观点交锋对峙,进而搅动舆论场。新形势下,立足智能视听格局,主流价值传播面临机遇与挑战并存的局面,探寻主流价值创新传播的趋势方向,认识和厘清其中需解决的问题矛盾,是推进主流价值高效传播与引领的前提和基础。

(一)精准化分发与多元化场景的竞合

智能视听新格局下,信息内容精准推送与触达行为的实现是主流价值传播创新的重要表征。然而,基于算法应用的精准化、差异化分发模式虽在一定程度上完成了相应主体与内容的高效对接,却也直接或间接在用户心中形成了刻板印象,以技术为先导和主导所导致的圈层传播、信息茧房等效应使用户对以智能视听为代表的全媒体内容形态产生成见,同时亦不自觉或被动陷入窄化传播困境,成为算法囚徒。① 在此形势下,信息传播不断面临封闭化、区隔化、极端化等问题,迫使主流价值传播进一步转变观念、创新思路,于多元化场景中找寻新的解决方案。

全媒体传播营造了虚拟与现实相互交织的丰富场景,面对精准传播需求及应用所带来的负面效应,场景化传播一定程度上与其形成互补,基于用户网络及现实行为轨迹预测其感兴趣或与其相关的内容、服务等消费场景,结合网络交互行为数据,跨域性的场景推介在用户内容和服务消费过程中愈发常见,有效化解了茧房、圈层等效应,开

---

① 匡文波. 对个性化算法推荐技术的伦理反思[J]. 上海师范大学学报(哲学社会科学版),2021,50(5):14-23.

阔了用户消费视野,由此也为主流价值的跨层级、跨领域、跨群体传播带来更多机遇。但也需意识到,愈发多元化的消费场景某种程度上亦造成用户注意力分散,加之基于场景的信息推送,容易导致主流价值内容被稀释或浅化传播,进而可能使得主流价值传播效能不升反降。基于此,未来主流价值传播需将场景构筑及内容适配进行系统考量,既要确保主流价值内容的可及性与均衡性,亦应保障其深度性与高频次。

(二)开放式表达与非主流思潮的冲突

传统媒体时代,主流价值传播的话语表达相对较为规范而生硬,遵循自上而下的传播模式,这种严谨而又封闭的传播方式,虽然确保了主流价值、主流舆论始终在轨传播,但在传播效果的达成方面却往往低于预期。全媒体时代,尤其是以算力数据分析为底层逻辑的各类智能视听应用,使每个个体都可以被听见、被看见,传统的话语体系不断被解构和重构,更多样的网络语言被创造出来,传播模式亦发生倒转,直接有效地带动了网络舆论场的繁荣,作为个体的公众不断赢得更大话语权,个性张扬、多方参与的开放式叙事表达日益成为主流,主流价值在这种接地性、差异化叙事逻辑下呈现出更加鲜活的生长景象。① 这种全员参与、协同共创的话语体系创新使得主流舆论场呈现出焕然一新的精神风貌,针对社会议题的热烈讨论,围绕经济社会发展新规划、新征程、新故事的再创作、再传播等,共同助推了主流价值在社会和国家层面整体回归。

当主流价值传播的一元主导格局被打破,公众借助智能视听平台等全媒体应用可以便捷、快速地表达自身有关热点议题的个人意志,进而使得舆情发酵充满不确定性,公众意志在此过程中得到集中体现。当前社会焦虑情绪、浮躁情绪等传染加剧和凸显,使得热点议题更易引发激烈讨论,加之情绪化内容表达往往引发群体共鸣,衍生出对事件主体、关联主体乃至社会体制的质疑、批判与攻击,各类不良思潮趁机泛起涌入,公众情绪表达呈现出较强从众性、逆反性与极端性,在特定事件中时常出现多重立场碰撞对峙,多个阵营相互对抗,一定程度上消解了主流价值的公信力。

(三)新技术驱动与技术极端化的摩擦

技术驱动作为主流价值传播创新的重要因素,以其迅速涌现和迭代能力,有效推动了主流价值传播提质增效。从信息流动来看,智能终端设备迭代与无线通信技术升级,促进了信息流动的液态化发展趋向,信息犹如水滴,随意流动和被人获取,受时间、

---

① 隋岩,李丹.论互联网群体传播的关系偏向[J].编辑之友,2022(2):37-43.

场地、设备、宽带所带来的限制越来越少，网络用户可以自由参与到信息内容生产与传播中。① 从信息生产来看，人工智能、大数据、云计算、虚拟现实等技术带来信息获取的全新体验，信息生产呈现多维化态势，异地同屏、实景跨屏、沉浸融屏等不断打破时空限制，虚拟交互应用愈发广泛。从信息触发来看，随着数据价值加快显现，智能算法日趋成熟，基于对用户使用行为的数据统计，进而总结归纳其信息消费行为规律，网络用户画像愈发精准，其信息触发也更趋智能化。② 总体来看，基于新技术驱动，主流价值内容生产及传播的全流程创新成为可能。

然而，围绕主流价值传播创新，唯技术论的技术乐观主义等极化倾向日益凸显，技术创新应用在主流价值传播过程中愈发占据主导性地位，或导致人工与技术在主流价值传播过程中的主导权失衡。③ 算法黑箱、信息茧房、隐私泄漏、过度迎合用户需求等均成为主流价值有效传播的显著挑战，技术理性的权重不断增加，人文理性的比例下降，形式创新、渠道创新、体验创新在主流价值传播过程中贡献更多流量，导致注重精神内核的优质内容时常受到算法冷落，长此以往，主流价值创新传播的可控性、安全性不断受到削弱和挑战。因此，以技术为驱动和抓手推进主流价值传播创新，需要把握好技术应用和参与的"尺"与"度"，力图实现技术在主流价值传播创新中的正面效应最大化，负面效应最小化。

(四)融合性传播与机制性壁垒的隔阂

全媒体时代，智能媒介连接的广泛性不断激发多元主体个体意识、群体意识、机构意识的觉醒，围绕主流价值传播所涉各项议题，以往的一元主导传播模式逐渐向多元主体协商、协作、协同传播模式转变演进。媒体深度融合背景下，主流媒体、政务平台、新媒体平台、网络社区等作为连接传播网络的物质中介的角色被弱化，作为连接核心的"人"的重要性越发突出，各类政务、媒体、商务、服务等平台上主流价值传播的融合性、智能化水平不断提升，主流价值的融合传播愈发成为解锁民心、温暖民心、连接民心和凝聚共识的重要着力点与切入口。借助广泛的媒体连接，人们可以自由进入传播平台，打破了既往主流价值传播的主体边界限制，多主体参与、多形态呈现、多主题共生的融合性传播生态无疑将为主流价值高效传播提供重要保障，同时亦是全媒体传播格局的有力注脚。

---

① 赵红勋.数字化时代新闻生产的"液态"转向[J].编辑之友,2022(7):71-77.
② 杨名宜,喻国明.赋能与"赋魂"：数字虚拟人的个性化建构[J].编辑之友,2022(9):44-50.
③ 胡正荣,李涵舒."数字在场"：社交媒体时代视觉图像的传播范式重构[J].传媒观察,2024(2):64-71.

融合传播趋势下,主流价值创新传播也面临着来自机制层面的发展壁垒。数据逻辑方面,商业媒体平台的数据挖掘主要以平台自有及开源数据为主,亦会在一定的协议框架内与其他平台进行数据交换,但是不同商业平台、主流媒体、政务服务平台等组织机构间的数据库并未充分打通,数据壁垒、信息孤岛仍广泛存在,数据区隔导致数据深层价值未能得到挖掘利用,继而难以全面、整体把握主流价值传播拓新工作。传播逻辑方面,存在着思路僵化、理念陈旧等问题,宣传引导的理念逻辑与舆论演变的内在逻辑存在偏差,导致一些脱离现实的独白式宣传层出不穷,甚至一度出现舆论反噬现象。

四、智能视听驱动主流价值高质量传播实施路径

视听传播新生态下,要素集聚与协同赋予主流价值传播广阔的创新空间,不同传播主体对主流价值传播表现出差异化和持续性的探究旨趣。面向未来,以智能视听为驱动,主流价值传播将愈发呈现出成长性、规范性、引领性与高效性。聚焦智能视听驱动下的主流价值高质量传播,有必要在明确实践现状与问题的基础上,处理好几重关系,以期形成更大发展合力,激发、释放和提升主流价值创新传播的理论价值、社会价值与时代价值。

(一)平衡好专业表达与通俗话语

智能视听为用户营造和提供了轻松舒适、开放愉悦的信息交互场景,基于智能视听形态的主流价值叙事与表达亦是可接近、可获得、可接受的,进而对于用户的价值感知、理解与认同形成扎实铺垫,但个体经验有别、表达方式有异,因此在运用智能视听赋能主流价值高质量传播过程中,需要做好话语体系的系统创新、全面创新。究其内核,主流价值本身呈现出较高的规范性、严肃性与系统性,新型主流媒体、政务新媒体平台等主体在开展创新传播过程中,应始终坚持把握、适应用户内容消费新需求、新偏好,牢记底线、红线,以专业性话语表达引领主流价值传播风尚。而面向广泛的个体参与及个性表达,亦应鼓励来自社会力量的差异化、生动化表达,以多样化叙事话语形成百家争鸣的传播景观,鲜活表征新时代主流舆论新格局,不断构筑壮大主流价值同心圆。要充分用好智能视听内容为专业性表达和通俗性表达提供的兼容并包的良好语境,使主流价值能够有机嵌入和渗透或官方或组织或个体的传播场景,以立体全面的话语体系传播好主流价值。

(二)调动好离身认知与具身体验

主流价值认同形成的关键在于用户离身感知与具体体验能准确对接,即线上视听生态是现实社会风貌的真实写照。以智能视听为抓手,推动主流价值高质量传播,要充分调动对接好内容消费的离身性与现实体验的具身性,避免出现线上内容感知与线下实际体验相悖的现象。主流媒体、智能视听平台等在开展主流价值传播时,应对舆论生态进行综合考察,形成全面系统认知,合理有效筛选社会热点议题,规范议程设置,准确反映主流价值传播的现实图景。这就要求主流价值传播应在思维转型、理念创新方面下功夫,坚决摒弃大水漫灌、旋风式、一刀切、说教式的宣传工作作风,避免为达到正面宣传效果而夸大客观事实,严重脱离公众认知,产生诸如低级红、高级黑等问题,进而使主流价值传播走向反面,主流舆论引导面临失灵和失效风险。调动好离身认知和具身体验,重在使主流价值宣传和舆论发展保持逻辑相通,不能为了稳定公众情绪、缓解社会焦虑、抢占网络流量等而发布与公众普遍感受不一致的内容,无形中削弱政府部门、媒体机构等的公信力,与主流价值高质量传播背道而驰。

(三)统筹好技术创新与人文导向

智能视听新格局下,技术创新与人文导向在主流价值传播引领过程中同等重要,应探索推动二者相向而行、同频共振。一方面,应注重在主流价值数字化、智能化传播方面加大创新力度,优化人工智能技术、大数据技术嵌入,如优化推荐算法设计,引导人工智能生成内容,在其应用之初及迭代过程中融入主流价值理念,尤其要将技术主导思维可能导致的数据至上、技术盲目乐观主义等效应降到最低程度,避免对技术、数据等的过度依赖。另一方面,要平衡好技术与人的主导权分配,在将新技术应用至主流价值创新传播进程中时,不能忽视人的因素,需要充分认识到人与人对话交流的重要性,注重主流价值传播过程中的对象感、交流感,以情绪共鸣、共振汇聚集体智慧,提升主流价值传播效能。基于此,应注重增强对主流价值创新传播的人才供给,尤其面向新型主流媒体、政务新媒体、智能视听平台等,注重引进、培养、培训一批兼具较高技术水平、开阔传播视野与深厚人文关怀的复合型传播人才,进一步强化对主流价值创新传播、高质量传播的智力支撑。

(四)把握好多元创造与规范管理

以智能视听为工具,聚焦主流价值高质量传播,应深化多主体协同形成创新创造合力,结合主流价值传播细分议题、主流价值引领目标,制定实施差异化、有针对性的要素整合与主体协同方案,发掘主流价值创新传播的新方向、新路径。要充分发挥新型主流媒体、智能视听平台、政务新媒体等主体的组织、协调与引导作用,强化人才培养、人员培训,增进对群众的倾听与连接,亦应有效调动社会公众参与主流价值创新传播,可探索以流量、积分、称号等物质与精神激励调动其参与主流价值传播的能动性与创造性。而鉴于智能视听新格局下不断暴露的唯数据论、隐私泄露、打擦边球、不良思潮渗透等问题,应着力做好主流价值传播的规范化管理,基于其数据架构的底层逻辑,做好底层数据治理,进一步增强底线思维、红线思维和风险意识,针对主流价值传播相关议题进行事前、事中、事后综合考察,提前研判可能产生的风险隐患,及时健全完善相关规范性制度体系,确保智能视听驱动主流价值传播过程中的技术安全、数据安全、舆论安全与意识形态安全。

〔包圆圆,中国传媒大学媒体融合与传播国家重点实验室副研究员;郭海威,中国社会科学院新闻与传播研究所助理研究员〕

〔特约编辑:王婧雯〕